国家社科基金一般项目“DEPA数字贸易规则给我国数字治理带来的挑战、机遇与应对策略研究”（22BGJ037）。

浙江工业大学数字经济研究文库

数字信任管理机制研究

基于用户行为视角

Research on Digital Trust Management Mechanism Based on the Perspective of User Behavior

曹 聪 著

中国社会科学出版社

图书在版编目（CIP）数据

数字信任管理机制研究：基于用户行为视角/曹聪著．
—北京：中国社会科学出版社，2023.6
（浙江工业大学数字经济研究文库）
ISBN 978-7-5227-2204-7

Ⅰ.①数… Ⅱ.①曹… Ⅲ.①信息经济—信用制度—研究 Ⅳ.①F49

中国国家版本馆 CIP 数据核字(2023)第 123079 号

出 版 人　赵剑英
责任编辑　任睿明　刘晓红
责任校对　阎红蕾
责任印制　戴　宽

出　　版　中国社会科学出版社
社　　址　北京鼓楼西大街甲 158 号
邮　　编　100720
网　　址　http://www.csspw.cn
发 行 部　010-84083685
门 市 部　010-84029450
经　　销　新华书店及其他书店

印　　刷　北京君升印刷有限公司
装　　订　廊坊市广阳区广增装订厂
版　　次　2023 年 6 月第 1 版
印　　次　2023 年 6 月第 1 次印刷

开　　本　710×1000　1/16
印　　张　15.5
字　　数　228 千字
定　　价　86.00 元

摘　要

互联网具有许多独特的优势，包括高互动性、便利性、透明性和个性化，在线交易模式越来越受到企业和消费者的青睐。近年来，企业对消费者电子商务市场（B2C E-commerce）的交易量和交易金额呈现快速发展的趋势。然而，随着电子商务模式的广泛应用，其中的隐患也开始逐渐显现。在线交易的匿名性和虚拟性所带来的信任问题成为电子商务进一步发展的“瓶颈”。因此，企业和学术界都把关注的重点放在了如何增加消费者的在线信任上。

本书以消费者为目标，将在线信任作为 B2C 电子商务模式中的突破点进行研究，探讨了影响消费者在线信任的具体因素。在文献综述和相关领域现有研究成果的基础上，本书以计划行为理论（TPB）为理论支撑，提出了一个三维综合信任模型，并确定了影响消费者信任的三个因素：个人态度、在线评论和受信任的第三方（TTP）。所需的实验数据通过采用随机抽样和在线问卷的方式获得，并以偏最小二乘结构方程模型（PLS-SEM）为主要分析方法来检验研究假设，验证在线信任模型的有效性。此外，本书还探索了不同因素对消费者信任行为的影响及其影响机制。

本书主要立足于以下几点。第一，本书利用 TPB 探讨影响消费者信任行为的机制和因素，并采用实证研究方法，指出消费者的信任意愿受个人态度、在线评论和 TTP 的影响。如果消费者的个人态度是积极的，那么其所感知到的在线评论也将是积极的。并且 TTP 提供的服务越全面，消费者的信任意向就越强；反之亦然。研究结果表明，消费者的个人态度会对其从在线评论中感知到的社会压力产生负面影响，并对 TTP 施加控制。

第二，本书阐述了在线评论质量的定义和内涵，并讨论了影响消费者如何感知在线评论质量的相关因素。研究结果表明，消费者如何看待在线评论的质量主要取决于信息的准确性、完整性、时效性、格式和可信度。

第三，本书通过试验方法发现，消费者使用不同的渠道来访问在线评论。数据分析结果显示，消费者从不同渠道感知的评论对其信任有不同程度的影响。本书还发现，在社交网络服务（SNS）中感知到的评论对消费者信任的影响最大，但在商家自身环境中提供的评论信息的影响最小。

第四，随着 SNS 的不断发展，越来越多的企业开始利用社交媒体锁定消费者。消费者也广泛使用 SNS 作为发布和传播在线评论信息的来源。本书实证阐述了在 SNS 环境中影响消费者感知到的在线评论的有用性的机制以及因素和框架。

第五，本书拓展了 TTP 的定义和功能，提出了一个包含不同服务类型的 TTP 服务框架。采用实证研究方法，探讨了 TTP 服务类型对消费者信任行为的具体影响。研究发现，消费者所感知的快递服务、认证服务和推荐服务能够显著影响其信任意向，而保险服务没有明显影响。本书的结果还明确指出，不同的服务类型对消费者的行为决策有不同的影响。

第六，本书探讨了 TTP 在信任构建过程中的重要意义和作用，并通过实验室试验验证了 TTP 的信任转移功能。研究结果进一步表明，TTP 的声誉和呈现形式对信任转移过程具有重要影响，它们在转移过程中起着积极的调节作用。具体来讲，由信誉良好的 TTP 提供认证服务，可以显著增强消费者对企业的信任。同时，对 TTP 服务进行详细、具体的描述和展示，可以有效提升消费者对 TTP 服务的认知，从而影响消费者的行为意向。

缩略语列表

ACORN (Australian Cybercrime Online Reporting Network)	澳大利亚网络犯罪在线举报网
APEC (Asia-Pacific Economic Cooperation)	亚太经合组织
AVE (Average Variance Extracted)	平均提取方差值
CA (Cronbach's α)	克朗巴赫 α 系数
CATIS (China Association of Trade in Services)	中国服务贸易协会
CB-SEM (Covariance-Based Structural Equation Modelling)	基于协方差的结构方程模型
CR (Composite Reliability)	组合信度
E-Commerce (Electronic Commerce)	电子商务
JETRO (Japan External Trade Organization)	日本贸易振兴机构
MTI (Ministry of Trade and Industry)	新加坡贸易和工业部
NZTE (New Zealand Trade and Enterprise)	新西兰贸易发展局
PLS-SEM (Partial Least Squares Structural Equation Modelling)	偏最小二乘结构方程模型

PLS - MGA（Partial Least Squares Multi-Group Analysis）	偏最小二乘多组分析
SEM（Structural Equation Modeling）	结构方程模型
SIT（Social Influence Theory）	社会影响理论
SNS（Social Networking Service）	社交网络服务
TAM（Technology Acceptance Model）	技术接受模型
TPB（Theory of Planned Behavior）	计划行为理论
TRA（Theory of Reasoned Action）	理性行为理论
TTP（Trusted Third Party）	可信任第三方

目　　录

第一章 绪论

自古有言：人无信不立。不论是传统的农业社会和工业社会，还是现代的信息社会，信任始终是建立商业关系的关键因素。作为维系关系的核心纽带，信任是给予合作伙伴最大的诚意和支持，也是提高自身品牌知名度的最佳方式。

随着数字化的不断发展，以互联网平台为依托的新型消费模式逐渐形成。而数字技术的发展所带来的影响是双面的，我们关注其对于生活质量的提升和生产力水平的提高，也必须重视人们的社交需求开始淡化，社交关系逐渐变得疏离。在此种情况下，人们对互联网平台或其他用户所提供的信息提出了更高的要求。如何建立数字信任体系以助力完善信任数据，从而方便人们的日常生活、减少彼此间的顾虑和猜忌，引起了各行各业的关注和重视。

习近平总书记曾在2020年教育文化卫生体育领域专家代表座谈会上强调：文明是现代化国家的显著标志。要把提高社会文明程度作为建设社会主义文化强国的重大任务，坚持重在建设、以立为本，坚持久久为功、持之以恒，努力推动形成适应新时代要求的思想观念、精神面貌、文明风尚、行为规范。在社会文明建设过程中，公民的道德建设、诚信社会建设、网络文明建设是最要紧的内容。对此，从社会观念、技术治理、立法政策等各个方面加快构建以人为本的数字信任体系，亟待落实。

除国内顶层的关注外，数字信任也是国际社会密切讨论的话题。2020年9月，《纪念联合国成立75周年宣言》在联合国成立75周年纪念峰会上正式通过。该宣言再次重申了对于可持续发展、和平、正义等的承诺，尤其强调数字工具对世界互联和社会繁荣的重要性，呼吁加强数字合作，共同面对数字技术给社会带来的挑战。只有在全球共同勾勒数字合作和数字未来的愿景下，合力解决数字信任和数字安全的问题，才能确保所有人的数字权益得到保护。

无论是海内外的政策，还是行业间的条例，都不断地反复强调数字信任的重要性。熙熙攘攘的声音中，本书始终希冀于“人”的视角，寻觅真实的利益关切者，聆听其内心的种种想法，甄别其真实的诉求；将诉求加以归纳整理后公之于社会以作为建设数字治理和数字信任框架的参考内容，免于其沦为临渊之羡。如此，才是真正将以人为本落到实处，让技术进步服务于人类福祉。

党的二十大报告提出，要建设贸易强国，以“一带一路”建设为重点，形成陆海内外联动、东西双向互济的开放格局。在实现双循环新发展格局的过程中，数字经济是重要的支撑力量。加快数字经济的发展可以有效打通生产、消费、分配与流通环节，并通过产业的数字化升级，实现效率变革、动力变革与质量变革，助力双循环新发展格局。构建双循环新发展格局有利于激发中国市场潜能，随着开放层次的不断深化，将为亚太地区经济发展注入中国动力。

数字经济的发展也带来了新的风险，比如网络的安全漏洞、非法的经济活动，以及隐私问题等。从总体上看，企业在国际化进程中的发展需要考虑如何应对脆弱性的全球化力量，特别是如何缓解消费者的焦虑并重建与他们的信任。本书将为解决这些问题提供一些有意义的见解，为社会的发展提供一些有价值的参考意见。

从目前研究的成果来看，如果没有信任，那么数字经济的未来将面临许多的信用风险。而导致这些问题的原因，既有互联网固有的缺陷、物联网的漏洞、身份和数据的准确性、系统和数据所具有的碎片化现象，以及数字鸿沟等因素的影响，也有企业、个人和社会的联系越来越紧密也越来越复杂。因此，探索多个利益攸关方在信息技术下，特别是数字经济区域一体化浪潮中的关系、相互影响、作用机制、博弈方式成为本书的研究重点。而如何建立、保持、增进区域一体化中数字经济交易双方的相互信任，以减少风险、降低交易成本、确保构建双循环新发展格局，是本书需要解决的一个关键问题。

第一节 主要内容

本书以数字经济中不同利益攸关方的信任为切入点，以区域一体化下的用户和企业为研究对象，探索影响个体信任行为的具体因素。基于文献综述和前期研究成果，本书提议了一个具有动态支持能力的信任和危机管理模型。该模型将影响个体信任的因素概括为三个方面：可信第三方机构、公众意见和个人态度。本书详细阐述了这三类因素的具体构成，定义了可信第三方机构的结构框架，阐述了公众意见的内涵和评价指标体系，说明了影响个人态度因素的具体变量。本书所提出的模型具有良好的适应能力，可支持信任管理生命周期的不同阶段。在此基础上，本书还对如何促进数字经济的健康发展为政府和企业提供了建议。

本书共有十一章，其结构和主要内容如下。

第一章简述了数字经济发展中面临的信任管理问题，并以中国的时代发展为背景构建了本书的研究框架，以及研究的核心内容与主要观点。

第二章介绍了研究的背景，并说明了研究的目的和意义、内容、方法和贡献，以及遵循的技术路线。

第三章对信任的形成、概念、属性、建立和分类，以及信任形成的影响因素进行了系统的回顾、总结和评估。在此基础上，明确了研究方向。

第四章介绍了在线信任研究中经常使用的理论，解释了为什么将 TPB 用作本书的理论基础，描述了本书采用的研究方法和数据分析方法。

第五章基于 TPB，对消费者信任的影响因素进行了分类和排序，构建了模型，并提出了相应的假设。通过实证研究，PLS-SEM 被用于处理和分析所收集的数据，解释不同因素对消费者在线信任的影响，并检验研究假设。

第六章基于信任管理模型，解释了消费者判断在线评论质量的标准，阐述了可能显著影响消费者感知信息质量的因素，并指出高质量的在线评论对消费者的影响更为明显。

第七章比较了可供消费者使用的在线评论渠道，阐述了不同渠道对消费者信任意图的影响之间的显著差异，并进一步解释了消费者感知的在线评论渠道的重要性。

第八章以基于 SNS 的在线评论为例，详细阐述了在 SNS 环境下消费者识别在线评论有用性的相关影响因素和框架，解释了消费者处理和判断有用信息的方式和标准。

第九章总结了 TTP 服务类型，阐述了 TTP 服务类型的作用和意义，并解释和比较了不同服务类型对消费者信任意图的影响。

第十章介绍了 TTP 在消费者信任形成过程中的信任转移机制，并探讨了 TTP 信誉的调节效果和表示形式对信任转移机制的影响。

第十一章归纳了主要的研究结论，并讨论了它们的学术和产业意义。最后，指出了本书存在的不足，为今后的研究提出了建议。

第二节　主要观点

本书的研究框架与核心观点从宏观到微观如图 1-1 所示。

本书提出了一个信任管理模型，并研究了影响消费者在线信任意图的有关因素。该模型为我们提供了一种可靠的方式，使我们能够了解和分析数字经济环境中消费者的信任程度，也为我们进一步探索各种影响因素的内部作用机制和相关性提供了坚实的基础。本书解释了不同因素对消费者信任意图的影响，而且详细阐述了各种因素之间的相互作用，也解释了其内部作用机制的构成。这些研究成果在一定程度上弥补了该研究领域的空白。

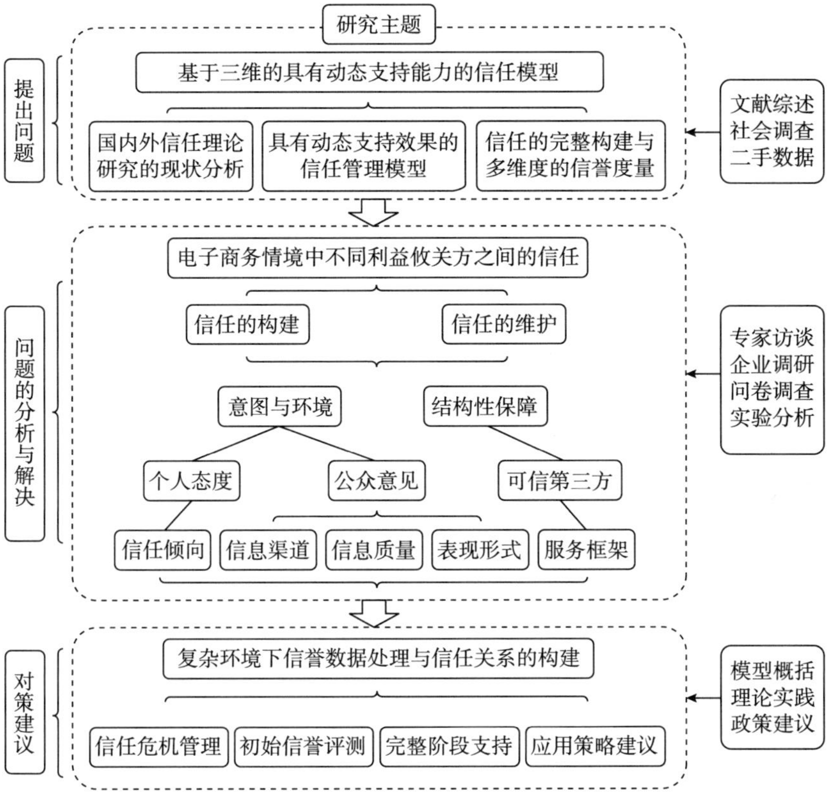

图 1-1 研究框架

另外，本书没有局限于简单列举影响消费者在数字经济环境下信任行为的因素，而是进一步深入地探讨了这些因素影响消费者信任的具体方法。其研究不仅揭示了在线评论的质量对建立信任有重要的影响，而且还详细说明了信息质量的构成，以及消费者用于判断在线评论质量的手段和方法。这不仅为我们深入了解消费者的行为模式提供了理论基础，而且为我们有效预测消费者的行为提供了可操作的框架。

本书的主要观点如下。

第一，消费者的信任意图会受到个人态度、在线评论和可信第三方的影响。当消费者本人的态度越积极，感知的在线评论越正面，可信第三方提供的服务越全面时，信任行为的意向就会越大；反之就会越小。此外，消费者的个人态度对消费者感知来自在线评论的社会压力和可信第三方的控制产生负面影响。

第二，消费者感知的在线评论质量主要取决于信息的准确性、完整性、及时性、格式和可信度。

第三，消费者获取评论信息的渠道具有差异性，且不同渠道下消费者感知的评论信息对其信任具有不同程度的影响。另外，消费者在社交网络中感知的评论信息对其信任具有最大限度的影响，而存在于经销商自身环境中的评论信息对其的影响最小。

第四，在社交媒体服务环境下，影响消费者感知在线评论有用性的相关因素和框架体系，以及它们的作用机制，填补了研究在线综述有用性的空白，拓展了相关理论的应用场景，对研究者和从业人员均有利用价值。

第五，消费者感知的快递服务、认证服务和推荐服务会显著地影响消费者的信任意图，但是保险服务对信任行为的影响并不显著。同时，这些不同的服务类型对消费者行为决策的影响具有差异性。

第六，可信第三方的声誉和展现形式对信任的传递过程有重要的影响和积极的调节作用。具体来讲，拥有较高声誉的可信第三方为企业提供的认证服务，可显著提高消费者对企业的信任程度。同时，可信第三方详细具体的服务说明和展示，可有效提高消费者对 TTP 服务的认知，从而影响消费者的行为意图。

综上所述，本书提供了一个基于信任评估与维护的管理体系，为中小型企业提供相应的信息服务，为它们今后的发展提供可靠的咨询和决策支撑。另外，依托对相关数据的分析和行为预测，通过对相关信息的存储、分享和传播，本书构建了一个信任和危机管理模型，为政府等职能部门在分析和研判市场问题提供决策上的支持，并为解决社会问题提供可靠的服务。

本书通过详细阐述各个信任影响因素的具体构成，解释了不同变量在消费者信任意图中所起到的作用；说明了第三方机构体系是如何影响消费者对信任的感知，并促进信任的形成；依据不同的渠道和类型详细划分了公众意见，并为此制定了详细的质量评价指标体系，以区别不同的公众意见的质量；解释了组成个人态度的不同变量，以及这些变量在不同环境下对消费者信任意图的影响。

第三节 研究方法

本书构建了一个信任和危机管理模型，并对其内部各项因素的构成和作用机制进行了深入的探索。总体上，该模型包含三个主要的信任因素，即可信第三方、公众意见和个人态度。该模型通过对消费者个人信任态度的测量，实现了对交易双方信任关系的动态支持。在信任建立与维护的过程中，消费者的个人信任倾向和个人交易经验对信任模型中的影响因素具有调节作用。

为了对该模型的有效性和整体效果进行评价，本书采用基于调查问卷的实证研究，并遵循以下步骤展开。首先，对研究涉及的变量进行定义，并设计调查问卷。其次，以普通消费者为调研对象，开展问卷调查。最后，针对有效问卷，通过模型概括来评估测量模型和结构模型，进而对相应的研究假设加以验证。

为了进一步解释公众意见对信任的作用机制，本书还分别针对信息质量、信息获取渠道和信息的有用性进行了三次独立的实证研究。其中关于信息获取渠道的研究是为了有效测量并比较不同渠道下信息对个体信任意图的影响，本书使用实验室试验的方式开展，并依靠结构方程模型对收集的样本进行分析和处理。而其他两个研究则通过两次有针对性的问卷调查分别开展，对于采集的数据则通过偏最小二乘法来评估。

为了探索可信第三方机构的内部作用机制，本书首先总结了中国、澳大利亚等亚太地区数字经济环境中可信第三方提供的服务种类，并以此构建了多服务框架体系。其次通过问卷调查，依靠偏最小二乘法来分析不同服务类型对消费者信任意图的影响。最后通过实验室试验，检视可信第三方在数字环境中的信任传递功能，并依靠偏最小二乘多组分析法分析对信任传递构成调节作用的因素。

第四节　学术创新

一　学术思想创新

虽然学者对影响消费者在线信任的有关因素进行了较为广泛的讨论，但是，依旧存在一些问题。其主要的问题之一，就是学者的研究往往只关注一类或几类影响因素。因此，本书认为，在目前的研究中尚未系统完整地构建针对数字经济发展的信任和危机管理模型，许多重要的组成成分未被纳入研究框架，这制约了该领域研究的进一步发展。

现有研究往往只是说明了对利益攸关方在线信任造成影响的因素，却很少解释他们的内部作用机制。从文献来看，学者更多的只是满足于列出这些因素，还没有对背后更深层次的原因进行挖掘。例如，为什么是这个因素而不是另一个因素？这个因素产生影响的内在机制和途径是什么？相同因素的不同表现形式或者不同的呈现质量是否对信任的建立产生不同的影响？等等。

我国社会信用体系建设虽然取得一定进展，但与经济发展水平和社会发展阶段不匹配、不协调、不适应的矛盾仍然突出。存在的主要问题包括：覆盖全社会的征信系统尚未形成，守信激励和失信惩戒机制及其理论基础尚不明确；信用服务市场不发达，服务体系不成熟，服务行为不规范，缺少对信用管理机制全生命周期的探索；在国内国际双循环相互促进的新发展格局中，缺少对区域一体化下信任和危机管理和框架体系的深入研究。

综上所述，本书在以上述相关因素所构成的信任和危机管理模型基础上，通过实证研究的方式，依靠定性和定量分析探索不同因素对个体信任意图和行为的影响。为了更进一步地探索这些因素的内部作用机制和构成，本书还对其中的两类因素，即在线评论和可信第三方进行了更为深入的分析。通过信任管理和风险管控的方式，本书用新的视角探索新兴技术对个体、组织机构在不同社会和经济环境下行为决策的差异性问题，为我们进一步理解在数字经济中的数字信任问题提供了更翔实的信息，也为我们区域一体化下数字经济的高质量发展提供有意义的参考。

二　学术观点创新

本书设计了一个具有动态支持能力的、包含所有信任影响因素的信任模型。该模型能够完整、独立地支持不同阶段下的信任关系。同时该模型囊括了所有的影响因素，能够全面地、真实地反映消费者的信任行为，进一步完善了影响信任因素的具体构成，详细分析了不同信任因素应当包含的具体变量，并解释了它们的作用机制和影响方式。本书构建了第三方信任机构的服务体系，并阐述了它的基本框架结构，实现了促进交易双方信任的形成和信任水平的提升。本书开发了一套针对在线评论的质量评价指标体系，以供区分不同质量的公众意见，并进一步阐述了公众意见在不同渠道中的区别，解释了在线评论的不同表现形式；说明了个人态度因素所包含的不同变量，并解释了这些变量对消费者信任行为的影响；解释了信任关系在不同目标对象之间的传递方式，以及不同因素对信任传递效果的调节作用和效果。

三　学术方法创新

为了深入分析区域一体化下数字信任的管理，探究其内部作用机制，本书采用了文献回顾、二手数据分析、定性和定量研究，以及问卷调查、专家访谈和实验室仿真模拟等相结合的研究方法。第一步，对本书提议的在线模型进行检验，并探索不同因素对消费者信任意图的影响，以及这些因素之间的相互关系。第二步，深入探索在线评论的作用机制和对信任意图的影响途径，这主要由以下三个方面组成：通过问卷调查的方式探索影响在线评论质量的因素，并分析这些因素对消费者信任意图的影响；通过实验室试验的方法比较不同信息获取渠道下的在线评论对消费者信任行为影响的差异；以问卷调查的方式解释影响消费者感知、社交媒体网络环境下在线评论有用性的相关因素，以及这些因素对信任影响的程度。第三步，详细探讨可信第三方对信任行为的影响和内部作用机制，这主要涉及以下两个方面：探索不同服务类型的可信第三方对消费者信任行为的影响；验证可信第三方在信任传递过程中的作用，并分析对信任传递构成影响的调节因子。

第五节　学术价值

一　理论价值

本书通过实证研究的方式对数字经济环境下的信任管理模型进行了验证和分析，深化了对不同利益攸关方建立信任机制的理解；进一步比较了不同信息获取渠道下的在线评论对信任行为的影响，这丰富了消费者在线信任影响因素的研究模型；在不同环境下验证了可信第三方机构所具备的信任传递功能，以及相关影响因素，进一步丰富了在线信任理论。总的来说，本书的成果具有下列创新：探索了公众意见渠道上的差异，解释了渠道对利益攸关方感知的公众意见的调节作用，分析了影响公众意见信息质量的因素，调查了上述因素对信任意图和信任管理过程的影响，总结了可信第三方的服务类型，研究了它们对信任和危机管理过程的影响，评估了可信第三方在消费者信任形成过程中所起到的信任传递功能。

二　实践意义

本书阐述了影响消费者感知公众意见信息质量的因素，为企业衡量公众意见的质量提供了一个切实可行的方法和标准。研究成果有助于企业呈现高质量的信息，进而有效提高潜在消费者的信任决策效率。本书解释了公众意见是导致消费者信任行为影响产生差异的原因和作用机制。研究成果有助于企业更准确地把握消费者心理，调整电子商务的经营重点，更好地开展在线销售。本书说明了影响消费者识别社交媒体服务环境下公众意见信息有用性的因素。研究成果为企业在筛选对消费者有用的信息时提供了一个可操作的判断标准，也为企业在处理那些具有不同特征的信息时应当采取的先后顺序和优先级别给予了相应的指导。本书呈现了可信第三方的服务框架体系，展示了不同服务类型对消费者信任行为的影响和作用。研究成果有助于企业更准确地理解信任传递功能，也有助于企业在选择响应服务过程中采取更具有针对性的策略，从而获得良好的经营业绩。本书相关的研究成果也可以帮助消费者在进行在线购物活动中辨识企业的可信度，为消费者建立对企业的信任提供了有益的帮助。

第六节 未来的研究方向

从我国目前面临的机遇来看，数字经济已经成为我国经济弯道超车，社会进一步发展、壮大的主要发力手段和关键战略路径。目前，我国数字经济，特别是新兴的信息技术正以前所未有的速度和规模改变着我们的生活和社会，并带来了巨大的机遇。同时也为新兴数字技术的深度普及和数字经济业态的创新发展带来了安全风险和治理问题。数字身份安全、网络安全和数据安全已经成为智慧城市建设和企业数字化转型的核心风险。网络实体之间由于外部数字环境普遍存在的安全风险而缺乏有效的信任关系，而信任缺失则导致网络实体间的可信数字交互，必须通过投入高额的资金成本并实施复杂的安全流程管控来获得保障。可以说，数字时代的信任缺失已成为数字经济和数字治理进一步高效发展的主要瓶颈之一。从目前的成果来看，未来主要有两方面的问题需要改进。

一方面，我们应该看到数字技术的进步创造了大量的财富，但依旧存在不同地区发展不均衡的现象，未来的研究应重点关注并阐述双循环中企业数字化发展和数字经济普及面临的数字鸿沟问题，这将为我们进一步提高数字技术的普惠性提供有意义的参考。

另一方面，从全球数字经济的发展现状来看，中国和美国处于领导地位，它们占全球 70 个最大数字平台市值的 90%，而欧洲在其中的份额为 4%，非洲和拉丁美洲的总和仅为 1%。未来的研究应进一步剖析不同利益攸关方与信任视角和数字经济发展有关的信息，并根据双循环的发展战略提出一些建议和方案，进而有效促进相关机构的决策并提高效率，这也将为提高不同主体间的信任水平奠定一个良好的基础。

第二章

数字信任：数字经济发展的基础

第一节　全球数字治理新格局

随着数字技术的不断创新和市场竞争的全球化，数字经济成为当下最主流的经济形态。数据，作为数字时代促进经济增长的基础性战略资源和核心生产要素，以不可替代的优势成为大国竞争博弈的战略高地。与此同时，数字时代诞生的许多新兴事物，以其孕育之初的缺陷和弱小引发了各种杂乱和无序。为了扭转这种局面，数字治理模式诞生，并在全球范围内推广开来。

一　数字治理概念与内涵辨析

19 世纪末，泰勒基于自身所在的米德维尔工厂的工作经历，提出了核心内容为“以科学知识代替经验主义，践行作业标准化管理”的科学管理论。此时数字管理的内涵是工业经济场景下标准化的工作流程。而自 20 世纪 40 年代计算机开始发展，数据存储和管理覆盖范围的边界得以突破；数字治理的内涵也自原有的量化管理进化为运用信息手段实现计划、组织、协调、管理、创新等基本职能的管理活动。后来在 1978 年，乔瓦尼·杜尼（Giovanni Duni）提出了极具前瞻性的数字行政法概念。该概念认可了数字文件的法律价值，也预示着数字治理的实质演变为具有现代化色彩的政府管理新模式。

自此之后，信息技术的飞速成长为政府行政体系的优化重塑提供了基础支持，数字政务、电子治理等概念相继出现。一部分学者认为这些概念等同于数字治理，而另一部分学者严格区分了数字政务和数字治理的内涵，并表示数字治理是数字政务的进阶模式。之所以说数字治理是对数字政府的扬弃，是因为数字政务只是简单地将信息通信技术应用于政府管理当中；在推行过程中，不可避免地出现了诸如信息孤岛、政治疏离等新难题，导致政府数字化应用水平难以实现进一步突破；而数字治理兼具了分权、民主、电子的属性，能够以最大限度地数字化民主来实现增强政府与经济、社会等资源的联结和沟通，从而实现政府行政事务程序的极简化和公众参与的有效度。

如图 2-1 所示，探查从数字政府到数字治理的进阶表现，主要体现在情境、特征、功能、技术、理念五个维度[①]。情境的转换体现在数字化平台重塑了政府、市场和社会等多元主体之间的关系；这种新型的治理关系缓解了此前因管理对象、行为、情境要素的松散状态引起的政治矛盾、各自为政等问题。特征的转变象征着政府职能完成了平台一体化集成；因专业和功能等不尽相同所产生的碎片化管理也转变为面向群众以实现共同价值创造的整体性管理。功能的转向是政府对于数字工具具有更加深刻认知的结果，其不再以实效效率为目的追求效率，而是以数字为工具、以效率为路径，在兼顾效率的同时实现人的发展。技术进阶强调的是政府不满足于只用数字工具来优化其业务流程，并尝试应用其来实现各业务部门的协同互动，通过技术支撑加强政府内部与内部之间的联结、内部与外部之间的沟通，这是“进步论”衍变“赋能论”的体现。理念的转型往往伴随着人民日益增长的对美好生活的需求：人们不再满足以往的行政管理，希冀于更优质的服务；面对人们的更高诉求，政府尝试更新定位，将自身管理者的角色转变为服务者的角色，并在数字治理的过程中严格贯彻服务型政府的理念。

---

① 保海旭等：《从数字管理到数字治理：理论、实践与反思》，《兰州大学学报》（社会科学版）2022 年第 5 期。

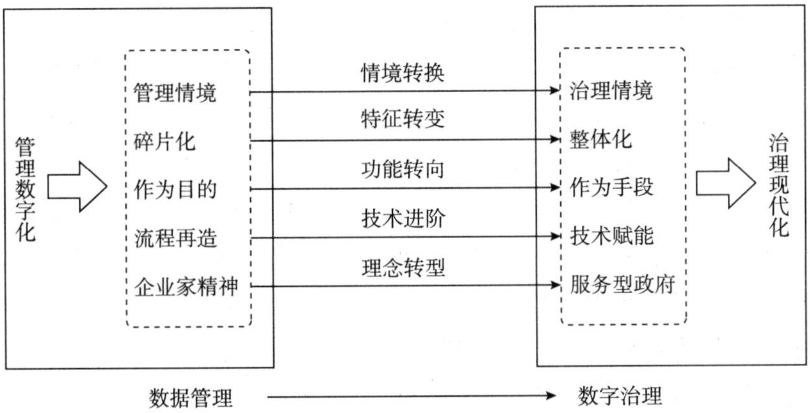

图 2-1　数字治理的进阶五维度表现

二　数字治理历史演进

学者的出发点不同，其所划分的数字治理阶段也不尽相同。譬如李文军和王媛媛以数字治理研究领域的成果为切入点，将数字治理阶段分为 2008—2015 年的初探阶段和 2006 年至今的发展阶段①；再如孟天广基于政府数字化转型视角，提出了技术治理、数据治理、平台治理、多元治理、虚拟治理的六个迭代进程②。而学者认为，这些划分不可避免地因主观而产生片面，唯有从数字治理的底层支撑出发，才能划分相对客观的数字治理发展阶段。因此，其以互联网技术演进的发展为时间节点，提出了由技术与信息治理、经济与社会治理、国家与全球治理组成的数字治理三阶段理论。如图 2-2 所示，将以数字治理三阶段为主要内容向读者做数字治理发展历程的说明。

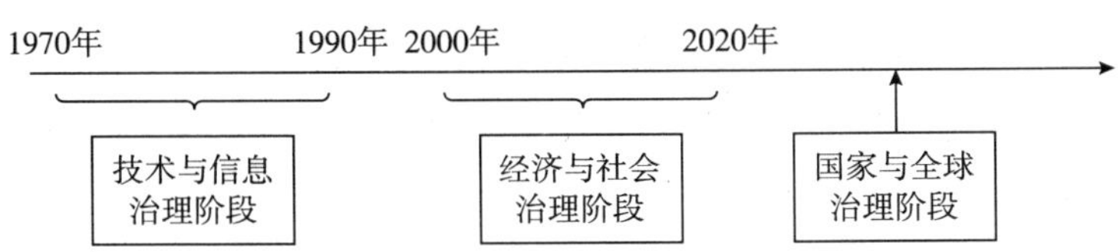

图 2-2　数字治理发展历程

---

① 李文军、王媛媛：《数字治理研究现状、热点与未来发展趋势——基于 Citespace 知识图谱的可视化分析》，《行政与法》2022 年第 8 期。

② 孟天广：《数字治理生态：数字政府的理论迭代与模型演化》，《政治学研究》2022 年第 5 期。

1970—1990 年，数字治理正处于技术与信息治理阶段。在该阶段早期，政府往往利用数字技术来实现办公的自动化，从而帮助内部行政人员提高管理效率和行政生产力。发展至中期，计算机的普及促使更多人加入互联网世界，而在该阶段互联网作为新兴事物仍缺乏相应的监管，由此互联网的普及延伸了许多不利于社会发展的消极现象。这也使得政府逐渐意识到信息技术问题也应当被纳入政府管理。我国政府在意识到该问题的必要性后，随即启动了以建设中国的“信息准高速国道”为目标三金工程，其极大助力了我国数字基础设施的建设和数字化应用的发展。阶段后期，人们聚焦于“技术”层面的目光逐渐转向了“信息治理”，治理重心落在以公共利益最大化为目的的善治上，此前提及的政府对“办公自动化”的追求也更替为对建设“电子政务服务系统”的追求。

2000—2020 年，数字治理来到了经济与社会治理阶段。从该阶段开始，我国政府在电子政务领域投入了大量人力、物力，力图抓住“全球经济”和“管理革命”的机遇以实现相关领域的突破发展。将“电子政务”列入“十五”计划、发布《电子政务工程技术指南》、“网络计算机在电子政务中应用”项目的试点应用，无一不表明了我国深耕其中的决心和电子政务实操的巨大成功。时间来到 2003 年，阿里巴巴创立了淘宝，推出了支付宝在线支付服务，电子商务的发展自此开始逐渐发展成为我国的战略性产业。为了标准化电子商务等相关内容的发展，政府相继出台了《国务院办公厅关于加快电子商务发展的若干意见》《中华人民共和国电子签名法》《中国信息化发展报告（2005）》《中共中央办公厅国务院办公厅关于转发〈国家信息化领导小组关于我国电子政务建设指导意见〉的通知》《国家电子政务总体框架》等相关文件。大量对互联网活动的规范措施，都表明我国正式步入经济和社会治理的深度发展阶段。随着 2008 年美国次贷危机引起国际金融危机，国内的政策面和基本面出现了大方向的转变。此后，“大数据”“云计算”“关系营销”“分享经济”等内容逐渐成为社会热点，互联网新兴技术开始渗入政府、经济、科技、生活等各个领域；这些现象都对国家数字治理的多元化提出了新挑战和高要求。因此 2015 年以后，政府相继提出和落实了“国家大数据战略”和“数字中国”战略，以期借此举完善国家数字基建布局、提高政府社会质量能力。

2020 年之后，数字治理进入了国家与全球治理阶段。当前，“数字政府”“数字民生”“数字社会”等内容的不断发展，丰富了我国数字治理模式。而在信息技术因素的作用下，一些头部平台却以其对社会经济的重大影响力极大地威胁了社会治理，政府为了预防和遏制平台垄断的恶劣行为，前后出台了《国务院反垄断委员会关于平台经济领域的反垄断指南》《中华人民共和国数据安全法》。不仅就此落实了数据要素市场的发展和保护，也逐渐形成和稳定了“大数据+人工智能+社会治理生态”的数字智能治理体系。除国内治理之外，中国也在不断谋求国际合作。比如 2020 年 9 月 8 日，时任国务委员兼外交部部长王毅在“抓住数字机遇，共谋合作发展”国际研讨会高级别会议上提出《全球数据安全倡议》，就推进全球数据安全治理提出了中国方案。该倡议为全球数字治理规则的制定提供了参考，表明了中方对于共同建设数字命运共同体的积极友好态度。

三　数字治理发展形势

数字技术对全球经济社会的日益渗透使得人们更为关注数字治理的发展形势。纵观其发展，可以认为全球数字治理模式呈现松散零碎的碎片化特征①。具体解构其特征，可进一步分为多边共建、局部协定两个维度。

多边共建主要是以 20 国机制（G20）、世界贸易组织（WTO）、七国集团（G7）等为主的国际多边治理机构，对数字议题下的相关治理内容开展创设多边议程、利用市场工具、开展研究沟通等各种探索。G20 作为全球数字治理最重要的平台之一，不管是其成员国的数字技术，抑或是数字贸易能力，在国家数字经济发展排行中都名列前茅。自 2016 年的《G20 数字经济发展与合作倡议》通过后，G20 开始围绕数字议题展开了一系列活动，这些活动的相关成果涉及数字经济、数字贸易、数字转型、全球税收改革等，具体内容如图 2-3 所示。

---

① 谢琳灿：《全球数字治理规则博弈的最新形势》，《中国经贸导刊》2022 年第 10 期。

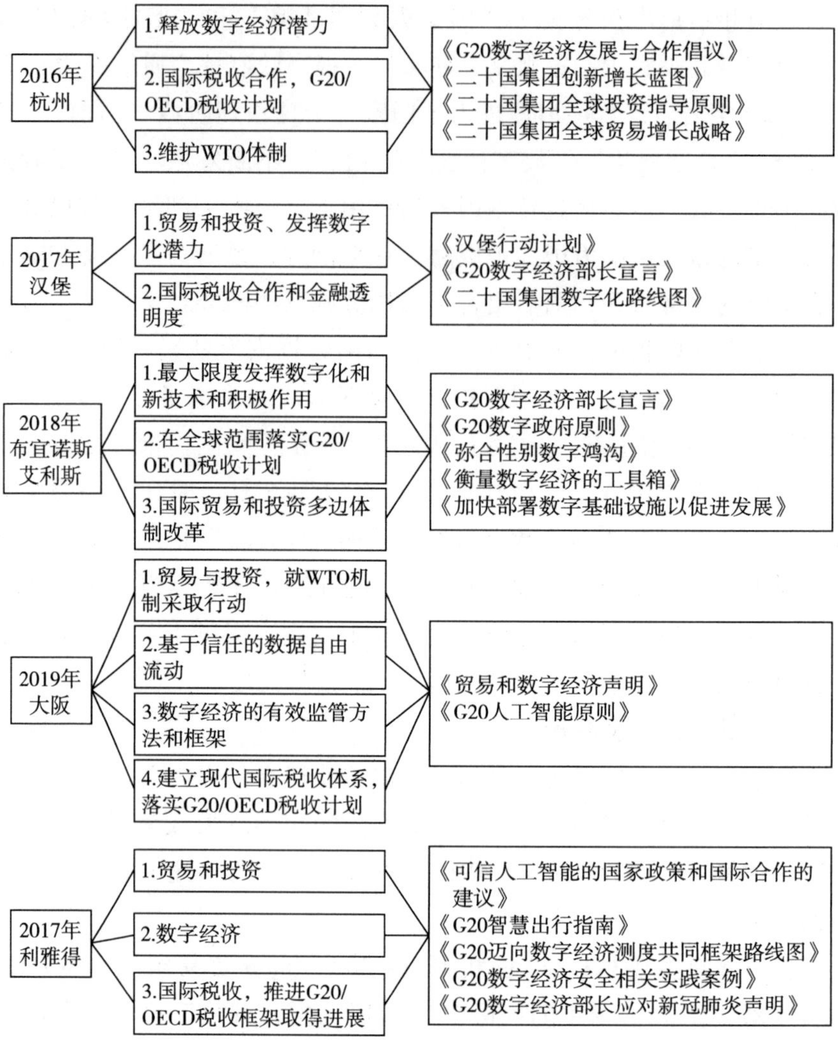

图 2-3 G20 数字议题成果归纳

世界贸易组织（WTO）作为当代最重要的国际经济组织之一，其追求的是包容性的数字贸易规则。2019 年，包含中国在内的 76 个 WTO 成员发表了《电子商务联合声明》（JSI），希望就贸易有关的电子商务谈判议题达成一致。如表 2-1 所示，谈判议题中在如电子签名认证、个人隐私保护等促进贸易便利化和增强消费者信心等措施方面已基本达成共识，在跨境数据流通、电子传输关税等核心内容上仍难以统一口径。近年来，受新冠疫情的影响，WTO 电子商务谈判的进展相对缓慢，包容性数字贸易规则的践行仍然行迈靡靡。

表 2-1　　代表性经济体提案所涉议题

分类	谈判议题	美国	欧盟	日本	加拿大	新西兰	中国	新加坡	巴西	乌克兰	阿根廷	科特迪瓦
1	跨境数据流通	√	√	√	√			√	√			
1	个人隐私保护		√	√	√	√	√	√	√		√	
2	电子传输关税	√	√	√	√		√	√	√	√		√
2	国内税例外		*		√	√		√	√	√		
3	知识产权保护	√	√	√	√			√	√	√		
4	市场准入	√	√	√	√				√		√	√
4	互联网开放	√	√	√					√			√
5	反垄断		√						√			
5	消费者权益		√	√	√	√	√	√	√			
5	网络安全	√					√		√			
6	电子签名认证		√	√	√	√	√	√	√	√		
6	贸易便利化	√		√		√	√	√	√	√	√	
7	数字鸿沟			√			√	√		√	√	√

注：* 表示欧盟提案中虽然没有涉及数字服务税，但无疑是数字服务税最主要的推动者。

局部协定的概念中包含了区域协定和双边协定，协定中对数字议题的重视程度正不断强化。根据中国通信院发布的《2021 全球数字治理白皮书》，截至 2021 年 4 月，全球共有 109 个局部协定专门以电子商务另启了新的章节。在众多协定中，中国是《区域全面经济伙伴关系协定》（*Regional Comprehensive Economic Partnership*，RCEP）的成员国，并于 2021 年正式提请加入《数字经济伙伴关系协定》（*Digital Economy Partnership Agreement*，DEPA）和《全面与进步跨太平洋伙伴关系协定》（*Comprehensive and Progressive Agreement for Trans-Pacific Partnership*，CPTPP）。

图 2-4 所示为 RCEP 协定历程。2012 年，东盟发起 RCEP。该协

定的谈判历时八年，最终，包括中国、日本、韩国、澳大利亚、新西兰和东盟十国在内的 15 方成员，于 2020 年 11 月 15 日在第四次区域全面经济伙伴关系协定领导人视频会议之后正式签署了协定。如图 2-5 所示，DEPA 的内容覆盖了电子商务、数字技术、个人信息保护等新领域，有助于促进这些领域实现更高质量的发展和成员国在数字经济时代的一体化发展。

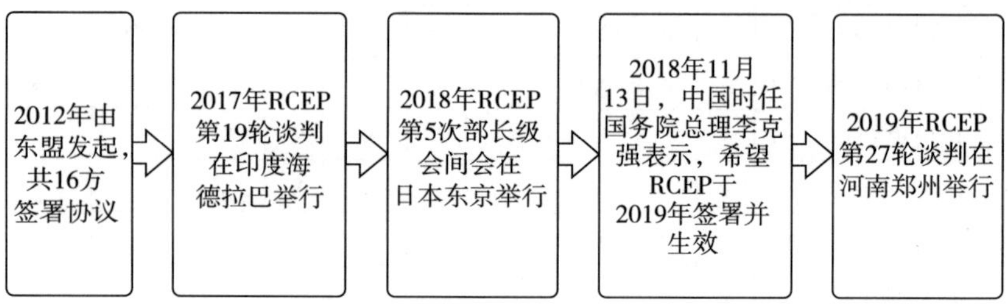

图 2-4 RCEP 协定历程

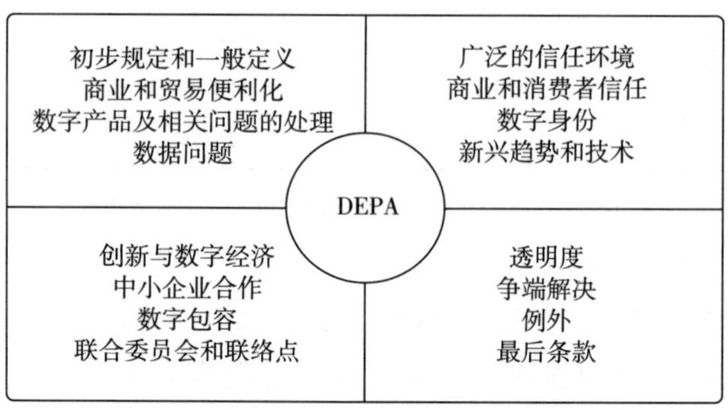

图 2-5 DEPA 各模块内容

为加强和规范国与国之间的数字贸易合作，新加坡、智利、新西兰三国在 2020 年 6 月 12 日于线上正式签署 DEPA。DEPA 共分为 16 个模块，主要围绕促进电子商务便利化，实现数据转移自由化、保障个人信息安全化来展开。2021 年 11 月 1 日，中国商务部部长王文涛致信新西兰贸易与出口增长部部长奥康纳，代表中方向 DEPA 保存方新西兰正式提出申请加入 DEPA。商务部相关负责人表示，DEPA 是全球第一个关于数字经济的重要协定，加入 DEPA 有助于中国在全球数字治理新格局下加强与各成员国在数字领域的交流合作，另外也为中国参与全球数字经济的治理创造了良好的条件。同年 8 月，中国加入 DEPA 工作组正式成立，全力以赴地推进中国加入 DEPA 的谈判工作。目前，谈判工作仍在有序进行当中。

四　数字规则制定挑战

图 2-6 所示为数字规则制定的挑战三要素。

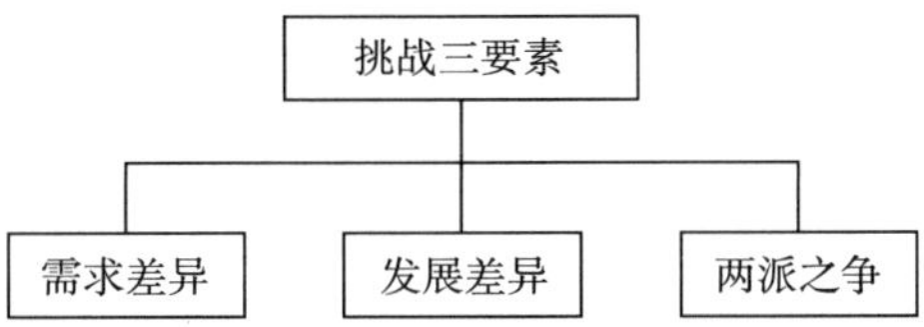

图 2-6　挑战三要素

（一）需求差异

虽然各个国家最终的目标都是发展国内数字经济，但是依据文化、制度、基本面所处阶段的差异，各国在制定数字治理规则方面的侧重点和具体措施并不同符合契。具有大量技术、人才、资本积累的发达国家早早完成了传统产业到新兴产业的迭代升级，意图依靠数字产业在新一轮的全球化进程中构建新产业优势和国家竞争力；发展中国家由于先前的条件不足，在数字化进程中难免存在阻碍，为早日突破发展掣肘，更希望在数字基础建设和数字技术突破等支撑性议题上获得相关帮助。

（二）发展差异

通常，各个国家数字经济领域的进入时间、市场特征等差异，会影响该国数字经济发展的业态，并且会基于其自身数字经济发展程度不同来制定异质性的数字治理模式，以此保障自身数字安全。也因此，各国就数字治理体系构建的部分议题进行沟通时往往倾向于选择有利于自身产业发展的规则：数字发达国家提倡数字的高流动和弱监管，更倾向于选择开放度高、灵活性强的“自由治理”模式，并试图争抢未来全球数字治理体系的话语权；而数字发展中国家注重本土数字市场和市场准入机制的完善，偏好通过相对封闭保守的产业政策来保护本国数字经济产业的发展。

（三）两派之争

目前，全球数字治理格局的两大主要体系分别由美国和欧盟各自主导。两大体系治理优势各有千秋，均致力于以自身的治理体系为基础构建全球规则和标准。美国的数字经济发展水平一直处于全国顶尖水平，其希望通过建立“数字自由”来推动全球数据市场的开放，从而能够在保障本土数字先发优势的基础上，实现对全球数字领域的主宰和掌控。区别于美国的强攻击性政策，欧盟不断出台《通用数据保护条例》《数字服务法》《人工智能法》等有关个人隐私保护和数字税收征收的条例，更多提倡数字统一市场的建立，追求的是成为除中美外的全球“数字化第三极”甚至数字领域的领导者。总而言之，两国在数字规则和数字治理领域话语权的争夺愈演愈烈，一时难以落下帷幕。

五　中国智慧赋能全球数字治理发展

在世界百年未有之大变局的当下，数字治理体系亟须建立新秩序以应对全球性的问题和挑战。中国，作为数字经济大国，也应秉持着大国道义观积极参与到数字治理体系改革当中。具体到参与的行动内容，应当做好自身数字水平的全面提升、数字命运共同体共识的宣传、大国责任的积极践行。

全面提升自身数字水平是参与全球数字治理的前提。我国应当对标相关国际数字经贸协定，尽快制定数据流通和重大技术的审批和监管规则，完善相关数字治理的基础性制度内容；支持在各贸易区建设“数据海关”“离岸数据中心”“数据自由贸易区”等组织的试点，在保障数字市场安全的情况下有序放宽市场准入要求。

数字命运共同体的共识是全球数字治理体系的基石。习近平总书记指出，我们要“积极参与全球治理，在更多领域、更高层面上实现合作共赢、共同发展，不依附别人、更不掠夺别人，同各国人民一道努力构建人类命运共同体，把世界建设得更加美好”。应用到数字领域，我国强调的是在把握数字领域发展的前提下，提出数字治理体系新方案，从而在普及“万物并育而不相害，道并行而不相悖”的共同体理念的同时，推动构建开放、包容、普惠、平衡、共赢的数字治理全球化体系①。

积极践行大国责任是参与数字治理体系构建的支撑。面对全球数字体系构建过程中遇到的问题与挑战，作为负责任大国的中国要做体系构建的建设者和引导者，要在国际秩序的建构中不断发出中国声音、持续输出中国力量。目前，我国推动搭建了“数字丝绸之路”，以助力各国数字新基建问题的解决；推动形成了“网络空间命运共同体”，以密切各国经济、社会、科技、生活等各领域的联系；推动实施了《全球数据安全倡议》，以加速数据跨境流动治理规则的形成②。未来，我国还将持续发力，不断为全球数字治理体系的建设贡献中国智慧和中国方案。

第二节　中国数字经济新发展

一　数字经济概念解读与价值挖掘

随着新一轮信息技术的发展及其与经济运行方式的深化融合，“数字经济成为‘技术—经济’范式下的新经济形态和全球经济增长的新引擎”的理念已经取得广泛共识。但是数字经济作为一个内涵比较宽泛的概念，凡是直接或间接利用数据来引导资源发挥作用、推动生产力发展的经济形态都可以纳入其范畴。在技术层面，包括大数据、云计算、物联网、区块链、人工智能、5G 通信等新兴技术。在应用层面，“新零售”“新制造”等都是其典型代表。国内对于该名词的界定尚未达成共识，众学者对其内涵理解不尽相同。因此，此处引用官方所公布的《二十国集团数字经济发展与合作倡议》，将数字

① 李亚琪：《困境、矛盾与出路：大变局下人类命运同体对全球治理的历史性超越》，《社会主义研究》2022 年第 4 期。

② 曲鹏飞：《全球数字治理的中国方案：背景、内涵及路径》，《中国井冈山干部学院学报》2021 年第 4 期。

经济定义为“数字经济是指以使用数字化的知识和信息作为关键生产要素、以现代信息网络作为重要载体、以信息通信技术的有效使用作为效率提升和经济结构优化的重要推动力的一系列经济活动”。

通俗理解下，“数字产业化”和“产业数字化”共同构成了数字经济（见图 2-7）。数字产业化对应是依赖数字技术和数据要素而发展的，为产业数字化发展提供数字技术、产业、服务、基础设施和解决方案等支撑的经济活动；产业数字化应用数字技术和数据要素融合了数字技术和实体经济，实现了政策面、资金面、技术面、制造业、物流业等多个场景的数字化应用。数字产业化和产业化分别作为数字经济的核心之一，只有内容差异，并无优劣之分；相互作用，共同重塑了社会生产力。目前，我国一直坚持着数字产业化和产业数字化两腿并走，共同助力经济的高质量发展。根据中国信息通信研究院发布的《中国数字经济发展报告（2022 年）》，我国 2021 年的数字产业化和产业数字化规模分别达到 8.4 万亿元和 37.2 万亿元，占 GDP 比重 7.3% 和 32.5%。该数据表明，我国推动数字经济发展的方法和措施卓有成效。

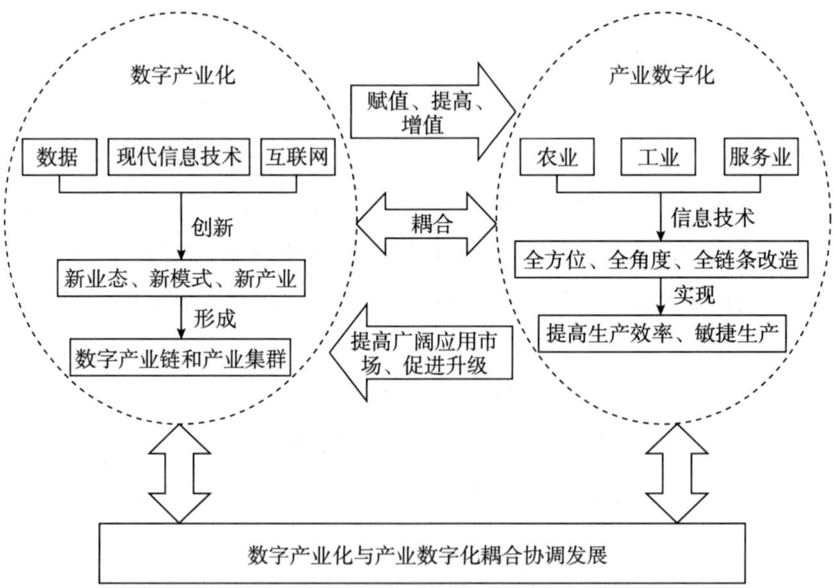

图 2-7 数字产业化和产业数字化的关系

二　数字经济衍变历程

回望历史，我国数字经济的发展历程大致可以分为 1982—2002 年的萌芽期、2003—2012 年的高速发展期和 2013—2022 年的成熟期（图 2-8）。自 1994 年以来，网易（1997）、阿里巴巴（1998）、百度（2000）等互联网龙头企业相继成立。伴随着国际互联网的接入和互联网行业的崛起，中国正式进入互联网时代。得益于互联网接入用户的数量优势，我国数字经济在萌发期实现了快速成长。2003 年，全球最大的 C2C 电子商务交易平台淘宝刚刚成立。叠加阿里巴巴后续推出的支付宝业务，以淘宝为首的网络零售模式取得了巨大成功。该阶段，数字经济进入了高速发展期；国家《电子商务发展“十一五”规划》也明确将电子商务服务业作为重要的新兴产业加以对待。随后，微博、博客等自媒体出现，社交网络服务得以普及。根据中国互联网信息中心（*China Internet Network Information Center*，CNNIC）公布的数据，截至 2012 年年底，我国手机端用户规模达到 4.2 亿人，首次超过了 PC 端用户量。自此，互联网行业正式进入移动互联时代。此后的几年，我国数字经济逐渐发展至成熟阶段：传统行业不断实现在线化，交通、餐饮等生活服务都能够实现在线化；直播经济、共享

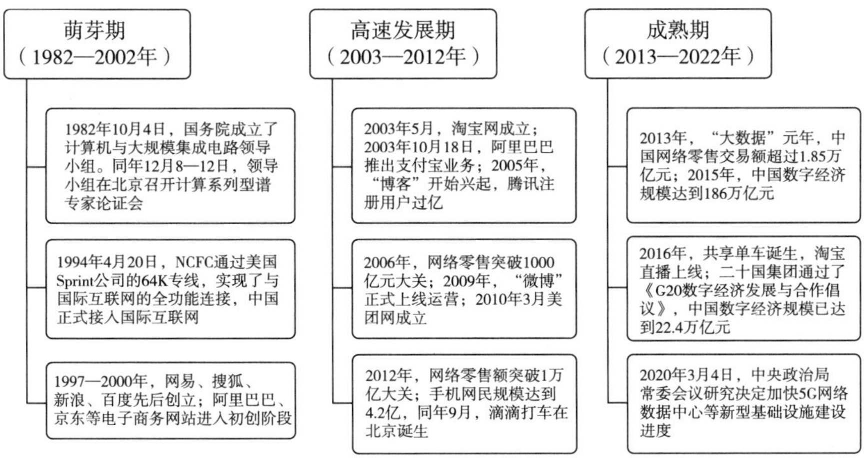

图 2-8　中国数字经济发展史

经济等以互联网为基础的商业模式不断涌现，为数字经济带去新的生机。当前阶段，数字经济对我国产业经济的战略转型发挥着不可或缺的作用，但尚存诸多障碍，任重道远[①]。

三　数字经济动态趋势

数字经济的发展趋势（见图 2-9）主要包含规范性、普及性和服务化三方面[②]。

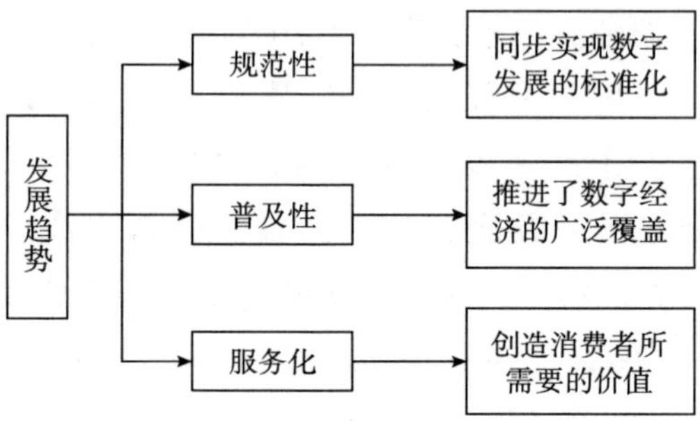

图 2-9　数字经济的发展趋势归纳

（一）规范性

当前，大数据杀熟、倒卖用户隐私、平台垄断行为的消极现象层出不穷。为了制约企业的不良行为、保护消费者的正当权益，政府正在加强对相关领域的立法制约与监督跟踪，以数字发展的规范化同步实现数字发展的标准化，以标准化的数字发展加速推动个性化的数字创新，进而支持数字经济的可持续发展。

（二）普及性

根据 2022 年国务院关于数字经济发展情况的报告[③]，2021 年，互

---

① 胡雯：《中国数字经济发展回顾与展望》，中国共产党新闻网，http：//theory. people. com. cn/n1/2018/0816/c40531-30232681. html。

② 赵俊湼：《数字经济发展趋势及我国的战略抉择》，《中国工业和信息化》2022 年第 9 期。

③ 何立峰：《国务院关于数字经济发展情况的报告——2022 年 10 月 28 日在第十三届全国人民代表大会常务委员会第三十七次会议》，全国人民代表大会，http：//www. npc. gov. cn/npc/c30834/202211/dd847f6232c94c73a8b59526d61b4728. shtml。

联网的普及率已经高达73%，网民人数高达10亿人次。巨大的互联网人口规模为数字经济对于GDP增长50%以上的贡献率创造条件。目前，数字经济不断渗入人们生活的方方面面，成为不同企业经营创新、要素升级的重要助推器。得益于数字经济的优势，企业正积极地将数字化转型作为未来重要发展战略。此行为反向推进了数字经济的广泛覆盖。

（三）服务化

数字经济与其他类型的经济相同，也是以顾客为导向的，唯一的区别在于数字经济能够凭借数字技术对人们的多样化需求具备更快的反应时间和更高质量的反应结果。未来，数字经济所对应数字服务将不断地迭代更新，以此创造消费者所需要的价值，满足其日益增长的对美好生活的追求。

四 数字经济战略成果

（一）顶层战略

自2016年《中华人民共和国国民经济和社会发展第十三个五年规划纲要》首次提出实施国家大数据战略以来，我国始终坚持数字经济规划和政策体系的不断完善，以帮助数字经济解决在发展中不断出现的诸如传统统计监测体系不适用、国际对标规则不健全等问题。表2-2所示为国家层面关于数字经济的相关政策。其从大方针的指引到具体措施的落实，不断细化了数字经济的发展内容，助力我国数字经济政策体系的系统性和有效性落实。

表2-2 国家层面相关政策

序号	文件名称	发文机关	成文日期
1	《国务院关于印发“十三五”国家信息化规划的通知》	国务院	2016年12月15日
2	《文化部关于推动数字文化产业创新发展的指导意见》	文化部	2017年4月11日
3	《关于发展数字经济稳定并扩大就业的指导意见》	国家发展改革委、教育部、科技部等	2018年9月18日

续表

序号	文件名称	发文机关	成文日期
4	《数字乡村发展战略纲要》	中共中央办公厅、国务院办公厅	2019年5月16日
5	《国务院办公厅关于促进平台经济规模规范健康发展发展的指导意见》	国务院办公厅	2019年8月1日
6	农业农村部中央网络安全和信息化委员会办公室关于印发《数字农业农村发展规划（2019—2025年）》的通知	农业农村部、中央网络安全信息化委员会办公室	2019年12月25日
7	工业和信息化部办公厅关于印发《中小企业数字化赋能专项行动方案》的通知	工业和信息化部办公厅	2020年3月18日
8	国家发展改革委中央网信办印发《关于推进“上云用数赋智”行动培育新经济发展实施方案》通知	国家发改委、中央网信办	2020年4月7日
9	《关于支持新业态新模式健康发展激活消费市场带动扩大就业的意见》	国家发改委、中央网信办工业和信息化部等	2020年7月14日
10	《“十四五”大数据产业发展规划》	工信部	2021年11月30日
11	《“十四五”机器人产业发展规划》	工业和信息化部等15部门	2021年12月21日
12	《“十四五”智能制造发展规划》	工业和信息化部等8部门联合	2021年12月21日
13	《“十四五”推进国家政务信息化规划》	国家发展改革委	2021年12月24日
14	《“十四五”数字经济发展规划》	国务院	2022年1月12日

资料来源：《中国数字经济政策及发展研究报告（2022）》。

（二）各级部署

为响应国家顶层号召，我国各级政府也不断推出相应的政策来推进数字经济的发展。在众多地方政府中，数字经济发展表现最为突出的是浙江。根据《中国区域与城市数字经济发展报告（2020）》，浙江的数字创新要素、数字基础设施、数字经济需求、数字政策环境四项指数均位列全国前五，电子商务、新零售、移动支付、共享经济等新业态新模式更是处于全国领先地位。浙江推行的数字政策一步步将数字经济发展成为浙江经济高质量发展的重要动力。表 2-3 将对其相关政策及部署进行整理归纳，以明确数字经济政策浓度。

表 2-3　　浙江相关政策及部署

时间	事情
2002 年	第十一次党代会做出建设“数字浙江”，全面推进现代化建设的重大决策
2003 年 7 月 10 日	进一步发挥块状特色产业优势，加快先进制造业基地建设，走新型工业化道路
2003 年 9 月	发布《数字浙江建设规划纲要》
2006 年	省政府出台全国首个省级层面的电商产业政策
2008 年 5 月 29 日	杭州市荣获“中国电子商务之都”称号
2012 年	电子商务交易首次突破万亿元，居全国首位
2013 年 8 月	工信部正式批复浙江省建设全国唯一的“信息化和工业化深度融合国家示范区”
2014 年 4 月	省政府召开全省信息经济发展大会，将发展信息经济列为七大万亿产业之首
2014 年 5 月	《关于加快发展信息经济的指导意见》提出“七中心一示范区”建设
2014 年 11 月	首届世界互联网大会在嘉兴乌镇召开
2014—2016 年	发布《浙江省信息经济发展规划（2014—2020 年）》《浙江省国家信息经济示范区建设实施方案》《中国制造 2025 浙江行动纲要》《浙江省“互联网+”行动计划》《浙江省促进大数据发展实施计划》
2016 年 11 月	国家正式批复浙江成为全国唯一的国家信息经济示范区
2017 年	省委经济工作会议将发展数字经济列为“一号工程”
2018 年 1 月	大力发展以数字经济为核心的新经济，加快构建现代化经济体系
2019 年	获批建设首批国家数字经济创新发展试验区
2021 年	召开全省数字化改革大会，开启“数字浙江”建设新阶段

资料来源：《中国数字经济政策及发展研究报告（2022）》。

五　数字经济发展的挑战

数字经济具有两面性，其发展在带来了资源配置效率提高、人民生活改善的同时，也造成了垄断、公平、隐私等问题。

众多互联网平台中，占据 38.8%市场份额的微信和 55.6%市场份额①的淘宝主导了非银行支付服务市场，就此形成双寡头垄断格局。为加强对这些垄断机构的监管，中国人民银行在 2021 年 1 月 20 日发文称要同相关部门一起起草《非银行支付机构条例（征求意见稿）》。除迹象极为显著的垄断平台外，其他企业的垄断行为如何评判？何种监管手段能够有效纠正垄断现象？赢者通吃的垄断真的成为创新的阻碍？许多问题仍在探索之中，具体答案尚未明朗。

根据《世界不平等报告（2022）》提供的数据，自 20 世纪 90 年代中期以来，1%富有的人占据了所有增加财富的 38%，并自 2020 年起加速增长。简而言之，所有地区的财富不平等仍处于极端水平，而日新月异的数字技术正是造成这种极端现象的关键因素。弥合数字技术所延伸出来的数字经济之间的差距，从而缓解社会分化加剧问题以实现社会公平和可持续发展，是当前数字领域至关重要的话题之一。

2020 年以来，全球各地发生了一些影响深远的重大数据泄露事件，譬如希腊电信巨头用户信息泄露，英国廉价航空数据泄露，国泰航空泄露 940 万条乘客信息等。这些真实案例带来的是用户隐私被侵犯、企业信誉坍塌的消极影响，特别是关键性的数据泄露将对社会稳定和国家安全产生严重威胁。人们开始对互联网平台的个人数据授权使用条款提出质疑，却往往为了生活质量和工作效率会选择妥协。隐私泄露的忧患使数字的服务性得到质疑，实现数据脱敏、保证个人隐私安全是至关重要的事情。如此，不仅真正增强了用户的安全保障，切实提高了用户的使用体验感，还能够在给予用户方便的基础上规避企业经营风险，有效实现企业和用户的双赢。

如何践行反垄断政策以促进数字行业多元化发展？如何帮助弱势群体融入数字时代以促进数字人权的保护？如何加强隐私保护以保障

① 艾瑞数据，2020Q2 中国第三方支付行业数据发布。

数字经济时代的社会福利？学术界百家争鸣，不断将各自的专业领域作为切入点为数字经济的发展出谋划策，其中以技术提升、企业协议等视角的研究最为丰富。而本书秉持着以人为本的理念，尝试从消费者视角出发切入关于数字信任的相关研究。本书认为是否加强隐私保护是一件值得衡量的事情，并且衡量的侧重点应从用户担忧的相关要素出发。基于此，本书构建了三维集成信任模型，聚焦于在线评论和可信第三方的构成部分对用户信任的影响结果，从源头寻找问题，进而对症下药改善用户与企业之间的关系，在实现两方双赢的基础上促进数字经济的协调创新和长远发展。

第三章 文献综述

文献综述不仅有助于选择突破点，还有助于建立研究框架、选择研究方法和确定研究程序。本书主要旨在确定信任的定义和构成、消费者信任的建立过程以及影响在线信任的因素。本章通过对相关文献的整理，阐明消费者在线信任领域研究的现状，总结当前研究的成就和不足。

第一节 研究背景

在日益复杂的 B2C 电子商务环境中存在许多风险和不确定性，因此，B2C 电子商务信任问题一直是决定 B2C 在线购物能否成功的关键因素。B2C 电子商务信任问题很重要，因为与传统商业相比，其特点导致了更大程度、更广范围、更复杂的不确定性和风险情况[①]。基于这些因素，B2C 电子商务信任研究已成为一个独立的研究重点，并引起了越来越多相关研究人员的兴趣。

① 谢宏武、马红婷：《我国 B2C 电子商务中消费者信任问题分析及解决对策》，《商场现代化》2017 年第 21 期。

第二节　信任概述

一　信任的概念与属性

（一）信任的概念

目前，信任没有精确且被广泛接受的定义，但大多数研究人员认为信任是一种主观信念。例如，对人或服务的完整性、真实性、能力和可靠性的信念表明了信任。同时，人们根据自己不同的目的，从不同的角度理解信任①。

虽然本书的重点是B2C电子商务领域的信任概念，但源自社会科学的信任模型是研究的基础，是全面的正式信任模型的良好起点②。本书通过整理相关文献，提出一种方法，将信任研究成果分为社会学、哲学、管理学、经济学、政治学等领域，从概念上将其分为以下三类（见图3-1）。

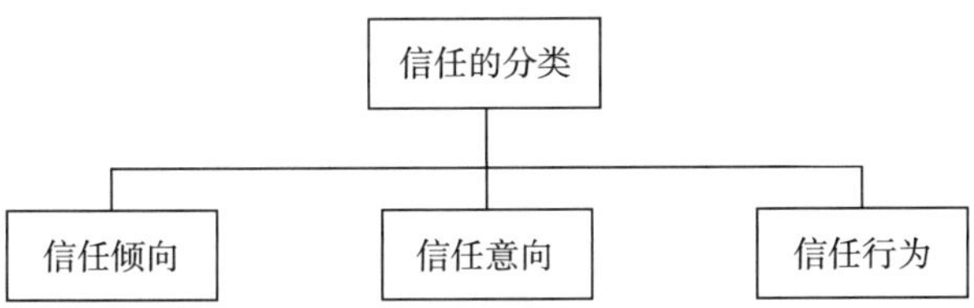

图3-1　基于概念的信任分类

（1）信任倾向：人们自然倾向于信任实体A，被称为信任倾向；

（2）信任意向：实体A乐于依赖实体B，被称为信任意向；

（3）信任行为：实体A自愿依赖实体B，被称为信任行为。

---

① Hoffman D. L. et al., "Building Consumer Trust Online", *Communications of the ACM*, vol. 42, No. 4, 1999, pp. 80-85.

② McKnight D. H., and Chervany N. L., "Conceptualizing Trust: A Typology and E-Commerce Customer Relationships Model", in Proceedings of the 34th Annual Hawaii International Conference on System Sciences, Los Alamitos, CA, January 6, 2001.

信任通常与上下文相关，建立信任需要时间。在某种情况下，人们可能信任某人；但在另一种情况下，他们可能不信任某人。当我们说 A 信任 B 时，称 A 为委托人，称 B 为受托人。信任的建立也与过去委托人与受托人之间的经历有关[①]。例如，在商业环境中，人们更信任老的商业伙伴而不是新的客户。

基于上述观点，信任是一种态度，代表了委托人对受托人能力和性格的主观认识。换句话说，信任是委托人在一定环境下对受托人完成任务的能力和态度的信任，这源于委托人的经验或他人的建议。

（二）信任的属性

1. 特征

信任具有以下重要特征。

（1）主观性：不同个体的观点因个人偏好和其他因素而异；

（2）可能性预期：信任度可以表示为事件发生概率的可能性估计；

（3）环境相关性：信任与特定环境中的某些方面有关（如完成特定任务的能力）。

2. 特点

信任具有以下特点[②]。

（1）动态性质：一般来说，信任关系不是静态的。A 不会总是信任 B。

（2）不对称：A 信任 B 的事实并不意味着 B 会肯定地信任 A。

（3）不可传递性：A 信任 B、B 信任 C 的事实并不意味着 A 将信任 C。

（4）信任程度的差异：不同实体之间存在信任差异，且通常是可以衡量的。例如，有的系统将信任分为高、中、低和其他信任度，有

---

① 黄敏、陈亚盛：《从信任与效率视角看区块链对会计、审计的影响》，《财会月刊》2019 年第 10 期。

② Cui Z., and Tang W., "A Behavior-Based Dynamic Trust Model of Virtual Organization", in 2010 Third International Symposium on Information Science and Engineering, IEEE, NW Washington, DC, USA, December 24-26, 2010.

的系统甚至用不同的值测量信任程度。

二 信任相关常用术语

（1）风险：信任与风险密切相关。如果没有风险，就没有必要考虑信任问题。缺乏风险意味着信心，即意料之中的积极结果。相比之下，风险意味着不可预测的未知事件，因此需要信任来克服不确定性并确保人际关系的建立。换句话说，在面对风险时，我们应该把信任当成信心。

（2）信任值：指委托人在受托人的信任关系中进行的度量[①]。在许多主观信任模型中，信任值通常表示为0—1的数值。

（3）信任度：信任值之一。信任度表示主体对客体的主观概率期望，通常表示为0—1的数值。值越大，信任度越高。信任度通常使用数学评估模型计算。

（4）信任策略：是安全策略的扩展，是规定信任行为以及委托人与受托人之间信任关系的正式描述。它通常使用某种信任策略语言来表示。

（5）信誉：表示基于实体过去行为的信息或观察，对实体未来行为的期望[②]。它也可以被视为在社区中为实体建立的形象。在电子商务社区中，它通常是指其他实体基于该实体过去参与的电子交易中所代表的诚实或服务质量而接受该实体的商业信誉。

（6）信誉系统：基于信誉的信任管理系统的缩写[③]。在这里，实体之间的信任关系是根据每个实体的信誉建立的。

（7）信任模型：一个抽象的描述，用于理解消费者的信任行为和信任决策的过程。总体而言，信任模型具有以下三个特征：它是消费者信任行为的抽象描述，由反映消费者信任行为的影响因素组成，并集中体现了这些影响因素之间的关系。通过信任模型，企业可以实现对消费者信任行为的定量分析。同时，信任模型也可以成为企业预测

① 赵磊：《信托受托人的角色定位及其制度实现》，《中国法学》2013年第4期。

② Jøsang A. et al.，“A Survey of Trust and Reputation Systems for Online Service Provision”，*Decision Support Systems*，Vol. 43，No. 2，2007，pp. 618-644.

③ Hasnae R.，and Hanan El B.，“A New Trust Reputation System for E-Commerce Applications”，*International Journal of Computer Science Issues*（IJCSI），Vol. 10，No. 6，2013，p. 149.

和决策的工具，帮助企业提升消费者的信任水平。

三　信任的级别和分类

根据信任建立的过程，信任分为信念、态度和信任意向。信念是指消费者对企业信誉的期望和初步感受。例如，在交易过程中，消费者可以通过预期的方式来维护商品的完整性。态度是指消费者对企业的正面或负面看法。信任意向是指消费者即使无法控制企业的行为，也愿意依赖企业的程度。信念是决定消费者态度的基础，态度决定消费者的信任意向。

研究者①提出，信任由四个维度组成：信任倾向、机构信任、信任信念和信任意向。通过实证研究发现，具有较高信任倾向的消费者可以更好地感知网络环境，即他们更有可能建立基于机构的信任；反过来，他们可以更好地感知企业的可信赖性特征，也就是说，他们有强烈的信任意向。其他研究人员②的实证研究也指出，信任意向决定了消费者的实际信任行为。

信任的发展分为威慑型信任、知识型信任和认同型信任③。威慑型信任是长期积累的结果，因为双方都明白，违反合同会受到惩罚，履行合同会得到奖励。在一个构建牢固的社会中，信誉的价值在于违反协议的高成本，因此基于威慑型信任是有效的，社会规则也很有效。知识型信任是建立在一方对另一方熟悉的基础上的。未来行为和方向的可预测性来自对另一方的事先了解，频繁的互动可以增进互信。认同型信任意味着理解和欣赏他人的观点和想法，从而变得亲密，达成心理上的亲密。相互理解和合作可以大大提高基于身份的信任。

四　电子商务中的信任

虽然研究人员对信任的定义以及应该用什么词来描述它有不同的看法，但人们普遍认为，信任源于对特定对象言行的判断。然而，早

---

① McKnight D. H. et al.,"Developing and Validating Trust Measures for E-Commerce: An Integrative Typology", *Information Systems Research*, Vol. 13, No. 3, 2002, pp. 334-359.

② 郑冉冉、宋泽：《网上购物意图影响因素实证研究》，《商业经济与管理》2007 年第 7 期。

③ 罗汉洋等：《B2C 电子商务中消费者信任演化及其性别差异的跨阶段实证研究》，《系统管理学报》2016 年第 25 期。

期的信任研究并没有放大受托人言行中显示的具体特征，而是普遍指出受托人的言行是值得信赖的，委托人对它们有信心。Morgan 和 Hunt[①] 开始将受托人的可靠性和完整性带入研究。然后，研究人员根据这些概念，开始强调受托人所具有的特征的重要性。

在消费者信任研究领域，大多数研究人员指出，受托人的特征可能会影响消费者信任，且信任的建立可能会影响未来的交易意向。消费者对不同信任对象（如公司、销售人员和剧院）的特征给予不同程度的重视[②]。换句话说，当委托人面对不同的受托人时，影响其信任建立的因素因对象而异。例如，消费者对供应商公司的信任受到供应商的声誉和规模等特征的影响；相比之下，消费者对销售人员的信任受到销售人员的专业精神和能力等特征的影响。

个人信任程度受文化背景、个性和经验的影响。Bhattacharya 等[③] 认为受托人具备的所有特征都可以视为必要条件，但不足以建立信任。对于大多数事务对象，它们或多或少都具有可信的特征。但是，当委托人感知到受托人的特征时，委托人对可能引起信任的特征的解释是截然不同的。例如，一个网站可以投入大量资金来提高其声誉，但一些消费者可能会认为该网站正在投入大量精力来开展业务，而其中一些人则认为该企业正在进行华丽的自我包装。这意味着他们可能会将网站的行为视为“橱窗装饰”，公司将更多的精力放在看起来值得信赖而不是实际值得信赖的举措上。这种差异主要是由不同个体的个人特征造成的。因此，关于建立在线消费者信任的研究也需要研究消费者的个人特征。

消费者更倾向于依赖口碑传播的推荐，而不是产品的相关信息。这是因为个人推荐比产品的一般信息或广告更值得信赖。消费者更愿意信任使用过或拥有相关经验的人对产品或服务的评论，因为他们认

---

① Morgan R. M., and Hunt S. D., “The Commitment-Trust Theory of Relationship Marketing”, *Journal of Marketing*, Vol. 58, No. 3, 1994, p. 20.

② 刘凤委等：《信任、交易成本与商业信用模式》，《经济研究》2009 年第 8 期。

③ Bhattacharya R., Devinney T. M., and Pillutla M. M., “A Formal Model of Trust Based on Outcomes”, *The Academy of Management Review*, Vol. 23, No. 3, 1998, pp. 459-472.

为这些评论更真实、更值得信赖。在对在线信任的研究中，有研究者[①]指出衡量信息源的专业程度可以作为在线信任的一个重要因素。在线评论具有说服力，可以改变他人的态度，因为这种信息来源具有以下要素：信任、专业、共性和吸引力，其中最重要的是信任。此外，研究还发现对于复杂、需要专业知识的产品，消费者倾向于采纳专家的建议；但对于一般的日用生活用品，消费者对共性评价很高，倾向于采纳其他消费者的推荐[②]。

在 B2C 电子商务环境下，消费者通常不具备对互联网上从事交易活动的网站的控制能力，也无法保证网站提供的信息质量或影响网站行为的能力。有研究人员[③]已经讨论了信任的扩展类型，其中产品由具有可信度的组织认证，向外界表明认可的对象是值得信赖的。该研究还表明，即使消费者对交易对象没有任何交易经验，但由于 TTP 组织的认证，他们仍然可以信任交易对象。

五　B2C 电商中的信任

Bowen 和 Shoemaker[④] 指出消费者希望为他们信任的企业进行有利的口碑广告，并往往有在将来回购该产品和服务的打算。因此，信任是决定营销效果的重要因素。这对 B2C 电子商务尤为重要，原因如下。

（一）信任可以降低交易成本

在社会学、组织行为学和营销学领域，许多研究都提到信任可以降低电子商务的成本。在电子商务活动中，如果信任度相对较低，那么只有依靠复杂的合同、监管和法律手段，才能保证电子商务的正常

---

① 高琳等：《社会化商务中网络口碑对消费者购买意向的影响：情感反应的中介作用和好奇心的调节作用》，《管理工程学报》2017 年第 31 卷第 4 期。

② 殷国鹏：《消费者认为怎样的在线评论更有用？——社会性因素的影响效应》，《管理世界》2012 年第 12 期。

③ Özpolat K. , Gao G. , et al. , "Research Note: The Value of Third-Party Assurance Seals in Online Retailing: An Empirical Investigation", *Information Systems Research*, Vol. 24, No. 4, 2013, pp. 1100-1111.

④ Bowen J. T. and Shoemaker S. , "Loyalty: A Strategic Commitment", *Cornell Hotel and Restaurant Administration Quarterly*, Vol. 39, No. 1, 1998, pp. 12-25.

进行，交易成本也因此会升高。相比之下，如果信任度相对较高，那么对控制机制的需求将大幅减少，交易成本也因此会降低。

（二）信任可以降低交易风险

在商业活动中，交易方对另一方的控制越弱，交易方对另一方的信任就越多。对另一方行为的明确期望是基于该方的信任。这种期望可降低交易风险。

（三）信任可以提高交易各方的进一步合作

信任是根据委托人的意向而自由给予的。信任的目的是保持双方的良好合作，实现互惠互利。当人们认为他人的行为可能损害自身的利益或面临较高的决策风险时，他们是否信任对方可能决定他们将如何行事。对于商业活动中的每个交易方来说，一方面，信任意味着合同的遵守，即质量保证、按期交货和按时付款。这将减少不必要的谈判和协商，减少所造成的时间开支。另一方面，信任意味着一定程度的灵活性。具体表现为：当合同履行过程中发生不可预见的事件或存在不一致时，交易双方可以相互理解、相互配合。

六　传统信任与在线信任

从历史发展的角度来看，信任对象的覆盖面更广，逐渐从小圈子里的熟人扩大到没有血缘关系的陌生人。这也改变了对信任的判断：面对陌生的物体，消费者往往会因为信息不对称，依靠外部客观条件来巩固和加强与陌生人建立信任的可信度。

在线营销以互联网技术为交易媒介，消除了时间和空间的限制，但也增加了不可见性、跨区域性和非同步性，从而突出了在线消费者的信任与传统消费者的信任之间的区别。

传统交易中的消费者倾向于亲自到店进行面对面的沟通，之后，一旦买卖双方满意而达成协议，交易就完成了。而电子商务变化巨大，交易不再拘泥于实体店，也不再受业务时间的限制。由于在虚拟在线交易中无法通过触觉和面对面交流获得相关信息，再加上许多其他因素，增加了在线交易的不确定性，严重影响了消费者之间建立信任的过程。因此，深入探讨和了解在线消费者信任构建和维护的过程，以及在线信任的影响因素和机制非常有必要。

第三节 基于消费者视角看待他人评论

信息来源的专业性衡量可以作为一个重要的信任因素。为了影响消费者的信任决策，潜在消费者可以通过网上购物环境更快、更全面地了解其他消费者对产品或服务的使用体验和购物体验。这些信息将为消费者提供相应的决策依据，同时缩短消费者在做出购买决策上花费的时间。从本质上讲，由于对他人评论中包含的相关信息的信任，潜在消费者构成其信任意向，从而影响自身的信任行为。

他人评论的影响可以分为两个因素。一是对潜在消费者信任决策的影响，二是对现有消费者品牌忠诚度的影响①。他人评论同时扮演着两个角色——信息提供者和信息呈现者。从信息提供者的角度来看，评论具有很强的可信度，因为它没有明显的商业广告特征或兴趣关系。从信息呈现者的角度来看，评论的数量在一定程度上代表着产品的流行程度和受欢迎程度。这两个角色在消费者做出品牌选择、信任决策和购买决策中都起着关键性作用。

他人评论对客户的品牌忠诚度有重大影响。通过比较消费者评价和其他因素对在线购物中心品牌忠诚度的影响，学者研究了各类产品后发现，在 15 个影响因素中，消费者正面评价的比例对回购意愿的影响最大②。

他人评论对企业来说也非常重要。如果这些公司有口碑代言，他们在广告上的花费将更少，他们的产品也将更便宜。通过这种方式，企业可以更低的成本最大限度地接触消费者，人们也可以分享和讨论有关各种主题的信息，例如产品、服务，甚至新闻和时尚。电子商务企业可以利用消费者发布的在线评论，建立消费者对在线购物的信

① 孙瑾等：《感知在线评论可信度对消费者信任的影响研究——不确定性规避的调节作用》，《管理评论》2020 年第 4 期。

② Gauri D., et al., "Role of Word of Mouth in Online Store Loyalty", *Communications of the ACM*, Vol. 51, No. 3, 2008, pp. 89-91.

任，构建评论和反馈机制。目前，也有许多专门的评论网站帮助消费者和企业从评论中收集相关信息，作为消费者的决策参考依据和企业改善营销管理的工具。

在线评论对消费者的信任行为有很大的影响，但在线评论的有效性与评论员的可信度、评论的质量等其他因素有关①。总体而言，在线评论在电子商务环境中并不是独立存在的。它主要涉及两个不同的主体：一个是在线评论的生产者，即相关评论的发布者；另一个是在线评论的接收者，即浏览相关评论的潜在消费者。针对两个不同的主体，不少学者认为，在线评论影响着消费者的信任行为，其影响主要取决于两个因素：发布在线评论的出版商的信誉，以及在线评论接收者所感知的评论质量。

信誉是指在线评论员在网络或现实社会中的资历和信用等级，可以反映评论员的专业能力和专长。信誉度高的评论员拥有丰富的与产品、消费网站等其他要素相关的市场信息。他们是产品评论的主要撰写者和传播者。信誉度高的评论员在评论网站和各种产品的论坛上非常活跃。他们愿意积极参与讨论，并与其他消费者分享信息。在网络上的虚拟社区中，信誉度高的评论员在相关产品领域的专业能力越强，他们的意见就越容易被大多数社区成员所采纳。因此，评论员的可信度越高，评论信息的接收者从网上评论中感知到的可信度就越高。此外，在互联网上搜索评论信息时，消费者倾向于参考专业水平较高的专业人士发布的评论。在他们看来，这些具有高专业水平和威望的人是值得信赖的。因此，评论员的信誉对消费者的信任行为和意向有更大的影响。评论员的信誉度越高，对在线购物背景下消费者信任意愿的影响就越大。

评论质量是在线评论描述产品、服务或购物体验的详细程度②，涉及在线评论的内容是否真实可靠、是否与产品密切相关、是否有足够的信息。所有这些点都可以被消费者用于不同的参考。真实可靠的在线评论可以帮助消费者做出正确、有价值的信任决定，而虚假的网

① 宋晓晴、孙习祥：《消费者在线评论采纳研究综述》，《现代情报》2015 年第 1 期。

② 王月辉等：《B2C 社交电商平台顾客在线购物体验质量测量与实证研究》，《北京理工大学学报》（社会科学版）2021 年第 3 期。

络评论将损害消费者的利益。高质量的在线评论通常具有真实性、客观性、可理解性和充分的信息。高质量在线评论的内容是客观的、具体的，其观点有充分的论据支持；相比之下，低质量的在线评论的内容是主观的、抽象的，缺乏详细的逻辑分析。与低质量的在线评论相比，高质量的在线评论对消费者更有说服力。此外，高质量的在线评论显示出逻辑性、说服力和充分的论据，对消费者的信任意愿有相对强烈的积极影响。因此，许多学者认为，不同质量的在线评论会在不同程度上影响消费者的信任意愿。换句话说，评论信息的质量越高，消费者的在线信任意向就越大。

第四节　消费者感知风险受控外部资源

外部资源对在线消费者的感知信任控制不是消费者对交易对应方的信任，而是相信一个完整的交易机构可以保障他们的权益。有学者①将基于机构的信任分为两种，即结构保证和情境常态。结构保证是指消费者对保护性结构（保证、法规、承诺、法律追索权等）的评价。情境常态是指消费者对在线购物环境的评价。如果一个在线零售商无法满足预期的情况，消费者的信任度就会降低，因为他们会认为这种情况是不正常的。在在线购物环境中，许多消费者首次与某个商家进行交易，因此他们希望获得来自第三方的额外可靠保护。研究者②表明可信任第三方（TTP）可以有效提高消费者的信任感。第三方认证对消费者的信任有重要影响，且 TTP 对消费者信任有显著影响。

学者对消费者初始信任的建立机制及网络信任的影响因素进行了

① McKnight D. H., and Chervany N. L., "Conceptualizing Trust: A Typology and E-Commerce Customer Relationships Model", in Proceedings of the 34th Annual Hawaii International Conference on System Sciences, Los Alamitos, CA, January 6, 2001.

② Pavlou P. A., and Gefen D., "Building Effective Online Marketplaces with Institution-Based Trust", *Information Systems Research*, Vol. 15, No. 1, 2004, pp. 37-59.

深入研究。实证研究的结果表明，消费者对网页有用性、可用性和安全性的感知是信任的重要前提。进一步研究发现，企业声誉、消费者信任倾向和结构保证（制度性信任）对消费者的信任意愿有显著影响。在工业界，大量 TTP 涌现的目的是增强消费者对在线交易的信任。它们通过不同的技术手段和中介服务，为在线交易的顺利运行提供保障和支持。例如，VeriSign 为消费者的在线交易提供安全性，而 TRUSTe 则是验证企业对消费者隐私的保护。这两种服务都有效地缓解了用户的隐私顾虑。

在许多情况下，特别是新的交易中，在线交易的双方很难建立信任关系。但是，通过一个双方都信任的中介，可以形成一个信任链，从而在双方之间建立间接信任，促进交易的完成（见图 3-2）。一个在严格的行业规则和制度化保证下独立运作的 TTP 可以最大限度地防止认证过程受到外部商业利益的影响，同时保证认证结果公平、客观和真实。通过 TTP 认证可以抑制外部利益受到不确定性和机会主义行为的诱惑。从本质上讲，电子商务交易双方在交易前并不熟悉，也缺乏传统商业建立信任的现场观察和判断依据。网络上的买家和卖家必须用很少的信息来建立信任。TTP 可提供更多信息，以促进买方和卖方之间的相互理解。在电子商务环境下，TTP 为消费者判断电子商务公司的资质和诚信程度提供了重要的参考，极大地促进了信任的形成。

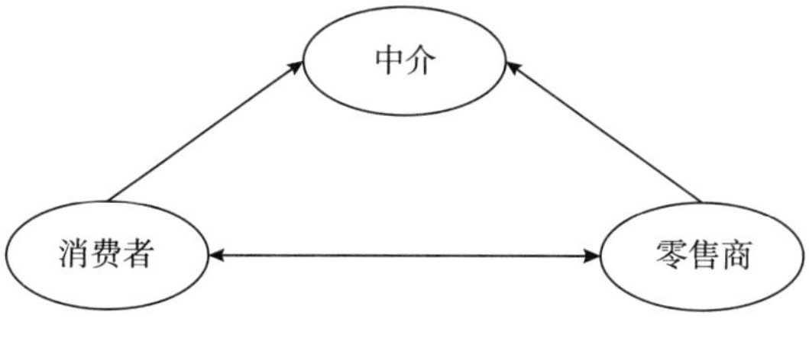

图 3-2 信任链的建立过程

学者还指出，TTP 在信任传递中起着重要作用，促进了信用信息从企业流向消费者，使消费者在交易前对企业的信用状况有更全面、更客观的了解[①]。企业的信用信息可以基于 TTP 传输给消费者。消费者对企业的信任在于消费者对 TTP 的信任。通过连锁关系，企业的可靠信息可以有效地传递给消费者，从而影响消费者的信任行为和决策，同时有效地促进消费者对企业的信任。

第五节　消费者在线信任的各类影响因素

企业的声誉和规模会对消费者的信任产生影响。关于影响消费者信任的因素的研究表明，产品就是其中一个因素。尤其是在线交易中与产品相关的特性，如产品质量、可靠性和有效性等，都会在一定程度上影响消费者的信任[②]。此外，研究结果还表明，某些因素和消费者特征对于建立信任至关重要。例如，消费者的购物体验会影响他们的行为[③]。实证研究表明，消费者的个人信任倾向会对基于机构的信任和信任信念产生重大影响。另外，消费者对电子商务技术的信心将显著影响他们对信任的感知。有研究者[④]研究了外部环境中法律框架对消费者对在线购物信任的影响，结果表明，这对消费者的信任度有显著影响。综上所述，影响消费者信任的因素主要包括企业、产品、经验、信任倾向信心和法律框架。

在传统商业中，信任对象是企业。而在 B2C 电子商务环境中，直接信任对象是网站，企业成为间接对象。信任关系见图 3-3。

---

① Head M. M. , and Hassanein K. , "Trust in E-Commerce: Evaluating the Impact of Third-Party Seals", *Quarterly Journal of Electronic Commerce*, Vol. 3, 2002, pp. 307-326.

② 潘煜等：《网络零售中影响消费者购买意愿因素研究——基于信任与感知风险的分析》，《中国工业经济》2010 年第 7 期。

③ 陈洁等：《基于心流体验视角的在线消费者购买行为影响因素研究》，《南开管理评论》2009 年第 12 卷第 2 期。

④ Cheung C. M. , and Lee M. K. , "Understanding Consumer Trust in Internet Shopping: A Multidisciplinary Approach", *Journal of the American Society for Information Science and Technology*, Vol. 57, No. 4, 2006, pp. 479-492.

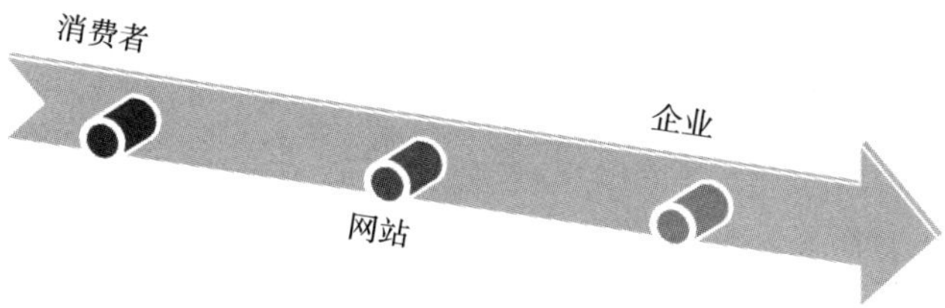

图 3-3 消费者与企业之间的信任关系

由于 B2C 电子商务需要互联网技术的支持，交易具有匿名性，同时面对相应的外部环境[①]。因此，B2C 电子商务环境信任的影响因素比传统商业的要复杂得多。本书综合相关领域学者的研究成果，提出消费者信任态度的影响因素可从以下几个角度进行分析：电子商务企业、网站、个性特征和外部环境。（个人态度的组成部分见图 3-4）。

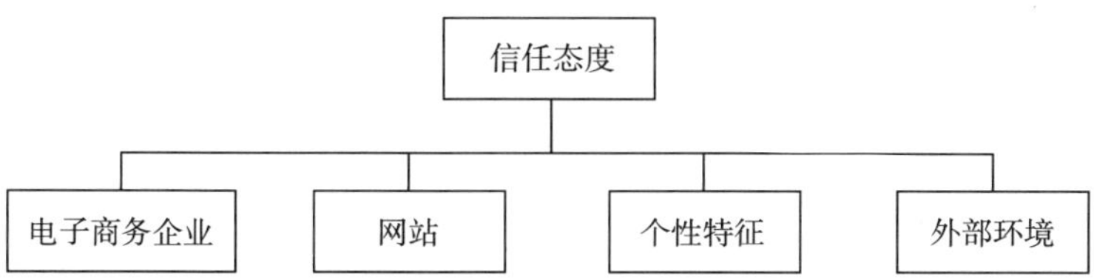

图 3-4 信任态度的影响因素

一 电子商务企业

本书的研究框架选择了两个变量作为电子商务企业因素：企业规模和企业知名度。其原因如下所述。

如果消费者在购买过程中察觉到存在风险，他们就会通过寻求降低风险的方法来消除不安全感和焦虑[②]。一般来说，有两种方法可以降低风险认知。一种是通过增加结果的确定性来降低风险认知（如购买大型制造商的产品或购买知名品牌产品），另一种是通过降低损失

① 邵兵家、孟宪强：《中国 B2C 电子商务中消费者信任影响因素的实证研究》，《科技进步与对策》2005 年第 7 期。

② 汪涛等：《消费者不安全感与怀旧产品购买行为研究》，《经济管理》2011 年第 1 期。

水平来降低风险认知（如选择具有退款保证的企业）。

（一）企业规模

企业规模是指商品和服务的范围。企业规模越大，意味着企业越有能力满足消费者的需求。企业规模还表示投入运营中的企业资源。如果企业从事破坏信任的行为，则将面临更大的损失。因此，从理论上讲，规模较大的企业更容易建立信任。

营销研究结果表明，一般来说，消费者更倾向于信任规模更大的企业[①]。消费者通常认为大型企业有足够的能力提供他们想要的服务。大型企业通常愿意在自己的声誉和品牌上进行投资，并在销售的产品出现问题时给予消费者合理的补偿。因此，大型企业往往可以提高消费者对他们的信任态度。

（二）企业知名度

从品牌价值的角度来看，在大多数消费者想从一系列类似商品中选择一种并完成交易时，会选择他们听说过的品牌或者著名大企业生产的商品[②]。并且研究发现，影响建立信任的最重要因素是企业的规模和声誉[③]。

基于之前的研究，本书表明，企业知名度受两个变量的影响，即企业的品牌和声誉。企业的品牌是指在线企业或其运营网站的品牌，品牌通常象征着质量和保证，而优秀的品牌通常提供高质量的产品和满意的服务。品牌的价值越大，消费者在购买企业或网站提供的产品或服务时遭受的风险就越小，消费者对它的信任程度就越高。企业的声誉是指公司向客户展示的消费者所认为的诚实、关注和协议履行的程度。此外，这种声誉可以在消费者之间传播。如果每个人都相信企业可以诚实、可靠和公平地对待其消费者，那么其他刚进入公司的消

① Tao L., and Li L., "Trust Study of E-Commerce in China Based on B2C Model", in 2009 International Conference on Business Intelligence and Financial Engineering, Beijing, China, July 24-26, 2009.

② 金玉芳等：《消费者品牌信任机制建立及影响因素的实证研究》，《南开管理评论》2006 年第 5 期。

③ 刘彧彧等：《企业声誉的影响因素及其对消费者口碑传播行为的作用》，《管理学报》2009 年第 3 期。

费者也会认可和信任企业。

(三) 个性化产品和服务

除上述可能影响消费者对企业信任态度的两个变量外，随着目前B2C电子商务的新发展趋势，本书认为，产品和服务的个性化定制将提高消费者对信任的认知水平①。这是因为，在当前的市场环境下，热门商品已经无法满足消费者的个性化需求。通过个性化的产品和服务，网站将更接近消费者，让消费者体验到依赖感和归属感。

辨别用户的特殊需求，为他们提供有针对性的个性化服务，是企业在电子商务环境中获得消费者信任的另一种方式。在B2C电子商务模式下，消费者除被动接受商家或厂家提供的商品或服务外，还可以根据自己的需求主动提出对商家的需求。因此，消费者可以参与和影响企业的生产经营过程。随着消费者与企业沟通的日益增多，信任度也随之提高。研究表明，企业提供定制的产品和服务可以显著影响消费者的信任。同时，如果消费者的需求能够得到企业的满足，消费者能够真正感受到经营者的关注，消费者就会认为企业是有能力的、善良的，这两点是建立信任关系的基本要素。

二　网站

大量文献表明，网站是影响在线消费者信任的重要因素②。有学者将消费者对在线购物的信任分为三种类型，即在线商家的可信度、在线购物媒介的可信度和环境因素；将信任建立的来源分为三类，即网站特征、用户特征和其他因素。基于先前的研究，本书对与公司网站相关的个人信任态度的影响因素进行了分类和总结，包括以下四种类型：网站设计、网站服务质量、网站信息质量以及网站安全和隐私控制。

(一) 网站设计

现有的研究结果表明，消费者常常通过网站的外观来决定公司的

---

① 李喆、刘天宇：《基于服务设计的生活方式品牌提升策略研究》，《包装工程》2021年第22期。

② 赵冬梅、纪淑娴：《信任和感知风险对消费者网络购买意愿的实证研究》，《数理统计与管理》2010年第2期。

可信度。网站设计可能会影响消费者的印象，从而影响他们对卖家的信任[1]。结合这些研究，网站设计应包括以下内容（见图 3-5）。

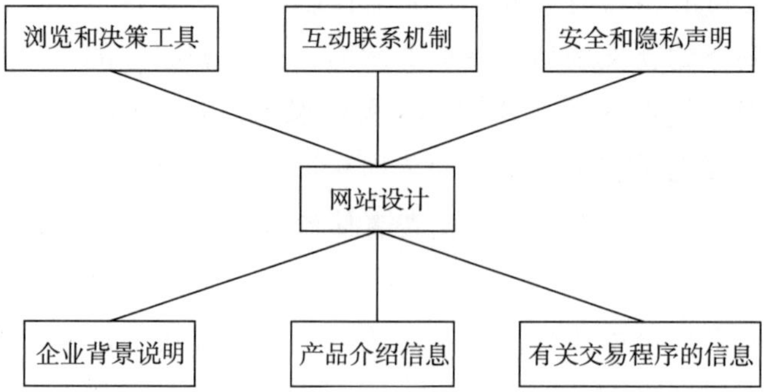

图 3-5　网站设计的内容

（1）浏览和决策工具：网站设计应包括能够帮助消费者浏览信息和做出决策的基本工具，如搜索引擎和网站地图。

（2）互动联系机制：消费者可以通过互动联系机制联系其他消费者或企业本身，以查询商品信息、了解购买程序或分享消费体验。该机制由电子邮件地址、企业联系电话、企业联系地址、网络社区论坛、常见问题及其答案等内容组成。

（3）安全和隐私声明：为了消费者的安全和隐私，网站应声明或解释为消费者提供适当保障而采取的安全和隐私措施。例如，可以包括安全套接字层（SSL）、安全交易机制、隐私权保护规范、版权声明或权威机构提供的信用担保。

（4）企业背景说明：指运营网站企业的相关信息，包括企业信息和发展历史，以及对其未来前景和目标的解释。

（5）产品介绍信息：指网站上关于产品介绍的信息，包括产品名称和形象、相关产品描述和产品价格标记。

（6）有关交易程序的信息：指有关网站上购物交易程序的信息，包括购物程序的介绍、交付流程的说明以及更换或退回产品的模式和

① 范晓屏：《网站生动性和互动性对消费者产品态度的影响——认知需求的调节效应研究》，《管理工程学报》2013 年第 3 期。

程序的说明。

本书提出，网站设计的上述基本内容直接影响消费者对商业网站的印象，并影响消费者最初的信任。

（二）网站服务质量

在 B2C 电子商务中，与消费者直接接触的通常是网站，而不是销售人员或企业销售网点。因此，网站的相关质量是影响消费者信任的重要因素[①]。一个高质量的网站通常采用先进可靠的技术，以及合理有效的管理理念和管理模式，以便消费者完成交易，提高消费者满意度，增强消费者对网站的信任。

（三）网站信息质量

在 B2C 电子商务环境中，大多数消费者根据网站提供的信息做出购买决定。因此，信息质量决定了消费者对网站的信任。如果网站能够提供丰富的与消费者需求相关的信息，就可以节省大量的搜索时间和成本。

本书所建议的网站信息质量是指网站所传递信息的及时性、真实性和有用性。及时性是指网站应清楚、完整、及时地向消费者传递所需信息，同时及时收集消费者的反馈信息，以改善其服务。真实性是指网站提供的信息应该是真实的，而不是虚假的。有用性意味着网站提供的信息应该对用户有用，而不是多余的或有害的。

（四）网站安全和隐私控制

有学者研究表明，在被网页上显示的商品或服务吸引后，消费者可能会寻求相关信息，以增强他们对与网站互动的信心，并确保个人信息和交易的安全[②]。有学者认为，安全和隐私是影响消费者信任的重要因素[③]。当决定与网站进行交易时，消费者首先关注与网站进行在线交易是否安全，他们希望网站能够在交换在线交易信息的同时提

---

① 郭国庆等：《消费者在线评论可信度的影响因素研究》，《当代经济管理》2010 年第 10 期。

② Warrington T. B. , et al. , “Building Trust to Develop Competitive Advantage in E-Business Relationships”, *Competitiveness Review*, Vol. 10, No. 2, 2000, pp. 160-168.

③ 董大海、杨毅：《网络环境下消费者感知价值的理论剖析》，《管理学报》2008 年第 6 期。

供有效的安全和隐私保护方式。这与网站的操作有关。如果该企业使用先进的密码和身份验证技术来防止其他未经授权的人进入，从而避免各种敏感信息丢失，消费者将认为与该网站进行交易是安全的，则消费者的信任态度将提高。

三　个性特征

除受托人自己可以清晰地感知到受托人的特征外，研究消费者信任的形成还需要考虑消费者的个人特征。这是因为个人特征和消费者对网络的认知可能会影响信任的建立。因此，本书认为，消费者的交易体验和个人信任倾向将在不同程度上影响对在线交易的信任态度。同时，这两个变量也是动态信任关系中的重要影响因素，在信任的建立和维持中发挥着重要作用。

（一）在线交易体验

以往文献指出，在购物过程中，无论是在信息收集阶段，还是在购买决策阶段，消费者都会受到过去的知识、过去的经历等因素的影响。例如，在一项关于消费者行为的研究中，有学者发现，如果有购买经验的人将来需要再次购买商品，他们就会收集更多相关的商品信息，以协助他们在购买时做出决策。当消费者拥有多次购买特定商品的经历时，他们对该商品的了解就会积累起来，从而导致未来购买该商品的个人观点和意见更多；这会影响消费者对未来购买的决策。从上述研究我们知道，个人过去的购买经验确实会影响其未来的个人决策。因此，本书表明，消费者过去的在线交易体验对消费者信任态度水平的提高或下降具有重要影响。

（二）信任倾向

信任倾向是指认为其他人是否值得信任的倾向①。也就是说，消费者愿意信任他人是一种可持续的倾向，正如一个人在正常情况下所表现出来的那样。信任倾向被视为一种稳定的人格特质，不会因环境的不同而改变。信任倾向主要受一个人的性格特征、成长环境和教育水平的影响。信任倾向是一个稳定的内在因素，将影响一个人信任其

① 管益杰等：《网络购物中的信任》，《心理科学进展》2011 年第 19 卷第 8 期。

他个人或组织的可能性。由于消费者通常无法监控大多数交易过程中的每个细节，因此交易过程中必须存在一定程度的信任，且信任级别源于消费者最初的信任倾向。

四 外部环境

B2C 电子商务的外部影响因素将构成消费者的宏观消费场景。例如，技术环境、国家政策和法律环境等外部因素将在一定程度上影响消费者的基本信任感，从而进一步影响他们的信任态度。

（一）技术环境

网络和通信技术是 B2C 电子商务出现和发展的技术基础。互联网的开放性使 B2C 电子商务变得脆弱，增加了交易的风险[①]。在电子商务系统中，用户对技术方面的信任主要体现在系统的安全性、隐私解决方案、在线支付模式、交易过程中银行账户密码的安全性、转账过程中的资金安全等。B2C 电子商务技术的可靠性越高，环境风险就越低，消费者对与网站的交易将给予越多的信任。因此，消费者的信任态度将会增加。

（二）国家政策和法律环境

B2C 电子商务的健康有序发展有赖于一套完整的法律法规体系。B2C 电子商务法律法规越完善，消费者的利益就越有保障，消费者也就越容易信任在线公司。制定 B2C 电子商务法律法规，在一定程度上有助于约束交易参与方的行为，建立交易信任，特别是基于制度的信任[②]。

第六节 消费者在线信任的实证研究回顾

前几节通过文献综述总结了在线信任领域的主要研究成果，并确定了影响消费者信任意图或行为的相关因素。近几十年来的相关文献

① 李凌慧、曹淑艳：《B2C 跨境电子商务消费者购买决策影响因素研究》，《国际商务（对外经济贸易大学学报）》，2017 年第 1 期。

② 柯颖：《我国 B2C 跨境电子商务物流模式选择》，《中国流通经济》2015 年第 8 期。

总结见表 3-1，清楚地展示了其他学者对这一领域的贡献。

表 3-1　　　　在线信任决定因素的实证研究

研究	在线信任的决定因素
Ba and Pavlou，2002	适当的反馈机制可以诱导基于演算的可信度信任，而无须在交易双方之间重复交互
Banerjee，et al.，2017	评论者感知的可信度影响着评论者的接受率，从而对销售产生间接影响
Belanger，et al.，2002	消费者对安全特征的重视程度明显高于其他三个信任指数（第三方隐私印章、隐私声明和第三方安全印章）
Beldad，et al.，2012	公司对其在线隐私声明的信心显著影响了荷兰互联网用户对政府机构的信任
Bhattacherjee，2002	受托人的能力、仁慈和诚信是信任的三个关键维度
C. Liu，et al.，2004	个人对通知、访问、选择和安全的隐私维度影响在线信任
Q. Cao，et al.，2011	语义特征在影响评论收到的有效投票数量方面比其他特征更具影响力
Chen and Barnes，2007	感知有用性、感知安全性、感知隐私、感知积极声誉以及定制意愿是在线初始信任的重要前提
Chevalier and Mayzlin，2018	书本评论的改进会导致该书推广网站相对销售额的增加
Cook and Wenhong，2003	考察了第三方印章在供应商和消费者之间建立信任方面的作用
Cui，et al.，2014	评论数量在新产品销售早期有重大影响，并且这种影响随着时间的推移而减少
Harrison McKnight，et al.，2002	网站的质量和声誉是供应商用来建立消费者信任的强大杠杆
McKnight，et al.，2004	在探索性和介绍性阶段，结构性保证严重影响消费者对网络业务的信任
Kim，et al.，2009	首先，信任结合感知风险和感知利益，直接和间接地影响消费者的购买决策；其次，信任通过满意度对消费者的忠诚有长期影响
Dey，et al.，2009	建立企业对消费者（B2C）电子商务企业（本地/国际）信任的挑战是主要关注的问题
Duan，et al.，2008	口碑效应是口碑与零售销售之间存在的正反馈机制
Kim and Tadisina，2005	网站质量在客户对电子商务的初始信任中影响最大

续表

研究	在线信任的决定因素
Everard and Galletta，2005	在线商店网站的感知质量将与用户对商店的信任直接相关
Fang，et al.，2016	文本可读性和评论者特征都会影响评价的感知价值
Filieri，2015	越来越多的消费者使用在线消费者评论（OCR）了解产品质量。且研究结果表明，消费者主要受信息质量的影响
Ganguly，et al.，2009	网站特征对印度在线用户在线交易信任度产生影响
Ganguly，et al.，2010	网站设计能够对消费者的购买意愿产生积极影响，并降低感知风险
Gefen，2000	对互联网供应商及其流程的熟悉程度、对供应商的信任都会影响受访者询问书籍的意向
Gefen，2002	客户对特定在线供应商的忠诚度随网站服务质量的直接增加和信任度的提高而增加
Gefen，et al.，2003a	回头客更信任电子供应商，认为网站更有用、更易于使用，并且比非回头客更倾向于从中购买
Hong，et al.，2017	揭示了在线消费者评论可以帮助客户减少在网络购物中面临的不确定性和风险
Kim，et al.，2004	与其他前因相比，客户满意度对回头客的信任建立有更强的影响
Harris and Goode，2004	服务质量与信任之间存在积极而直接的关系
Hahn and Kim，2009	消费者对在线零售商的信任是感知互联网使用的重要预测因素
Hong，2015	消费者对在线商家的信任期望是消费者在电子零售商和电子市场之间选择的预测因子
Hong and Cho，2011	消费者对中介的信任对自身的态度忠诚度和购买意向都有很大的影响
Zhang，et al.，2016	声明品牌和证书声誉的信息是鼓励信任发展的重要因素
Jun，et al.，2017	第三方认证有助于顾客对食品和服务质量的积极评价。这种积极评价还有助于培养顾客对餐厅的信任
Kimery and McCord，2002	初步结果并不支持保证印章对消费者与电子零售商的信任之间的假设关系
Kimery and McCord，2006	第三方保证印章可能无法发挥其影响消费者对电子商务信任的潜力，因为这些信号既没有被商家网站注意到，也没有被消费者充分理解

续表

研究	在线信任的决定因素
Koh and Kim，2003	虚拟社区的感觉受到社区领导的热情、成员可利用的线下活动和愉快程度的影响
Korfiatis，et al.，2012	与评论长度相比，评论可读性对评论有用性影响更大
Koufaris and Hampton-Sosa，2004	感知企业声誉与企业定制产品和服务的意愿会显著影响初始信任
Kusumasondjaja，et al.，2012	负面的在线评论被认为比正面的在线评论更可信，而正面的在线评论比负面的在线评论带来更大的初始信任
Lee，2005	移动商务中消费者对互动性认识产生影响
Monsuwé，et al.，2004	消费者网络购物的意愿不仅受到易用性、实用性和享受性的影响，还受到外部因素的影响，如消费者的特征
Mudambi and Schuff，2010	产品类型可以调节评价极端性对评价帮助性的影响
Hu，et al.，2012	大约 10.3%的在线产品受到在线评论的操纵
Hu，et al.，2008	消费者会关注评论分数以及其他上下文信息，例如评论者的声誉和曝光率
Palmer，et al.，2000	调查了企业如何通过探索，利用受信任的第三方（TTP）和隐私声明（PS）的重要性来促进信任
Pan and Zhang，2011	评论者所表达的创新性和评论帮助性之间存在曲线关系
Pavlou and Gefen，2004	反馈机制、第三方托管服务和信用卡担保三个信息技术支持的机构机制的感知有效性，在在线拍卖卖家社区中产生了买家信任
Pavlou，2002	基于制度的信任与组织间的信任之间有很大关系
Pennington，et al.，2003	供应商担保的单一信任机制对系统信任有直接影响
Ridings，et al.，2002	信任对成员通过虚拟社区提供信息和获取信息的意向有下游影响
Roy，et al.，2001	用户网站界面的质量是建立最初信任的决定因素
Sirkka. L. Jarvenpaa，et al. 1999	确定遗产文化是影响消费者信任的前因
Sirkka. L. Jarvenpaa，et al.，2000	消费者认识到互联网商店之间的规模和声誉差异，这些差异影响他们对商店可信度的评估和对风险的认知
Sparks and Browning，2011	消费者在根据评论评估酒店时，倾向于依赖易处理的信息
Suh and Han，2003	隐私保护和数据完整性严重影响消费者对电子商务的信任

续表

研究	在线信任的决定因素
Urban, et al., 2009	在线信任超越了隐私和安全，且与网站设计密切相关，在个人和产品之间是异构的，其形成是一个持续的过程
Utz, et al., 2012	处置信任可以缓和审查、保证印章的效果
Wakefield, et al., 2004	沟通、机会主义、产品品牌资产和网站吸引力是个人对电子零售商最初信任的重要预测因素
Walczuch and Lundgren, 2004	潜在的心理前因可以分为五组因素：（1）基于人格；（2）基于感知；（3）基于态度；（4）基于经验；（5）基于知识
Wang and Emurian, 2005	设计特征分为四个维度：（1）平面设计；（2）结构设计；（3）内容设计；（4）社交提示设计
Hu et al., 2010	从功能角度来看，第三方网络保证封条对消费者最初信任在线供应商产生影响
Xiao, 2010	在线第三方担保服务显著影响消费者信任的提升
Xu, 2014	确定声誉会影响信任的情感和认知维度
Yang, et al., 2015	在中国在线支付流程或选项的当前阶段，消费者已经建立了信任，这是他们感知风险的首要前提
Ye, et al., 2011	旅行者评论对在线销售有重大影响，旅行者评论评分增加10%，在线预订量增加5%以上
Liu and Park, 2015	个人的信使和信息特征的组合对评论有用性有积极影响
Zhang, et al., 2010	消费者对餐厅食品质量、环境和服务的评分以及在线消费者评论的数量与餐厅的在线人气呈正相关
Zhu and Zhang, 2010	在线评论对不太受欢迎的游戏和玩家、有更丰富互联网体验的游戏更有影响力

表3-1展示了过去二十年中影响在线信任因素的研究结果。尽管学者对影响消费者在线信任的因素进行了广泛讨论，但仍面临诸多挑战。例如，一个问题是，学者往往只关注一种或几种类型的影响因素，而忽略了不同因素之间的相互作用；另一个问题是，他们只介绍了影响消费者在线信任的因素，但很少解释其机制。鉴于此，以下小节总结了学者的主要研究成果和学术贡献，并阐述了对该领域研究的一些批判性思考。

第七节　消费者在线信任研究的批判思考

通过不断地探索和研究，研究人员在网络购物消费者的信任领域取得了大量的研究结果。这集中在以下描述的主题上。

一　成功分离消费者在线信任与传统交易信任研究

在网络购物的早期发展阶段，研究人员仍然将他们对网络信任的理解局限于传统的信任概念。他们认为在电子商务中信任的作用非常关键，并对此进行了详细阐述。他们没有给出在线交易中信任的定义，而是遵循了传统的信任定义。在过去的 10 年中，关于在线交易中信任的定义的专门研究开始出现。有学者将所有在线信任的对象定义为一般网站，包括内部在线技术、用户与网站以及维护网站的个人之间的交互体验等；也有学者没有直接定义在线信任，但细分了在线信任的风险状态，并指出在线交易中存在的两个主要风险，即系统依赖性的不确定性和与交易相关的不确定性。前者包括身份确认、信息识别和质量评估，后者主要指互联网上的潜在技术错误或交易双方难以避免的技术风险。同时，对网络信任模型和影响因素的研究也逐渐深入，并实现了系统化。许多研究者在原有理论和研究成果的基础上建立了新的模型，一些研究者开始转向动态信任模型的研究。有学者从四个方面总结了影响在线信任的因素，即消费者特征、企业特征、网站结构和互动性。另外也有学者对信任的系统因素进行了细分，提出第三方印章、隐私保护和安全保护三个因素。

二　重点探索消费者在线信任演化过程与形成机制

目前，关于在线消费者信任形成的研究主要集中在两个方面，一方面，在不同的研究背景下检查和验证影响信任形成的各种变量；另一方面，从理论角度探讨信任建立机制。积极意向、道德、环境因素和社会属性会对消费者信任产生重要影响。在形成客户信任的演化过程中，客户的信任倾向、个性、认知水平、情感以及受托人的善良、诚实、能力和预见性是形成客户信任感的重要因素。

三　细化改进消费者在线信任影响变量和权衡度量

在对在线信任的研究中，受托人的特征通常被定义为网站特征①。网站特征主要包含浏览模式、建议机制、品牌和网页等。有学者基于不同的维度进一步将其归纳为建议机制、性能能力、隐私和第三方认证以及安全交易政策等。在对个人特征和在线信任的研究中，研究人员提出消费者的在线消费体验、在线分享体验、对网络的长期感知和对新技术的偏好将影响在线信任的建立。并且，该领域的研究还存在一些需要解决和改进的问题。

四　尚未完善消费者在线信任构建成形的影响因素

从收集到的文献来看，尽管研究人员对影响在线消费者信任的因素进行了一致的研究，但研究的重点通常从一类因素，甚至是单个因素出发，例如网站声誉、网站服务、网站运营商的能力和个人信任倾向。大多数研究者关注的是受托人——卖方，而忽略了发起交易的消费者——买方。因此，在线消费者的信任模型在当前的研究中没有被对称和完整地构建，许多重要的组成部分没有被纳入研究框架，这限制了该领域的进一步研究。

五　有待探索消费者在线信任度影响因素作用机制

现有的研究充分表明，网站声誉、支付机制、个人信任倾向、服务质量和在线环境等诸多因素都会影响在线消费者的信任。然而，在文献中，许多研究者倾向于列出这些因素，加强对这些因素背后深层原因的探索。要提出的问题如下：为什么某个因素有影响，而另一个因素没有影响？因素使用什么样的内部作用机制和途径来发挥其影响？同一因素所表现出的不同形式或不同性质对信任的建立有不同的影响吗？个人经历是否会影响信任方面的其他因素？不同因素之间相互作用吗？

以 TTP 为例，相关研究指出，隐私认证可以有效降低消费者对信

① 李智、姚甜甜：《数据信托模式下受托人信义义务之规范》，《学术交流》2022 年第 2 期。

息不当使用的风险的感知[①]，且安全认证可以显著增强消费者对在线交易和支付的信任[②]。研究人员进一步指出，TTP 提供的隐私和安全认证通过向消费者展示有关电子商务企业的可靠信息来影响消费者的信任意向。尽管这些研究表明 TTP 可以显著影响消费者的信任行为，但很少有研究探索影响的机制。此外，研究者很少关注 TTP 信任转移效应的影响因素，且 TTP 服务通常仅限于安全和隐私认证。事实上，TTP 还有很多功能，如推荐、担保和认证服务。因此，目前的研究缺乏对 TTP 服务框架的理解。

以在线评论为例，许多实证研究表明，在线评论可以显著影响消费者的信任意向和购物决策[③]。然而，随着信息技术和互联网的发展，消费者可以从单一渠道获得多层次、多渠道和多种形式的在线评论。尽管研究人员分析了在线评论对消费者行为的影响，但很少比较研究来自不同渠道的在线评论对消费者信任度的影响。此外，研究人员还指出，消费者感知的在线评论的信息质量在调节消费者信任方面起着重要作用[④]。信息质量的含义已得到了一定程度的解释，且不同质量的在线评论对信任的影响不同。然而，相关文献很少详细阐述消费者感知网络评论质量的影响因素，也没有全面考虑这些不同影响因素对消费者信任行为的调节作用。

---

① 张新宝：《从隐私到个人信息：利益再衡量的理论与制度安排》，《中国法学》2015 年第 3 期。

② 周应恒等：《食品安全：消费者态度、购买意愿及信息的影响——对南京市超市消费者的调查分析》，《中国农村经济》2004 年第 11 期。

③ 殷国鹏：《消费者认为怎样的在线评论更有用？——社会性因素的影响效应》，《管理世界》2012 年第 12 期。

④ 杜学美等：《在线评论对消费者购买意愿的影响研究》，《管理评论》2016 年第 3 期。

第四章

研究设计

由于信任的重要性，学者已经进行了许多研究，并提出许多理论，为在线信任的研究奠定了基础。特别地，在电子商务信任的实证研究中，这些理论往往是用来建立研究框架和模型的基石。具体而言，电子商务中关于信任的研究主要涉及社会心理学、信息技术、经济学和社会学等其他学科领域的理论。通过对以往研究成果的总结，本书提取了一些流行的理论进行分析和比较，主要包括计划行为理论、社会影响理论、技术接受模型、信号理论、制度理论。本章简要描述了这些理论，并解释了它们如何解决与在线信任相关的问题，阐明了本书所采用的理论，并对理论基础进行了解释。本章还指出了本书所采用的研究方法和数据分析方法。

第一节　理论基础

理论提供了很多解释，在研究中应用理论有很多好处。首先，理论可以为一个自然现象或社会现象的发生提供潜在的逻辑推理。它可以用于解释主要驱动因素和关键结果，以及驱动目标现象的潜在过程①。其次，理论通过定义结构和关系为未来的研究提供指导②。

通过第三章对在线信任研究领域相关文献的分析和总结，本书发现学者通常应用计划行为理论、社会影响理论、技术接受模型、信号理论、制度理论等来研究信任的影响因素（见图 4-1）。

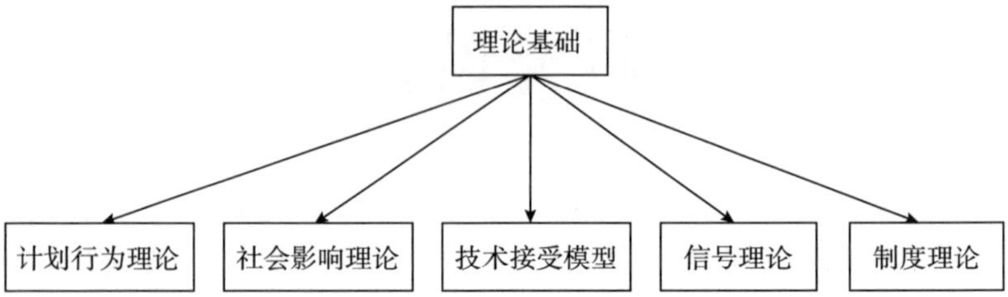

图 4-1　研究理论基础

一　计划行为理论

计划行为理论（TPB）是一种以期望值理论为出发点、从信息处理的角度解释个体行为的一般决策过程的理论。TPB 的理论可以追溯到多属性态度理论又发展出理性行动理论（TRA）。TPB 认为，对行为的态度决定了行为意向和预期的行为结果，而结果评估决定了对行为的态度。TRA 认为，行为意向是直接决定行为的，而行为意向又受对行为的态度和主体规范的影响。后来，TRA 的应用范围进一步被拓宽，逐步形成较为完整的 TPB 模型。学者常用 TPB 模型来研究网络消费行为，以及其他更多领域的研究③。TPB 模型如图 4-2 所示。

根据 TPB 的说法，行为的其他影响因素只能通过影响态度、主观规范和感知的行为控制来间接影响行为。在电子商务信任方面，可以

① Shankar V., et al., "Online Trust: A Stakeholder Perspective, Concepts, Implications, and Future Directions", *Journal of Strategic Information Systems*, Vol. 11, No. 3-4, 2002, pp. 325-344.

② Lim S. et al., "Theories Used In Information Systems Research: Identifying Theory Networks in Leading is Journals", *ICIS* 2009 *Proceedings*, 2009, p. 91.

③ 王文超：《消费者对网上银行采用行为态度的影响因素研究——一个基于 TPB 模型的延伸研究》，《生产力研究》2010 年第 7 期。

利用这一理论研究消费者行为的影响因素，通过改善这些行为来增强消费者的信任，并推动消费者参与购买行为的实际潜力。

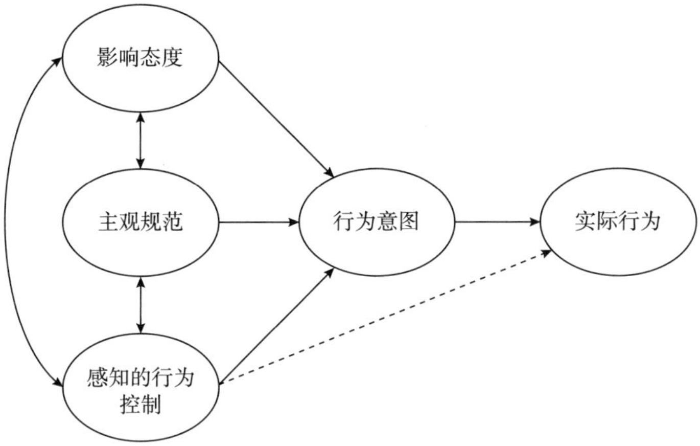

图 4-2　TPB 模型

资料来源：Ajzen I.，"The Theory of Planned Behavior"，*Organizational Behavior and Human Decision Processes*，Vol. 50，No. 2，December 1，1991，pp. 179-211.

二　社会影响理论

社会影响是指由于一方对另一方的关系而产生的有意或无意的影响。社会影响理论（SIT）认为，群体对个人行为造成影响，影响者的吸引力造成了个体的认同行为[①]。其中，顺从、遵从和服从是社会影响的三种类型[②]。

SIT 可用于考察推荐和声誉对消费者信任的影响，特别是当消费者受其所属特定群体中其他成员的显著影响时。因此，建立在线社区是企业增强消费者信任的有效途径。

三　技术接受模型

技术接受模型（TAM）是信息管理和信息系统研究领域的一个重

---

① 龙潜颖、徐彤：《旅游同伴对个体旅游体验影响机制研究》，《旅游科学》2022 年第 5 期。

② 黄敏学等：《不同类型产品下直播主播类型对消费者购买意愿和行为的影响》，《南开管理评论》，http：//kns. cnki. net/kcms/detail/12. 1288. F. 20210915. 0954. 002. html。

要理论模型。它由 Davis 首次提出，将 TRA 应用于信息系统的用户接受度研究[①]。如图 4-3 所示，该模型由两个主要因素组成：感知有用性和感知易用性。前者认为使用系统可以提高自身的工作绩效程度，后者是指使用特定系统可以不费力气的程度。

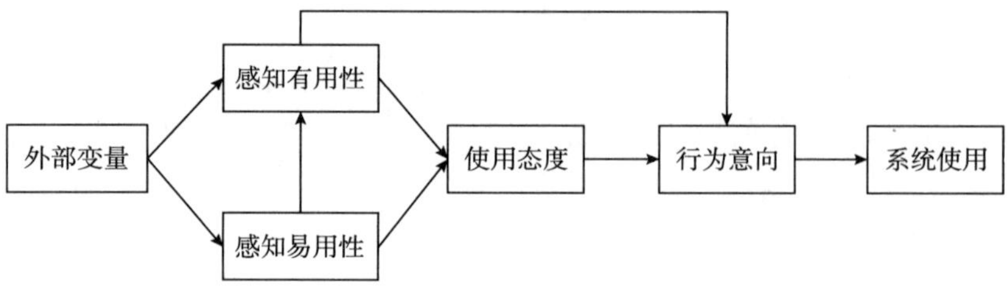

图 4-3　TAM 模型

资料来源：Davis F. D.，"Perceived Usefulness，Perceived Ease of Use，and User Acceptance of Information Technology"，*MIS Quarterly*，Vol. 13，No. 3，1989，pp. 319-340.

许多实证研究人员都使用过 TAM。TAM 已经发展成为一个强大、简洁的模型。在电子商务领域，研究人员经常将 TAM 与信任相结合，以研究消费者行为的动机。

四　信号理论

信号理论是在信息不对称的前提下发展起来的，但仍然有可能通过发送积极的外部信号从潜在的交易中获得结果。

当网络交易市场尚未成熟、交易双方之间存在严重的信息不对称时，考虑如何充分利用信号理论非常重要。企业可以通过展示隐私和安全认证、高质量的好评和所获得的奖项，向消费者传递积极信号，增强消费者信任，从而增加潜在交易。

五　制度理论

制度理论对投机做了解释，指出在各方合作时，投机往往会牺牲

① 朱哲慧、袁勤俭：《技术接受模型及其在信息系统研究中的应用与展望》，《情报科学》2018 年第 12 期。

其他交易主体的利益，从而阻碍了协同效应①。为了防止投机，必须在互动环境中施加限制，以便规范行为，减少不确定性，促进交易中合理期望的形成。

对于电子商务信任研究，制度理论可用于规范在线交易行为。通过法律法规以及第三方认证，消费者会觉得交易更安全、更合理；因此，他们对企业和在线环境的信任度更高。

六　理论摘要

通过对上述理论的横向比较，我们决定以 TPB 和制度理论为基础来支持本书的模型。其原因如下。

首先，本书旨在提出一个综合的信任模型，并期望该模型能够充分涵盖消费者信任的影响因素。通过对 TAM 的分析，该模型有可能为衡量消费者对网站的信任度和接受程度提供显著的广告优势，但它不适合考察推荐和声誉对消费者信任度的影响。相比之下，SIT 主要用于考察他人对个体行为的影响，因此更适用于研究口碑和评论对消费者信任行为的影响。信号理论是在信息不对称的前提下提出的。商家向消费者发送信号以提高他们的信任度。根据这一理论，商家可以采取 TTP 认证、隐私保护和第三方支付等措施向消费者传递信号，从而增强消费者的信任和购物决心。但这一理论也有一些不足之处。例如，当消费者与商家建立了相对稳定的关系，或者性价比趋于稳定时，消费者的偏好会影响他们的决策，此时信号理论就不再适用。虽然这三种理论可以支持对信任的具体影响因素的分析，但不足以应用于综合的信任模型。

其次，基于对消费者信任和购买决策过程的调查和分析，本书认为这两者是消费者意识行为的体现。TPB 起源于社会心理学领域，主要用于研究有意识行为动机的决定因素，从而解释人类行为。TPB 对不同领域的行为研究具有良好的适应性，可以很好地解释和预测人类行为。因此，在研究电子商务中的消费者信任时，可以利用该理论来

---

① 贺小刚等：《绩优企业的投机经营行为分析——来自中国上市公司的数据检验》，《中国工业经济》2015 年第 5 期。

研究消费者信任的影响因素，并通过改善这些因素来增强信任，从而促进潜在消费者的实际购买行为。

最后，本书的基本前提是，大多数消费者是理性的个体。因此，当他们有时间考虑执行的信任行为时，驱动他们行为的动机是评估其行为的最佳方法。实际上，消费者对自身行为的控制通常受到许多因素的影响，如时间、金钱、信息和能力。制度理论的结构保证和 TPB 的感知行为控制可以有机地结合起来。由于制度理论对电子商务的规范，消费者可能会认为，在值得信赖的机构（如第三方认证、法律法规）中交易更安全、更可靠，从而增强对企业和网上购物环境的信任。

基于上述三个原因，本书研究设计的前提如下：将 TPB 与制度理论相结合，建立信任模型，可以有效解释消费者的行为，并提高预测这些行为的准确性；消费者的态度和观点将影响驱动其行为的动机，也可以表明实际行动；制度理论的结构保证可能会增强消费者的感知控制，从而影响他们的行为。

第二节 研究方法

在第一节中，我们介绍、比较了不同的理论，并阐明了应用这些理论的理论基础和原因。本章的后续部分将重点介绍本书采用的研究设计以及拟采用的数据分析方法。

现有文献中关于影响消费者在线信任因素的研究比比皆是，但研究结果仍有一些局限性。首先，现有研究侧重于一类或几类因素对消费者行为意向的影响，没有使用综合模型来全面评估和衡量消费者的信任水平。其次，现有研究仅确定了影响消费者信任行为的因素，而忽略了这些因素的作用机制。虽然以往的研究列举了不同因素对消费者行为或意向的影响，但并没有解释这些影响是如何在内部产生的，也没有解释这些影响具体是怎样发挥的。最后，现有研究缺乏一个综合的信任模型，无法在统一的框架下有效衡量和评估不同因素对消费者行为决策的具体影响，也无法为产业界提供一个准确的参考。

鉴于这些限制，本书的核心目标是建立一个综合的信任模型，并在此基础上探讨不同类型因素对消费者行为的具体影响。前几章阐明了论文使用 TPB 的基本原理，并将影响消费者行为意向的因素分为三类：在线评论、TTP 和个人态度。在这三个因素中，个人态度已经在以往的文献中被反复验证，并取得了丰硕的成果。因此，它不会成为本书的研究重点。本书将包括以下步骤。

第一步是建立一个综合的信任模型，并进行实证研究，以验证不同类型的因素对消费者行为的影响。

第二步是深入研究在线评论和 TTP 对消费者行为的具体影响和内在作用机制。

因为在线评论在传播过程中存在渠道和质量的差异，为了确定在线评论对消费者行为的影响，我们设立了两个独立的试验，以了解渠道和质量如何影响消费者对在线评论的看法。当今社交媒体服务广泛使用，似乎也有必要对这种现象进行进一步研究。因此，我们设计了三个试验来探索消费者如何在 SNS 环境中判断和识别有用的评论。

为了确定 TTP 在信任构建过程中的作用机制，我们基于 TTP 的不同服务类型和信任传递性，设计了两个独立的试验。前者探讨了消费者在企业对消费者（B2C）环境中选择不同 TTP 服务类型的策略；后者研究了 TTP 中传递性发生的具体方式，并进一步确定了调节传递效应的因素。

综上，本书由六项独立的实证研究组成，后五项研究是对第一项研究的延伸，以了解在线评论和 TTP 在综合信任模型中的具体机制以及这两个因素对消费者行为的具体影响。

这六项实证研究的参与者主要是在自愿和无偿基础上随机挑选的大学生。数据收集是在他们知情且同意的情况下完成的。参与者充分了解了研究的目的，他们有权随时退出参与。这六项实证研究是匿名进行的，以防止参与者对个人隐私泄露的担忧；所有数据都以加密形式存储在指定的计算机上。

研究过程如图 4-4 所示。

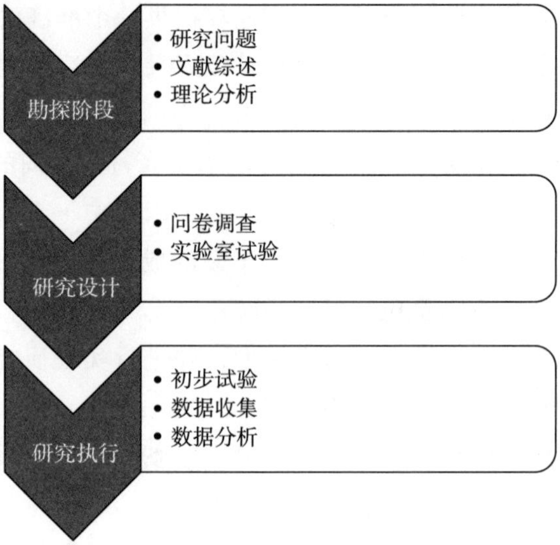

图 4-4　研究过程

前几节详细介绍了研究设计的思路，并阐述了具体的设计方案和六项实证研究之间的相互关系。就研究方法而言，这六项研究可分为问卷调查和实验室试验。前者用于探索影响消费者信任意向的因素，后者用于进一步分析受控环境中不同因素对信任意向的调节作用。下面将解释这两种研究方法在实际操作中是如何进行的。此外，每个实证研究的设计、统计描述和分析将在后续章节（第五章至第十章）中说明。

一　问卷调查

（一）研究程序

六项实证研究中的四项（研究 1、研究 2、研究 4 和研究 5）使用问卷调查来收集数据。这四项实证研究于 2016—2017 年在大学校园内进行。所有参与者都是通过方便抽样招募的。他们同意在自愿和无偿的基础上参加这项研究。虽然这四项实证研究涉及不同的问题，但它们都遵循以下步骤。

第一步：定义研究问题。本书的主要目的是构建和整合信任模型。在此基础上，它将证明不同类型的因素是如何影响消费者行为的。因此，除遵循上述研究设计规则外，每项实证研究都是基于试验对象和研究自身的特点来回答具体问题的。

第二步：制定研究框架。为每项实证研究制定了一个研究框架，其中包括理论基础、研究模式和研究假设。

第三步：创建研究计划。确定并应用了适合每项研究的具体方法；选择数据收集方法，设计调查问卷，并制订统计分析计划。

第四步：收集数据。根据研究计划，通过方便抽样，分别为每项研究招募参与者。在自愿和无偿的基础上，以匿名的方式从参与者处收集数据。

第五步：分析数据。采用偏最小二乘结构方程模型（PLS-SEM）对采集到的数据进行分析，验证了相关研究模型和假设。

（二）问卷设计

调查研究使用的问卷参考了成熟的度量表，其可靠性和有效性已在当前许多研究中进行了测试和验证。此外，四项实证研究中的每项研究都根据其自身特征和试验对象使用不同的问卷。问卷进行了适当的调整，以满足每项研究的实际要求和实际场景。除受访者的基本信息外，其余问题都是使用7分的李克特量表来衡量的，要求参与者根据他们的同意程度为1—7分进行评分，其中1分代表强烈不同意，7分代表完全同意。经过预测试，基于受访者的反馈对问卷进行了修改，然后创建和分发了最终版本。

设计调查问卷的具体过程如下。

（1）文献综述。在对过去十年内发表的与在线信任研究相关的研究进行文献综述后，我们确定了可变测量量表。在此基础上，我们结合当前研究的目标和模型，对测量量表进行了筛选，并对其有效性和相对成熟度进行了验证。然后，编制了本书使用的量表的初步版本。

（2）专家访谈。在对专家进行采访后，修订了测量量表。

（3）消费者访谈。在进行研究之前对消费者进行访谈，进一步修订了量表，确保其更准确地反映消费者的实际情况，并使其更容易被消费者理解。

（4）量表的最终编制。汇编最终的调查问卷，完成上述工作，即制定拟议的量表。

在本书测量量表制订过程中，采访以下专家：严俊副教授和李蒙翔助理教授，在信息系统研究方面，特别是电子商务领域取得了很大成就。李蒙翔助理教授，研究消费者行为的经验对设计问卷和提高各种结构的内容有效性非常有益。

（三）数据采样

参与者是通过方便抽样招募的大学生。我们使用在线调查平台 Qualtrics. com 收集信息，包括他们的在线信任行为。虽然本书中包含的四项实证研究是相互独立的，但它们都采用了以下数据抽样方法。

（1）在数据收集期间，研究人员每天上午 9—11 点、下午 2—5 点在校园门口等候，邀请路人填写问卷。参与者可以通过提供的 iPad 扫描获取研究介绍。在征得他们的同意后，再在 Qualtrics. com 上回答相关问题。

（2）将与实证研究有关的介绍信息张贴在教学楼的公告栏上，以此邀请学生访问 Qualtrics. com 并完成问卷调查，以便研究人员收集调查所需的数据。

（3）向愿意参与的学生派发载有问卷网址的传单，并邀请他们参与 Qualtrics. com 的网上研究。

每项实证研究的网页上都贴有研究目的和程序的概述，以及与伦理学有关的信息。如果参与者同意无偿回答问题，则他们可以点击按钮进入下一步。当然，参与者的名字不会被透露，他们可以随时退出参与。

如前所述，本书各项试验的参与者是采用简单随机抽样的方式进行选择的。与其他方法相比，这种方法成本更低，且更省时，也易于我们接触目标参与者，提高他们的参与意愿。但这种方法也有一些局限性，其中最大的局限性是样本选择偏差，即从样本分析中得出的结论不能扩展到整个社会群体。由于数据是在大学校园内收集的，受访者的年龄和学历都在一定范围内。因此，本书的结果可能不适用于更广泛的人群，即使数据分布与在线购物者的一般特征相匹配：在线购物人群的年龄在 25—44 岁；此外，他们的受教育程度越高，就越有可能参与在线购物。因此，尽管本书的发现无法解释所有在线购物者的信任行为，但研究结果仍可以解释他们在电子商务背景下的大多数决定。

（四）数据准备

获得数据后，应首先评估其可靠性，识别并剔除无效问卷。识别并剔除未完成的问卷很容易，但是一些看似完成的问卷可能存在问题，需要进一步识别。本书在剔除无效问卷方面遵守以下规则。

（1）给出的答案是单一的。例如，所有答案都是 A 或者分为 A 和 B。

（2）填写问卷花费的时间太短。如果参与者没有花费足够的时间回答问题，很可能是因为他们没有仔细阅读问题，这可能会对数据可靠性构成威胁。因此，我们遵循以下规则：如果参与者花费的时间少于完成所有问题所需总时间的六分之一（每个问题需要 1 分钟），他的问卷将被视为无效。例如，如果总共有 60 个问题，而参与者在回答中花费的时间少于 10 分钟，那么该问卷将被计为无效。

二　实验室试验

实验室试验是本书应用的另一种研究方法，是本书中第三项和第六项实证研究使用的研究方法。第三项实证研究旨在验证消费者在不同渠道看到的在线评论是否影响了他们的行为意向。第六项实证研究旨在探讨 TTP 的信任转移机制及其调节因素。实验室试验主要采用以下步骤进行。第一步，将参与者分为不同的处理组。第二步，在不同的处理组中显示不同的试验刺激。第三步，确定不同处理组参与者对相关行为的态度、意见和意向。第四步，通过多组分析，探讨相关因素在信任行为构建中的作用和意义。

五名助理接受了为期约一周的培训，以了解实验程序和应用的方法。完成培训后，五名助理被分配到每个试验中，然后邀请校园内的参与者。在充分考虑了试验的可行性，以及 PLS-SEM 对数据处理样本数量的最低要求后，决定有必要为两项实证研究获取 100 个数据样本。因此，每个处理组邀请了 25 名参与者，且每个试验进行了四次测试。试验于 2017 年 5 月在卧龙岗大学的实验室进行。参与者是从校园里的学生中随机邀请的，告知了他们试验的目的和步骤。在获得他们的同意后（无偿、自愿），受试者被随机分为不同的处理组。试验的程序如下。

（1）五名助理被分配到校园的不同区域，统计指定时间内进入大楼的人数。

（2）每位助理都统计了进入大楼的人数，并邀请这 10 人参加测试。

（3）每位助理都要向受邀者解释试验的目的和意义，说明他们的回答将保持匿名，且不会得到报酬。此外，还要告知他们可以选择是否要参加。如果受邀者愿意参加，助理则会指导他们如何进行试验。如果受邀者拒绝参加，助理就将按照前面提到的规则邀请下一位候选人。

（4）在成功邀请了五名参与者后，助理将他们带回了卧龙岗大学的实验室。

（5）在所有助理都返回指定教室后，研究人员再次解释了试验程序，并告知参与者他们的权利。在获得同意后，开始试验，收集数据。

上述信息描述了试验的整个过程。本书中使用的第三项和第六项实证研究进行了四个独立试验。所有参与者都被邀请参与，每个试验都严格按照上述要求进行。

第三节　数据分析

本书提出的研究模型得到了结构方程模型（SEM）的验证。SEM 是一种线性统计建模技术，广泛应用于经济学、心理学、社会学和管理学领域的研究。在社会科学研究中，当必须确定多个原因和结果的关系时，或者当变量不能直接观察（潜在变量）时，不能使用传统的统计方法。而 SEM 克服了这些缺陷，并迅速成为多变量数据分析的重要工具①。

一般有两种 SEM 方法：基于协方差的结构方程模型（CB-SEM）和基于偏最小二乘路径建模的结构方程模型（PLS-SEM）。CB-SEM 更适合于参数估计、模型验证和不同理论的比较，PLS-SEM 更适合

① 付淇等：《自杀意念原因抽取中的标签增强方法》，《小型微型计算机系统》2022 年第 6 期。

依靠预测和构建理论的探索性研究；CB-SEM 通常需要正态分布的数据，而 PLS-SEM 则不需要①。此外，PLS-SEM 可用于小样本量的研究②。选择 CB-SEM 和 PLS-SEM 的一般规则见表 4-1。

表 4-1　　选择 CB-SEM 和 PL-SEM 的一般规则

在以下情况下使用 CB-SEM	在以下情况下使用 PLS-SEM
目标是理论测试，确认或比较替代理论	目标是预测关键目标结构
误差项需要额外说明	结构模型包括格式化测量的结构
结构模型包括循环关系	结构模型很复杂
研究需要一个全面的拟合优度标准	样本量较小

资料来源：Hair J. F.，et al.，"A Primer on Partial Least Squares Structural Equation Modeling（PLS-SEM）（Third edition. ed.）"，*SAGE Publications*，2022.

本书旨在探讨影响消费者信任的相关因素，并确定这些因素如何影响信任意向，研究不同因素的相互作用和影响，并分析其内部作用机制。此外，本书提出的在线信任模型非常复杂。如上所述，选择 PLS-SEM 作为分析和处理所收集数据的方法，其过程如图 4-5 所示。

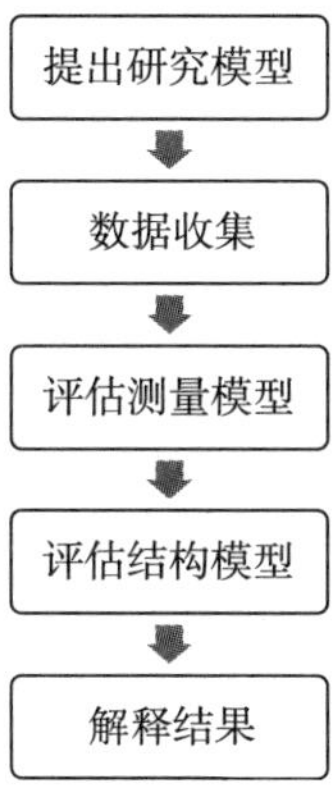

图 4-5　应用 PLS-SEM 的过程

① 刘新民等：《感知创业阻碍对创业行为倾向的影响——创业教育的调节作用》，《科技进步与对策》2022 年第 3 期。

② 孙玉伟等：《社会科学科研人员数据复用行为影响因素研究：MOA 框架下的探索》，《情报理论与实践》2021 年第 10 期。

PLS-SEM 由显示构面与其指标之间关系的测量模型和表示构面间关系的结构模型组成。因此，数据分析结果将按照表 4-2 进行评估。

表 4-2　　对 PLS-SEM 结果的评估

测量模型的评估	结构模型的评估
内部一致性 收敛有效性 判别有效性	路径系数的大小和重要性
	决定系数，R^2

资料来源：Hair J. F. , et al. , " A Primer on Partial Least Squares Structural Equation Modeling (PLS-SEM) (Third edition. ed.) ", *SAGE Publications*, 2022.

第四节　伦理道德

本书的六项实证研究都是为了调查参与者的具体行为意向；因此，伦理道德是本书的一个基本考虑。为了确保参与者的权利，本书采取以下步骤。

第一，该研究是在两位具有丰富研究经验的专家指导下进行的，特别是具有多年实证研究实践经验的李蒙翔助理教授。因此，这六项研究是在一个相对可靠的环境中设计和进行的。

第二，研究人员与人类研究伦理委员会（HREC）进行了详细讨论。根据他们的建议，我们对表格、信息函和同意书进行了改进。

第三，在完成六项实证研究的设计后，研究人员按要求向 HREC 提交研究方案，阐述研究安排，解释如何保障研究参与者的权利，以及与数据收集过程相关的其他事项，并获得他们对研究的批准。

第四，研究人员在进行六项实证研究时，严格遵循相关的制度要求。例如，研究人员在研究开始之前向参与者详细介绍了研究，包括但不限于研究目的、方法和过程。研究人员还强调了参与研究的无偿性和自愿性，因此，参与者有权拒绝参与或随时退出参与。研究人员在获得参与者的同意后才开始收集数据。

第五，所有数据都是匿名收集的，并存储在指定的计算机上。数据不能随意复制和传播，计算机也由密码控制，以确保只有参与试验的研究人员才能访问。数据在硬盘上加密，以确保计算机被盗或丢失，从而在很大程度上保护了参与者的数据和隐私。

第五章

三维集成信任模型

数字化改革是浙江省新发展阶段全面深化改革的总抓手，也是迄今为止最为复杂、协同要素最多的一项系统工程。习近平总书记指出："数字技术正以新理念、新业态、新模式全面融入人类经济、政治、文化、社会、生态文明建设各领域和全过程，给人类生产生活带来广泛而深刻的影响。"

《中华人民共和国国民经济和社会发展第十四个五年规划和 2035 年远景目标纲要》强调，要加快数字化发展、建设数字中国，部署"打造数字经济新优势"，明确提出要"充分发挥海量数据和丰富应用场景优势，促进数字技术与实体经济深度融合，赋能传统产业转型升级，催生新产业新业态新模式，壮大经济发展新引擎"①。

早在 2018 年，浙江省政府就印发了《浙江省数字化转型标准化建设方案（2018—2020 年）》，为开展数字化改革奠定了扎实的标准化建设基础；2021 年 7 月，浙江省省数改办印发实施《浙江省数字化改革标准化体系建设方案（2021—2025 年）》，为浙江省数字化改革标准化体系建设工作明确了总体框架、分阶段目标、重点任务和相关保障举措。

此次方案围绕数字化改革总体设计，根据一体化、全方位等特征要求，谋划以标准统一数据定义、规范系统开发、支撑多跨集成、助

① 文天平、欧阳日辉：《习近平总书记关于数字经济重要论述的科学内涵、理论贡献与实践要求》，《中国井冈山干部学院学报》2022 年第 5 期。

推制度重塑，以标准体系引领“1+5”系统建设，努力打造涵盖标准体系、工作推进体系、技术支撑体系、安全保障体系的“五横四纵”标准体系。其中，标准体系分为基础规范标准、建设指南标准、系统建设标准、典型应用标准、绩效评价标准。

此次方案还明确了一系列保障机制，通过建立省数字化改革标准化体系建设工作专班，优先支持数字化领域地方标准制修订，建立集聚省内外力量的专家指导组，完善全省统一数据资源管理系统，建立“揭榜挂帅”和“赛马争先”机制，将标准化体系建设纳入数字化改革目标责任制考核内容等，全面强化该标准化体系建设的组织协调、政策保障、专家支持、数字化支撑以及监督评价。

数字经济是一种新的经济形态，以数据资源为关键要素，以现代信息网络为重要载体，以信息通信技术的集成运用和全要素数字化改造为主要驱动力，促进公平与效率更加统一①。随着互联网、物联网等新技术飞速发展，万物互联化、数据泛在化的大趋势日益明显，数据信息的爆炸式增长态势日趋严峻，能否有效采集、管理、流通、分析、应用数据信息，不但成为驱动全球经济社会发展的关键环节，而且日益成为国家、地区、企业和个人的核心竞争力。标准化作为治理体系和治理能力现代化的战略性、基础性手段，是实现数字化改革制度重塑的最佳路径。

电子商务是数字经济和实体经济的重要组成部分，是催生数字产业化、拉动产业数字化、推进治理数字化的重要引擎②。在线评论在消费者的电子商务消费中一直扮演着重要的角色，消费者在决定是否购买产品或服务时常常依赖在线评论。随着在线评论在电子商务进行过程中的作用日益增大，虚假评论开始充斥网络。越来越多的零售商恶意发布欺骗性的评论信息③。为了在数字经济活动中获取客户及提

---

① 夏学平：《以数字中国建设赋能经济社会高质量发展》，《中国党政干部论坛》2022年第9期。

② 杜华勇等：《平台领导视角下电商平台竞争力前因组态研究》，《管理学报》2023年第2期。

③ 钟敏娟等：《在线虚假评论对消费者购买决策影响研究》，《情报理论与实践》2022年第8期。

高销量，有的企业开启“欺骗策略”，操纵消费者刷好评，或对竞争对手的商品或服务进行虚假评论。

在数字时代，海量公共数据是数字经济、数字社会发展的关键生产要素，也是政府履职的重要支撑。各级政府通过恰当供给公共数据助推经济社会数字化转型，发挥作用，促成各类市场、社会主体在法治框架下有序合作。除了政策制定者应大力加强对虚假评论发布者的执法行动，制定预防和发现虚假评论的最佳做法，制定保护真实评论的法律，对消费者而言，在海量评论信息中快速识别高质量评论，并在信息的格式与内容等方面达到用户需求尤为重要，已成为研究在线评论质量的新挑战①。

因此，本章将从数字经济背景下的在线评论的信息质量出发，通过对在线评论质量的影响因素研究与不同渠道在线评论的影响研究，以及基于 SNS 的在线评论有用性的决定因素的研究，解释影响信息质量的不同因素与各个因素的作用机制。为理解电子商务环境下赋能数字经济提供了新的视角，推动传统数字经济从“数据互联网”到“信任互联网”和“价值互联网”的体系转变。

“以数为基，数实融合”注重数据的真实性和时效性。数据是数字经济时代的关键生产要素，是国家基础性的战略性资源，是行业高质量发展的重要因素，是企业转型升级的重要支撑，是推动经济社会高质量发展的重要引擎。无论是疫情防控、金融监管，还是长远的“数字中国”、工业互联网、企业数字化转型，对数字信息的质量要求越来越高，数据的采集、汇聚与挖掘都要有真实性、时效性、准确性等。

本章首先概述了拟议的研究模型，该模型基于文献综述和 TPB；其次详细解释了影响消费者信任意向的各种因素及其相互关系；再次根据 SEM 提出了本文的假设；最后介绍了通过 PLS-SEM 收集和验证的数据的分析。

① 祝琳琳等：《面向电子商务网站的在线评论信息质量感知机理研究》，《图书情报工作》2021 年第 6 期。

第一节　模型概述

消费者的在线信任程度是影响电子商务成功的一个重要因素[①]。信任研究领域中常将信任定义为“是一种发生在人际或者群际之间的依赖关系，表现为信任者愿意信赖并托付被信任者的行动”[②]。该定义指出，信任是承担风险的意愿，这一概念构成了本书的基础。先前关于消费者在线信任的研究对理解消费者如何在网上形成信任做出了重大贡献。他们发现，有三大类因素决定了消费者的在线信任意向和信任行为。第一类是个体的相关因素，是指消费者对零售商和网购环境的正面或负面的信任感，如个人的信任倾向、对控制的感知、个体特征、公司规模和企业的声誉。第二类是与网络媒体相关的因素，是指消费者从其他人（如家人、同事、朋友或其他消费者）那里感受到的压力。此类因素包括声誉、口碑和在线评论[③]。第三类是制度因素，指情景或结构使环境有利于信任的信念。换句话说，基于制度的信任不是消费者对交易部分的信任，而相信一个成熟的机构可以确保他们的权益[④]。在对之前的文献进行系统回顾后，我们发现大多数研究集中在考察某一种因素对消费者在线信任的影响，而不是对这三类因素的整体考察[⑤]。虽然过往的研究已经成功地对特定一类因素的影响进行了细致的探讨，但考虑到在传统的在线市场中，消费者信任的形成不仅仅是受到一类因素的影响。相反，消费者是从不同渠道搜索信

---

① 王小平：《电商平台中品牌形象匹配策略对消费者满意度影响研究》，《价格理论与实践》2022 年第 6 期。

② 李颖：《不同层面信任与消费者消费意向和行为的关联性分析》，《商业经济研究》2020 年第 7 期。

③ 赵蕾：《基于社会认知和感知价值的生鲜农产品网购意愿影响因素研究》，《四川农业大学学报》2022 年第 1 期。

④ Pavlou P. A., and Gefen D., “Building Effective Online Marketplaces with Institution-Based Trust”, *Information Systems Research*, Vol. 15, No. 1, 2004, pp. 37-59.

⑤ Pennington R., et al., “The Role of System Trust in Business-to-Consumer Transactions”, *Journal of Management Information Systems*, Vol. 20, No. 3, 2003, pp. 197-226.

息，以建立与零售商的信任关系。例如，消费者可以依靠他们以往的经验，研究所售产品的测试报告，向朋友寻求建议或浏览其他消费者的在线评论。建立信任是一个长期、复杂和持续的过程，受到消费者本身、在线零售商、机构、在线购物环境和许多其他因素的影响和调节。而单一维度的信任模型只能解释一种影响因素，不能解释不同类型因素之间的影响和作用。因此，我们急需一个研究框架，涵盖个人、媒体和机构因素，研究它们对消费者在线信任的综合影响。

为了填补这一研究空白，一个可能的解决方案是研究消费者在线信任形成的个人—媒体—机构框架。两个主要原因促使我们提出并研究三维集成信任模型。首先，该研究框架整合了影响消费者在线信任形成的最基本因素类型。它建立在以往研究的基础上，为从整体角度研究消费者的在线信任形成提供了一个适当的途径。其次，该研究框架评估了这三类关键因素对消费者在线信任意向和行为的影响。它提供了更多关于这些因素如何相互作用以影响消费者在线信任的信息。因此，研究三维集成信任模型的结果可能适用于传统的在线市场。

在审慎地回顾了大部分关于在线信任的开创性研究之后，本书在TPB的理论基础上，综合考虑了影响在线信任形成的三类因素，并提出关键因素。具体而言，本书认为，消费者的信任行为不仅受其信任意向的影响，还受消费者行为的执行能力、机会、相关资源等其他实际控制条件的限制。此外，个人态度、在线评论和TTP是决定信任意向的三个主要变量。虽然它们在概念上是独立的，但在建立和维持信任关系的过程中是相互影响的。

拟议的三维集成信任模型通过分析来自亚太地区的374名在线消费者的一组调查数据进行验证。这项研究发现，信任行为的意向受到所有三个因素的影响。其中，在线评论和TTP对信任意向有显著影响。研究结果表明，TTP的可信度是消费者判断其服务可靠性的一个重要指标。此外，消费者获取其他消费者评论的渠道对其信任意向也有重要影响。基于研究结果，本书对在线信任形成的理论理解做出了显著贡献。第一，本书将电子商务的信任与消费者的态度、意向和行为以及外部结构性保障相结合，为电子商务及相关问题的研究提供了一个新的视角。第二，本书提出的三维集成信任模型从不同角度和层面综合了影响在线信任的主要因素，并全面系统地讨论了它们的相互作用。第三，本书的结果表明，对在线评论信息的感知渠道和对 TTP 及其服务的感知类型是影响消费者在线购物信任的独立因素。这进一步丰富了关于消费者在线购物信任的影响因素的研究模型。第四，本书验证和分析了各因素之间的关系，加深了对网络信任机制的理解。本书还为行业从业者提供了可操作指南，这将有助于增强消费者的在线信任感。例如，本书为行业从业者阐明了在线信任的内涵和基本特征，帮助他们更好地了解 B2C 电子商务背景下的在线信任。本书还可以帮助电子商务企业更好地把握虚拟市场的信任需求，了解影响消费者信任的主要因素和机制。此外，本书有助于企业识别信任构建的关键因素，使信任构建更有目的性，使信任风险防范产生更好的效果。

第二节　理论背景

如第四章所述，我们研究的一个基本信念是，利用 TPB 建立一个整体的信任模型可以有效地解释消费者的行为，并提高预测这些行为的准确性。TPB 是社会心理学中关于态度与行为之间关系的最知名理论。根据该理论，行为意向是影响行为的最直接因素，反过来它又受到态度、主观规范和感知行为控制的影响。TPB 已被广泛应用于行为领域的多项研究，且事实证明，特别是在网络购物环境中，该理论可以显著提高相关研究解释和预测行为的能力。意向是指在线消费者对网络零售商的能力、诚信和善意的认可。态度是指在线消费者对网络零售商、网站和网络环境是否值得信赖的看法。主观规范是指在线消费者感知到的外部评论，可能会对其信任行为产生影响。感知行为控制是指消费者的信任感，该信任感源于特定情况下的保证、信任策略或其他与人无关的构造。决定在网络零售商的网站上注册并最终完成商品和服务的在线交易的过程，本质上是形成基于信任的行为意向并最终执行相应行为的过程。因此，本书基于这样一种观点，即通过研究 TPB 影响在线信任行为的因素，改善这些因素以增强消费者的信任，从而增加在线交易量。

第三节　概念模型

本书提出的整体信任模型基于 TPB，如图 5-1 所示。该三维集成信任模型主要解释了消费者感知到的个人态度、在线评论及 TTP 对在线信任行为意向的影响，且个人态度对其他两个因素的影响效果存在调节作用。

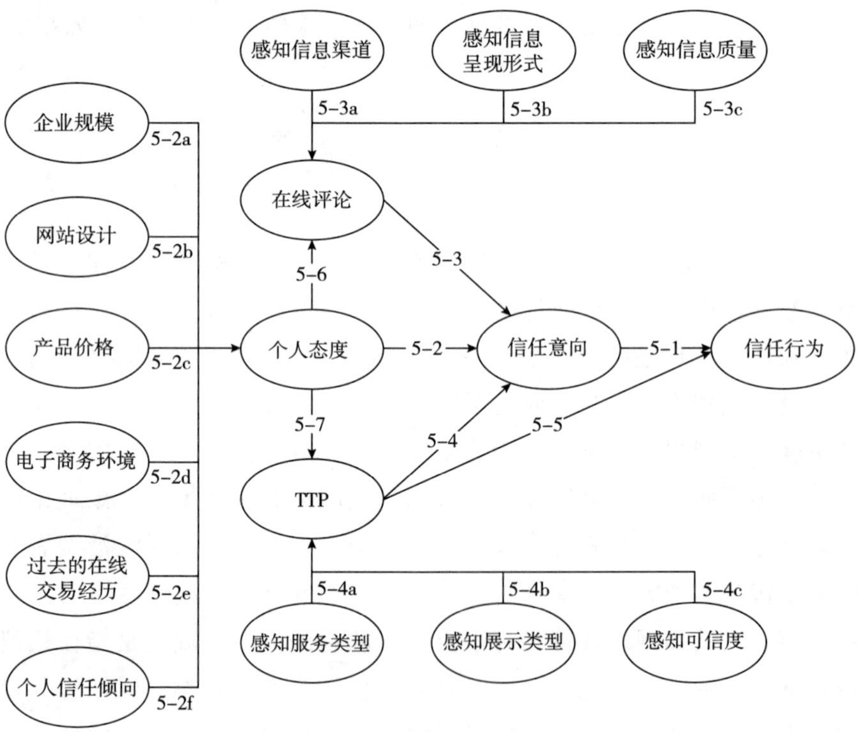

图 5-1　三维集成信任模型

个人态度是指消费者对网络零售商积极或消极的信任感。企业规模、网站设计、产品价格、电子商务环境、过去的在线交易经历以及个人信任倾向共同影响消费者的个人信任态度。

在线评论代表了消费者从其他人那里感受到的压力，即应不应该从事信任行为。社会压力的影响受感知信息渠道、感知信息呈现形式和感知信息质量的影响。

TTP 是指以克服虚拟市场的信用障碍和信用风险为主要目的，提高整体信用信息意识和市场可靠性，在虚拟市场形成良好的信用文化，扩大网上交易量，促进电子商务不断发展的第三方经济主体。当消费者认为网络零售商拥有更多来自 TTP 的资源和机会，并且预期的障碍较小时，他们可能在信任行为上有更强的控制感。此外，TTP 提供的服务类型以及所提供信息的展示类型和可信度将决定 TTP 对消费者信任行为的影响程度。

所提出模型中各要素之间的相互关系表明：

（1）消费者的信任行为不仅受信任意向的影响，还受到消费者行为的执行能力、机会、相关资源等其他实际控制条件的限制。

（2）个人态度、在线评论和 TTP 是决定信任意向的三个主要因素。消费者的个人态度越积极，在线评论的负面性越少，TTP 的支持力度越强，信任意向就越强。

（3）个人态度、在线评论和 TTP 在概念上是独立的，但个人态度将影响建立和维持在线信任关系过程中的其他两个因素。

第四节　研究假设

消费者的信任意向是该模型的一个重要因素。当人们有时间事先思考时，行为意向是审查人们行为的最佳手段①。此外，一些研究指

① 王建华、王缘：《消费者信任的维度结构与安全认证农产品的购买意愿研究——基于情境因素的多群组分析》，《青海社会科学》2021 年第 2 期。

出，消费者的行为意向可用于有效预测他们的真实行为[①]。因此，本书提出研究假设 5-1：

假设 5-1　消费者的信任意向对他们在网上购物时的信任行为有积极影响。

根据 TPB 的观点，一个人对行为的态度取决于其执行该行为的信念及其对结果的评价[②]。信念是一种主观规范，评价是对结果的评价。在电子商务环境中，消费者的信任倾向和经验代表了他们信任行为的主观规范。不同的对象和网上购物的整体环境是消费者评估其信任行为结果的信息来源。因此，预计积极的信任态度将导致更高的在网络购物环境中进行信任行为的意向。在在线信任的背景下，一些研究表明，信任行为态度正向影响信任意向[③]。因此，本书提出研究假设 5-2：

假设 5-2　消费者的个人态度正向影响其信任意向。

企业的规模即企业的商品项目和服务范围。企业规模越大，就越有能力满足消费者的需求。企业规模也代表了它在运营上的投入——如果一个大企业滥用其信任，那么它将遭受更大的损失[④]。本书发现，大型企业更容易建立信任。因此，本书提出研究假设 5-2a：

假设 5-2a　企业规模对消费者对在线信任的个人态度有积极影响。

研究发现，消费者通常通过网站的外观来确定网站的可信度[⑤]。网站的设计会影响客户的印象，从而影响他们对网络零售商的信任。

---

① 陈建、梁涛：《情景效应理论下的关系人推荐效果研究》，《商业时代》2013 年第 32 期。

② 陈怀宇等：《村落规模、社会异质性与农村环境资源集体治理——基于 1490 个自然村水渠和防护林治理实证研究》，《林业经济》2022 年第 2 期。

③ Gefen D., and Straub D. W., "Consumer Trust in B2C E-Commerce and the Importance of Social Presence: Experiments in E-Products and E-Services", *Omega*, Vol. 32, No. 6, December 1, 2004, pp. 407-424.

④ 薛澜、赵静：《走向敏捷治理：新兴产业发展与监管模式探究》，《中国行政管理》2019 年第 8 期。

⑤ 李月琳等：《社交媒体健康信息质量研究：基于真伪健康信息特征的分析》，《情报学报》2018 年第 3 期。

学者还提出了一个影响消费者信任的网站设计因素的理论框架，其包括结构设计、内容设计、图形设计和社交线索设计①。因此，本书提出研究假设 5-2b：

假设 5-2b　企业的网站设计对消费者对在线信任的个人态度有积极影响。

与传统的交易模式相比，消费者在网上购物时承担的风险更高，且消费者支付的产品价格往往与他们的风险感知成正比②。面对以较高价格出售的商品，消费者将感知到更高的风险。由于他们面临更高的风险，所以必须高度重视产品性能、质量和评论。消费者认为低价商品的风险较低，所以决策过程简单，信任关系更容易建立。因此，本书提出研究假设 5-2c：

假设 5-2c　产品价格对消费者对在线信任的个人态度有消极影响。

从历史发展的角度来看，信任从一小群亲密的实体扩展到一个更广泛的、与他们没有血缘或地理联系的陌生圈子，人们对信任的判断也相应地发生改变。由于信息的缺乏，面对陌生的对象时，消费者往往依靠外部法律的保护、僵化的规范等其他客观条件来巩固和加强对他们的信任③。例如，消费者在获得安全措施或其他体制结构的担保时会感到安全，这有助于建立信任。此外，交易的成功是基于环境保障的，如承诺、合同、法规和保证④。法规让消费者相信对方的行为是可信的，法律则使承诺或合同能如期履行。因此，本书提出研究假设 5-2d：

假设 5-2d　电子商务环境的可靠性对消费者对在线信任的个人

---

① Wang Y. D. , and Emurian H. H. , "An Overview of Online Trust: Concepts, Elements, and Implications", *Computers in Human Behavior*, Vol. 21, No. 1, 2005, pp. 105-125.

② 曹柠梦等：《产品销量和推荐数对网络消费决策的影响：价格的调节效应》，《心理学探新》2022 年第 1 期。

③ Özpolat K. , Gao G. , et al. , "Research Note: The Value of Third-Party Assurance Seals in Online Retailing: An Empirical Investigation", *Information Systems Research*, Vol. 24, No. 4, 2013, pp. 1100-1111.

④ 张新香、胡立君：《O2O 商业模式中闭环的形成机制研究——基于信任迁移的视角》，《经济管理》2017 年第 10 期。

态度有积极影响。

相关文献报道，消费者在购物时，无论是信息收集还是购买决策方面，都会受到他们以往知识和经历的影响，消费者在多次购买特定产品的过程中积累了经验，从而产生了影响其最终购物决策的个人意见[①]。这些研究均表明，过去的在线购物经历确实会影响未来的决策。购物经历也与消费者决定信任谁并做出选择有关，因为并非每次购物经历都能增强信任。特别是在早期交易经历中，如果消费者感到不满，则此次经历将很快被视为对信任的破坏，导致信任水平迅速下降，与其他在线购买平台相比，客户再次购买的可能性也会迅速下降。因此，本书提出研究假设 5-2e：

假设 5-2e　过去令人不满意的在线购物经历会对消费者对在线信任的个人态度产生消极影响。

个人信任倾向是个人愿意或不愿意信任他人的倾向，是个人人格特质的一部分[②]。这种倾向依赖没有过去的经历，是用于理性推理的条件，并且相信其他人是普遍善良和可靠的。信任倾向被认为是一种稳定的个性特征，它不会随着环境的变化而改变。事实证明，信任倾向将直接影响顾客在网上购物时的信任程度，特别是对于新的或不熟悉的产品，消费者的信任倾向将显著影响他们对这些产品的初始信任。此外，消费者在决定是否信任时会寻找可信赖的特征，他们个人的信任倾向会改善或减少这些特征对产生的信任行为的影响[③]。因此，本书提出研究假设 5-2f：

假设 5-2f　个人信任倾向对消费者对在线信任的个人态度有积极影响。

在 TPB 中，个人在做出特定行为决定的过程中可能会感知到社会压力，也就是其他人或群体对个人行为的影响。在电子商务环境中，

---

① 杨德利等：《都市花卉产业的市场需求分析》，《北方园艺》2022 年第 13 期。

② 胡芳等：《商盟对网上购物影响的实证分析》，《系统管理学报》2015 年第 5 期。

③ Mayer R. C., et al., "An Integrative Model of Organizational Trust", *Academy of Management Review*, Vol. 20, No. 3, 1995, pp. 709-734.

这种社会压力会以在线评论的形式出现，从而影响消费者的信任行为[①]。因此，本书提出研究假设5-3：

假设5-3 其他消费者的负面在线评论会对消费者的信任意向产生消极影响。

在线评论可以从三个渠道获得——卖家渠道、基于平台的渠道和社交网络渠道。当消费者面对各种信息来源时，从不同渠道获得的在线评论可能会对他们的信任行为产生不同程度的影响。同时，在线评论以不同的形式呈现，如评分、标签和评论[②]。如果消费者受到不同形式在线评论的影响，那么其影响的程度也将不同。此外，在线评论的质量会对消费者接受其他人或团体的意见产生重要影响[③]。一些实证研究指出，与低质量的在线评论相比，高质量的在线评论对消费者来说更有说服力。换句话说，高质量的在线评论对消费者的信任意向有很强的积极影响。因此，本书提出以下研究假设：

假设5-3a 从多个渠道获得的其他消费者的在线评论会增加消费者感知到的社会压力对其信任行为的影响。

假设5-3b 多种不同形式的其他消费者的在线评论会增加消费者感知到的社会压力对其信任行为的影响。

假设5-3c 其他消费者的高质量在线评论会增加消费者感知到的社会压力对其信任行为的影响。

根据TPB，感知行为控制是指个人对执行某一特定行为的难易程度的感知，被认为反映了过去的经验以及该特定行为的预期障碍和阻碍[④]。拥有的资源和机会越多，他们预期的障碍或阻碍就越少，他们

① 刘俊清、汤定娜：《在线评论、顾客信任与消费者购买意愿关系研究》，《价格理论与实践》2016年第12期。

② Cao C., and Yan J., "Towards a Trust Model for Trust Establishment and Management in Business-to-Consumer E-Commerce", in 11th IEEE International Conference on Autonomic and Trusted Computing, Bali, Indonesia, December 9-12, 2014.

③ 赵佳等：《C2C环境下感知在线评论与初始信任的调节因素》，《东北大学学报》(自然科学版) 2012年第12期。

④ 李华、孔娇：《基于文本挖掘的城市景区密集人群风险感知》，《中国安全生产科学技术》2022年第5期。

对行为的感知控制就越强。具体来说，就在线信任的环境而言，通过TTP传输和发布的任意企业信用信息，消费者可以更好地了解企业，从而判断其资质和信用状况①。TTP参与电子商务活动可以有效减少消费者信任行为的不确定性和障碍，并最终增强消费者对其信任行为的感知控制②。TTP对消费者的在线信任行为具有最重要的影响。因此，本书提出研究假设5-4：

假设5-4　TTP正向影响消费者的信任意向。

正如TPB所指出的，个人的感知行为控制是由控制信念和感知力量共同决定的。在网络购物环境中，TTP的服务类型代表了控制信念，TTP的可信度和展示类型代表了感知力量的表达。具体而言，消费者根据他们对是否提供TTP以及呈现哪种服务类型的TTP的看法，来确定他们拥有的信任行为的资源、机会和障碍。同时，消费者对这些TTP的可信度以及企业或网站所呈现的TTP类型做出判断，以确认对其信任行为的影响程度。此前对亚太地区B2C企业的分析研究中提出了以下五种服务类型的TTP——支付、物流、担保、认证和推荐，这些TTP都被认为代表了消费者信任行为控制的不同影响因素③。此外，TTP的可信度，即不同类型服务提供者的信用水平、专业能力和专业性，可能在不同程度上影响消费者的信任行为。最后，通过对亚太地区B2C企业样本的分析和总结，本书认为信息主要以三种方式呈现——叙述性文字、图标显示和详细的信用报告。一些企业使用叙述性文字来展示他们的荣誉、资质和认证，有些信息也可能通过图片、视频等多媒体进行展示。这些方法经常在网页上用于介绍公司的历史信息，特别是各类奖项、荣誉事件、参与公益活动的经历以及质量或

---

① Zhang J., et al., "Strengthening Institutional-Based Trust for Sustainable Consumption: Lessons for Smart Disclosure", *Government Information Quarterly*, Vol. 33, No. 3, 2016, pp. 552-561.

② 刘航：《农产品电商小微企业构建小农户合作共识的过程演化机制》，《中国农村观察》2022年第4期。

③ Cao C., et al., "Understanding the Influence and Service Type of Trusted Third Party on Consumers' Online Trust: Evidence from Australian B2C Marketplace", in Proceedings of the 18th Annual International Conference on Electronic Commerce: E-Commerce in Smart Connected World, Suwon, Republic of Korea, August 17-19, 2016.

服务认证。图标显示包括显示获得的第三方认证的标志、帮助说明公司的资格。这种展示方式还用于在网页醒目的位置上显示安全、支付和隐私的认证，以便最大限度地影响潜在消费者的信任[①]。详细的信用报告主要结合图标一起呈现给消费者，以便包含比单独图标所能传达的更详细的信息，主要包括由第三方提供的各种类型的服务，以及每种服务认证的有效和到期时间、地点。这使消费者能够更好地了解这些服务，从而进一步影响他们的信任动机。详细的信息披露和服务描述使网络零售商能够有效地加大消费者执行信任行为的强度，减少预期阻碍，从而提高他们对在线商家的信任度[②]。通过上述分析，本书提出以下研究假设：

假设 5-4a　具有更多服务类型 TTP 的电子商务企业会增加消费者对其信任行为的感知控制。

假设 5-4b　具有更多展示类型 TTP 的电子商务企业会增加消费者对其信任行为的感知控制。

假设 5-4c　具有可信度较高 TTP 的电子商务企业会增加消费者对其信任行为的感知控制。

在电子商务环境中，消费者往往无法控制在线交易的网站。而 TTP 可以有效地传达值得信赖的企业信息，提高消费者的信任度[③]。此外，由于 TTP 的存在，消费者对其信任的预期障碍在一定程度上有所减少，这也增强了他们对行为控制的感知。本书提出，TTP 不仅可以促进信任的意向，还可以有效地促进最终的信任行为。因此，本书提出研究假设 5-5：

假设 5-5　TTP 对消费者的信任行为有积极影响。

由于电子商务的发展，消费者或多或少接触到了在线购物环境。随着消费者越来越熟悉网购，他们的个人感受在信任行为中变得越来

---

① 李欣：《消费者网上购物行为的影响因素分析》，《江苏商论》2010 年第 3 期。

② 张红超、吴继飞：《虚拟社区知识贡献、时间习惯与用户采纳行为》，《山西财经大学学报》2022 年第 8 期。

③ Head M. M., and Hassanein K., "Trust in E-Commerce: Evaluating the Impact of Third-Party Seals", *Quarterly Journal of Electronic Commerce*, Vol. 3, 2002, pp. 307-326.

越强烈[①]。此外，当消费者认为自身能够做出可靠的判断时，他们从其他消费者那里感受到的社会压力会减少。换句话说，其他消费者的评论对表现出较高行为态度的消费者的影响较小。因此，本书提出研究假设 5-6：

假设 5-6　消费者的个人态度会对他们感知到的在线评论带来的社会压力产生消极影响。

事实上，个人对行为的控制程度往往受到时间、信息、能力等诸多因素的影响。因此，TTP 传达的企业信用信息降低了消费者对其信任障碍的预期，使其更容易增强信任行为[②]。由于消费者的购物经历和个人态度是不断发展的，本书假设，当消费者的行为态度更强时，TTP 的影响将变弱。换句话说，消费者的个人态度越强，通过 TTP 传递的信用信息就越弱。因此，本书提出研究假设 5-7：

假设 5-7　消费者的个人态度对他们对 TTP 的感知控制有消极影响。

第五节　研究设计

一　设计与测量

本书的主要目的是基于 TPB 确定影响消费者在线信任行为的具体因素，并对各因素的作用做出合理解释。在本书的早期阶段，我们通过对二手数据的定性分析、相关学术文献的回顾和对行业专家的采访，获得了大量必要的非结构化数据。通过对这些数据集的定性分析，我们提出了适当的研究假设并制定了测量项目。在第二阶段，我们通过描述性研究设计详细介绍了影响消费者信任的因素，并描述了

① 聂艳华：《基于人性化营销模式：竞争力、演变与对策》，《企业经济》2006 年第 12 期。

② Jun J., et al., "Effects of Third-Party Certification on Patrons' Service Quality Evaluation in the Luxury-Restaurant Industry", *British Food Journal*, Vol. 119, No. 4, 2017, pp. 771-789.

各种因素对消费者信任行为的影响。

我们采用的调查方式是向不同的受访者发放结构化问卷，以收集在线购物过程中的信任行为、态度、感知和动机等因素的有关信息。我们还收集了受访者的人口调节特征数据。本书采用非比较性比例技术，因为在本问卷中，每次只评估一个属性或特征，生成的数据基本上是区间比例。更具体地说，本调查问卷使用李克特量表（一种逐项列出的评级量表），要求受访者描述其对每个项目的同意程度或不同意程度。本问卷中的量表包括七个程度，范围从非常不同意（1）到非常同意（7）。问卷的第二部分要求答卷人提供一些人口特征，如性别、年龄等。

二　调查程序和数据分析

目前，B2C 电子商务环境主流消费群体的年龄普遍在 18—34 岁。因此，抽样调查是在大学生中进行的。其结果在一定程度上具有代表性。本次调查共收集了 491 个样本。由于问卷是立即回收的，回收率为 100%。其中，如果有太多问题没有回答，或者答案大多相同，或者反向问项与正向问项相矛盾，则认为样本无效。剔除无效样本后，共获得有效样本 374 份，占发放问卷总数的 76.17%。表 5-1 列出了受访者的人口特征。

表 5-1　　受访者的人口特征

编号	变量	类别	百分比（%）	累计百分比（%）
PI1	性别	男性	53	53
		女性	47	100
PI2	年龄	18 岁以下	0	0
		18—24 岁	42	42
		25—29 岁	58	100
		30—34 岁	0	0
		35—40 岁	0	0
		40 岁以上	0	0

续表

编号	变量	类别	百分比（%）	累计百分比（%）
PI3	学历	高中	0	0
		学士	23	23
		硕士和博士	77	100
PI4	互联网经历	1 岁以下	0	0
		1—3 岁	0	0
		4—6 岁	0	0
		6 岁以上	100	100
PI5	在线购物经历	有	100	100
		无	0	0
PI6	在线购物频率	每周至少一次	26	26
		每月 1—3 次	54	80
		每 2—3 个月一次	17	97
		每 6 个月一次	3	100
		每年一次或更少	0	0

SEM 使用 SmartPLS 3. 2. 7 来验证所开发的量表并检验假设。之所以使用 PLS-SEM，是因为它对测量标度、样本量和残差分布的限制最小。本书采用两个不同的步骤进行数据分析。第一步是评估测量（外部）模型；第二步是评估结构（内部）模型，并测试研究模型的潜在构面之间的关系①。

第六节　研究结果

一　测量模型

测量模型的评估涉及内部一致性可靠性、收敛有效性和判别有效

① Hair J. F. , et al. , "An Assessment of the Use of Partial Least Squares Structural Equation Modeling in Marketing Research", *Journal of the Academy of Marketing Science*, Vol. 40, No. 3, 2012, pp. 414-433.

性。内部一致性可靠性根据组合信度来检验。如表 5-2 所示，所有的组合信度值（CR）均高于 0. 927，并且所有测量指标在信度方面都是稳健的，满足了通常可接受的水平。为了评估收敛效度，每个构面的平均提取方差（AVE）应超过 0. 50。表 5-2 的结果支持收敛效度，范围从 0. 763—0. 949，都超过了 0. 50。

表 5-2　　　　可靠性统计

代码	名称	CR	AVE
TB	信任行为	0. 963	0. 928
TI	信任意向	0. 957	0. 917
PA	个人态度	0. 953	0. 834
ES	企业规模	0. 979	0. 940
WD	网站设计	0. 953	0. 836
PP	产品价格	0. 966	0. 903
ECE	电子商务环境	0. 948	0. 859
POTE	过往网上交易经历	0. 944	0. 850
PPT	个人信任倾向	0. 928	0. 763
OR	在线评论	0. 927	0. 760
PCI	感知信息渠道	0. 965	0. 901
PPFI	感知信息的呈现方式	0. 949	0. 860
PQI	感知信息质量	0. 932	0. 773
TTP	受信任的第三方	0. 952	0. 832
PTS	感知的服务类型	0. 971	0. 917
PTP	感知的展示类型	0. 982	0. 949
PC	感知可信度	0. 984	0. 939

基于 Fornell-Larcker 准则，构面中 AVE 的平方根应远大于该构面与所提出的研究模型中所有其他构面之间的相关性[①]。附件一显示了构面之间的相关性，这支持了它们的判别有效性。通过每个测量项在

① Fornell C. , and Larcker D. F. , "Evaluating Structural Equation Models with Unobservable Variables and Measurement Error", *Journal of Marketing Research*, Vol. 18, No. 1, 1981, pp. 39-50.

其分配的潜在变量上的交叉载荷进一步检验判别有效性，结果列于附件二。由于它们各自潜质上的交叉载荷高于其在其他任何构面上的交叉载荷，因此确认了构面的判别有效性。

二　结构模型

本书的主要目的是了解影响消费者在线信任的因素。通过使用SmartPLS 3. 2. 7 的 PLS-SEM 对所提出的研究模型进行了验证。研究结果如图 5-2 所示，通过 PLS-SEM 假设检验的结果见表 5-3。

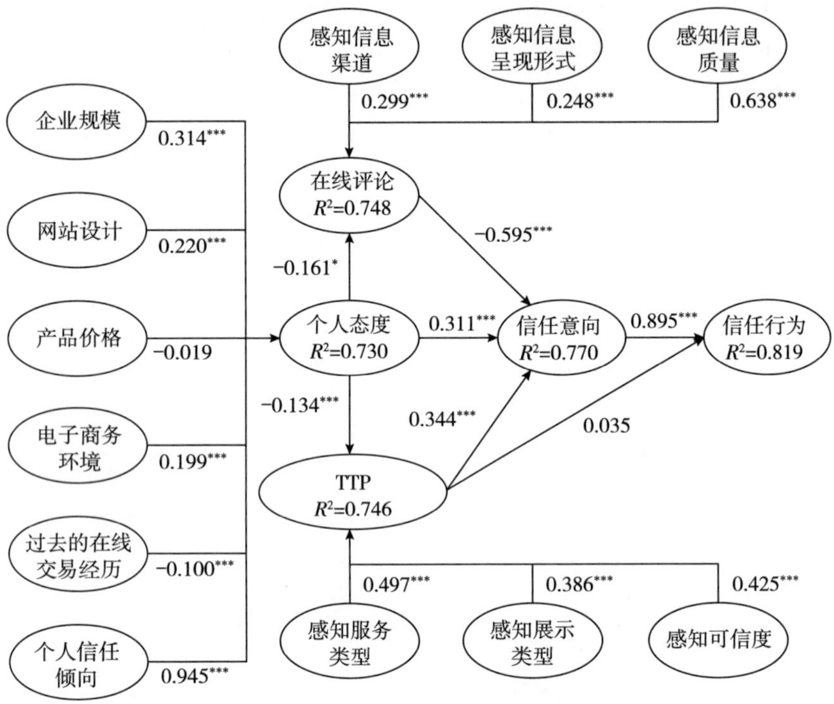

图 5-2　PLS-SEM 分析结果

注：*：$p<0.05$；**：$p<0.01$；***：$p<0.001$。

表 5-3　假设检验的结果

序号	假设	结果
5-1	消费者的信任意向对他们在网上购物时的信任行为有积极影响	是
5-2	消费者的个人态度正向影响其信任意向	是
5-2a	企业规模对消费者对在线信任的个人态度有积极影响	是

续表

序号	假设	结果
5-2b	企业的网站设计对消费者对在线信任的个人态度有积极影响	是
5-2c	产品价格对消费者对在线信任的个人态度有消极影响	否
5-2d	电子商务环境的可靠性对消费者对在线信任的个人态度有积极影响	是
5-2e	过去令人不满意的在线购物经历会对消费者对在线信任的个人态度产生消极影响	是
5-2f	个人信任倾向对消费者对在线信任的个人态度有积极影响	是
5-3	其他消费者的负面在线评论会对消费者的信任意向产生负面影响	是
5-3a	从多个渠道获得的其他消费者的在线评论会增加消费者感知到的社会压力对其信任行为的影响	是
5-3b	多种不同形式的其他消费者的在线评论会增加消费者感知到的社会压力对其信任行为的影响	是
5-3c	其他消费者的高质量在线评论会增加消费者感知到的社会压力对其信任行为的影响	是
5-4	TTP 正向影响消费者的信任意向	是
5-4a	具有更多服务类型 TTP 的电子商务企业会增加消费者对其信任行为的感知控制	是
5-4b	具有更多展示类型 TTP 的电子商务企业会增加消费者对其信任行为的感知控制	是
5-4c	具有可信度较高 TTP 的电子商务企业会增加消费者对其信任行为的感知控制	是
5-5	TTP 对消费者的信任行为有积极影响	否
5-6	消费者的个人态度会对他们感知到的在线评论带来的社会压力产生消极影响	是
5-7	消费者的个人态度对他们对 TTP 的感知控制有消极影响	是

第七节 讨论和影响

本书将个人信任倾向定义为，在没有具体信息的情况下对他人是否值得信任的一般期望①。人们在生活中经常需要做出选择、是否要信任其他的人或事。做出的选择反映了每个人独特的成长经历、个性和文化背景，不可避免地导致他们对其他人和事物的内在信任的倾向不同②。信任倾向不是基于对某一对象的经验或认知，而是基于一个人迄今为止在生活中的一般经验和社会认知。如果信任的人对某一受托人缺乏深刻的了解，那么这种基本的信任倾向对其信任程度的影响将更加明显③。在本书中，我们发现个人信任倾向对消费者对在线信任的个人态度有积极影响——随着消费者个人信任倾向的增加，其在线购物的信任倾向也会增加。这一结论支持了许多研究人员的观点：由于网络环境的虚拟性，消费者可能会自然而然地以风险意识来考虑。如果消费者的个人信任倾向相当高，即使没有其他信息来判断或识别风险，那么消费者也会倾向于选择信任网购④。

根据日常经验，消费者支付的产品价格总是与他们感知到的风险成正比⑤。例如，消费者在购买计算机和购买铅笔时具有不同的风险感知。前者涉及较高的费用，购买计算机时的决策过程相当复杂，因为消费者高度关注产品的性能、质量、价格、款式等方面。而后者的决策过程相当简单。本书首先假设，对消费者来说，由于网络环境的虚拟性，在线购物比传统交易方式的风险更大；因此，消费者在网上购物时更愿意购买价格较低的产品。然而，有证据表明，产品价格在消费者的在线信任水平中并没有发挥明显作用。这是因为消费者的购买成本除了他们直接支付的产品价格外，还包括信息搜索、时间等其他成本支出。对于生活节奏日渐加快的现代人来说，购物时的及时性、便利性和随时可得性比产品价格更重要。传统的交易方式需要消

① 侯立松等：《微信环境下顾客信任的影响因素与作用机理》，《财经科学》2017 年第 2 期。

② 刘斌等：《网络调查受访者信任影响因素研究》，《现代情报》2013 年第 8 期。

③ 曾伏娥、张华：《无网上购物经验的消费者橱窗购物行为——基于交易成本视角的实证研究》，《经济管理》2008 年第 Z3 期。

④ Zhang J., et al., "Strengthening Institutional-Based Trust for Sustainable Consumption: Lessons for Smart Disclosure", *Government Information Quarterly*, Vol. 33, No. 3, 2016, pp. 552-561.

⑤ 段珅等：《自我建构对消费者促销方式偏好的影响》，《管理科学》2018 年第 6 期。

费者投入大量的时间和精力，而网购则弥补了这一缺陷。因此，从购物的总成本来看，消费者对产品价格的考虑逐渐减少，这也解释了为什么在虚拟环境中，产品不能被实际触摸，但消费者仍可能愿意以高单价购买产品。

研究结果还显示，其他消费者的负面评论会对信任意向产生负面影响。消费者在网上购物时，如果更多地关注有关某个网络零售商的负面信息，则其信任意向会降低。本书还发现，TTP 对消费者的信任意向有积极影响。此外，更关注 TTP 的消费者在网上购物中具有更高的信任意向。但本书没有发现 TTP 对信任行为的直接影响。

研究结果表明，更关注 TTP 的消费者在网购时的信任度更高。这些消费者在选择购物网站时会仔细比较，最终在可信度高的网站或在线商店购物，并获得满意的购物结果。在这种有益的循环下，消费者的信任度逐渐提高。此外，一些意识到可信度重要性的购物网站也开始采取 TTP 措施或提供服务来消除消费者的顾虑，这在一定程度上降低了消费者的感知风险①。相反，认为 TTP 对其在线购物体验影响较小的消费者对在线购物的整体信任度较低。这些消费者可能对 TTP 的功能缺乏了解，也可能因为他们在从事恶意欺诈的不良网站或在线商店有过不良的购物体验，而对在线购物的信任度较低。

提高消费者对网购的信任度是一个集合项目，需要从业者在各方面相互协作、相互配合。从企业的角度来看，本书根据研究结果提出了以下建议。

对于消费者来说，其他消费者对他们使用的网站的产品、服务和内容的评论是商店声誉的重要信息来源②。企业应充分利用这一工具来提高消费者的信任度。然而，仅仅依靠运营商的努力是远远不够的。网络零售商还应借助 TTP 的支持，进一步增强消费者的信任。

---

① Özpolat K., Gao K., et al., "Research Note: The Value of Third-Party Assurance Seals in Online Retailing: An Empirical Investigation", *Information Systems Research*, Vol. 24, No. 4, 2013, pp. 1100-1111.

② 严梅：《声誉价值视角下绿色营销影响消费者粘性的机理分析》，《商业经济研究》2022 年第 20 期。

TTP 的功能有不同的用途，但一般都是提高消费者对在线购物的信任度。一旦提交申请的网站符合 TTP 的要求，它将允许该网站添加自己的标志，向其消费者传达以下信息：该网站已通过某个权威机构的认证，在这里购物无须担心。同时，这些 TTP 还将定期或不定期地发布评估报告，公布最可靠的网站和网上商店的名称。因此，TTP 的存在显然可以提高消费者对在线购物的整体信任水平①。

第八节　结论和局限性

由于互联网具有高度的互动性、便利性、透明性和个性化的特征，在线交易越来越受商家和消费者的欢迎。信任由于其虚拟性和匿名性，在在线交易环境中起着不可或缺的作用。因此，缺乏信任是阻碍在线购物进一步发展的主要障碍。

本书基于 TPB，探索普通消费者对网购的信任度，探讨影响消费者在线信任的具体因素。在文献综述的基础上，结合以亚太地区为主的市场背景，本书提出了研究假设和理论模型，并使用问卷调查的方式来获取数据。以 PLS-SEM 为主要分析工具，用组合信度、AVE、Fornell-Larcker 准则和交叉载荷等手段检验量表的信度和效度。

本书探讨并总结了影响消费者在线购物信任的具体重点因素。研究结果表明，消费者用来获取其他消费者评论和评价的渠道对他们的信任有重要影响。这意味着消费者并不局限于一个信息渠道，而是从尽可能多的渠道中获取信息。研究结果还表明，在线评论的信息质量对消费者信任倾向的影响亦不可忽视。消费者认为，在线评论的质量越高，对其信任倾向的影响就越大。本书还考察了 TTP 对消费者信任的影响以及 TTP 服务的构成。结果表明，不同服务类型的 TTP 在不同程度上影响着消费者的信任。TTP 的可信度是消费者判断其服务可靠

① 鄢平等：《在线购买不信任前置因素归类实证研究——基于双因素与认知神经理论》，《技术经济与管理研究》2014 年第 9 期。

性的一个重要指标。TTP 的可信度越高，消费者对其担保、认证及相关服务的接受度就越高。

本书的结论丰富、发展了现有的消费者信任、网络营销和消费者行为理论，可作为相关企业营销和管理实践的参考和指导。当然，本书也有一些局限性，可以通过进一步研究加以改进。首先，样本总数不足。样本数必须大于问题总数，最好是问题总数的十倍[①]。本书的样本总数为 374 个，虽然超过了问题总数，但还没有达到十倍的数量。其次，由于样本主要是在大学校园内选取的，样本在教育背景方面的分布比较单一。也就是说，所有参与者都接受过高等教育。因此，结论不具有广泛的适用性，不能推广至所有消费者。需要复制该研究模型，以检验具有不同教育背景的在线消费者的研究结果的可靠性。

① Chin W. W., and Newsted P. R., "Structural Equation Modeling Analysis with Small Samples Using Partial Least Squares", *Statistical Strategies for Small Sample Research*, Vol. 1, No. 1, 1999, pp. 307-341.

第六章

在线评论质量的影响因素

在第五章中，本书详细探讨了不同因素对消费者信任意愿的作用和影响。实证研究的数据和结果表明，消费者对商家的信任受在线评论的影响，且只有高质量的在线评论才能对消费者的信任意愿产生重要影响。但目前还没有明确的判断标准来衡量在线评论的信息质量。本节以 TPB 和三维集成信任模型为理论基础，基于对在线评论的相关研究，深入探讨了在线评论质量的定义和内涵，并研究在线评论质量对消费者的影响机制。本书以 259 名互联网用户为样本，应用 PLS-SEM 来评估研究模型和假设。研究结果表明，消费者感知的在线评论质量主要取决于准确性、完整性、时效性、格式和可信度。本书还讨论了本书的理论贡献和实际意义，并为企业提供了一些在线评论的质量鉴定和处理上的建议。

第一节　背景介绍

在线评论正日益成为消费者在网购前充分了解产品和企业的重要来源[①]。目前，亚马逊和淘宝等电子商务网站都建设了在线评论系统，以获取消费者信任、刺激购物决策。随着电子商务的不断发展，

① 吴晓君、陈莉霞：《企业应对消费者在线负面评论的面子修复策略对比研究》，《中国商论》2022 年第 8 期。

Yelp. com、Dianping. com 等第三方点评网站开始崭露头角，成为消费者的点评平台。消费者也可以通过推特、脸书、微博等社交网络平台分享、评论商品或服务。正如许多实证研究所表明的那样，来自上述不同环境的在线评论信息会对消费者的信任行为和购物决策产生重要影响[①]。

然而，相关工作也表明，并非所有的评论信息都有相同作用，只有高质量的评论信息才能产生重要影响[②]。高质量的在线评论可以更好地降低消费者在购物时的感知风险，帮助他们选择更合适的商品或服务，并建立企业信任[③]。对于企业来说，高质量的在线评论有助于改善服务，提高潜在消费者的信任度。因此，识别高质量的在线评论对其销售和运营是非常重要的。

虽然学者已经从多个方面分析了在线评论的不同特征，并研究了它们对信息质量的影响，但目前还没有研究能够整体分析对在线评论质量的不同因素对消费者信任意愿的影响。由于研究视角、实证数据和焦点的差异，该领域尚未形成一个相对统一的在线评论质量理论框架。

为此，我们提出以下两个问题：①哪些因素决定了在线评论的质量？②这些因素如何影响消费者的信任意愿？为了回答这两个问题，本书考察了受控环境中在线评论质量的影响因素和作用机制对消费者信任意愿和行为的进一步影响。

本书基于 TPB 和三维集成信任模型，构建了一个在线评论质量的影响因素模型。本书运用 PLS-SEM 对 259 份样本数据进行分析，检验所提出的研究模型和假设。研究结果在一定程度上反映了在线评论质量因素对消费者行为和意图的影响。这可以对在线评论质量有一个整体的认识，进而为未来的研究提供理论参考。

---

① 张美芳、江晓东：《在线口碑对图书销量的影响研究——信源可信度和信息质量的调节作用》，《上海商学院学报》2020 年第 5 期。

② 唐雪梅、赖胜强：《网络辟谣信息如何影响受众的感知可信度——信息介入度的调节效应》，《国际新闻界》2020 年第 8 期。

③ 杨星元：《消费者网络购物决策的影响因素分析》，《品牌研究》2019 年第 16 期。

第二节　理论框架

互联网在各行业越来越高的渗透率下推动了博客、社交媒体、评论网站和电子商务网站等信息共享和交流平台的发展。消费者倾向于在不同的网络渠道上发表他们对产品或企业的评论，从而影响其他消费者[①]。本书在现有相关研究的基础上，重新审视了消费者在在线购物网站或其他平台（如评论网站、论坛、社交网络、博客、微博和即时通信工具）上发布的在线评论（对产品的意见和看法）和购物体验的意义。消费者的这些看法可能是积极的，也可能是消极的，它们来自个人经验或其他人（如家庭成员、朋友或同事）的经验。

在网络购物环境下，消费者需要对自己的产品进行信息比较、研究，才能做出购物决策[②]。在线评论很大程度上影响了他们的购买意向[③]。由于当前网络购物市场存在的问题，网络购物面临着一些挑战，例如一些企业存在不良行为、网络环境充斥着虚假信息，以及大量质量参差不齐的评论信息。为了购买合适的产品，消费者需要在做出决定之前提高自身的识别能力。企业也必须鉴别、展示高质量的在线评论，以提供更好的在线购物体验。对于消费者而言，研究在线评论质量及其影响因素有助于解释和帮助他们理性选择在线消费；对于企业而言，本书有助于企业了解消费者偏好，不断改进服务，有效提升消费者的信任度。

为了研究在线评论质量的影响因素及其作用机制，本书在第五章所述的三维集成信任模型的基础上，构建了一个理论研究框架，如图 6-1 所示。正如 TPB 所指出的，大多数消费者是理性的个体，当

---

① 彭秋平、吴思洋：《公共图书馆用户在线口碑情感分析——以副省级市图书馆大众点评网评论为中心》，《图书馆论坛》2021 年第 6 期。

② 赵新元等：《从跟跑到并跑——中国工商管理研究国际影响力的回顾与展望》，《管理评论》2021 年第 11 期。

③ 吴丹、魏卫：《自我构建视角下在线评论对品牌口碑传播的影响研究》，《商业经济研究》2022 年第 16 期。

他们花费时间思考自己的信任行为时，观察他们的意图就成为考察决策的最佳方式。此外，我们在第五章中指出，信任意向由消费者对信任行为的个人态度、TTP 和其他消费者的评论共同决定①。其他消费者的评论代表了消费者从其他人那里感受到的压力，即他是否应该执行该行为。反过来，这种压力的程度又受到信息发布渠道、信息呈现方式和信息质量的共同影响。基于上述理论，本书采用实验方法，通过控制第四章所提的三维集成信任模型中的其他影响因素，探讨在线评论质量的不同影响因素对消费者信任意向的影响。本书从消费者的角度出发，选择了可信度、时效性、完整性、准确性、格式和数量六个因素来构建理论研究框架。

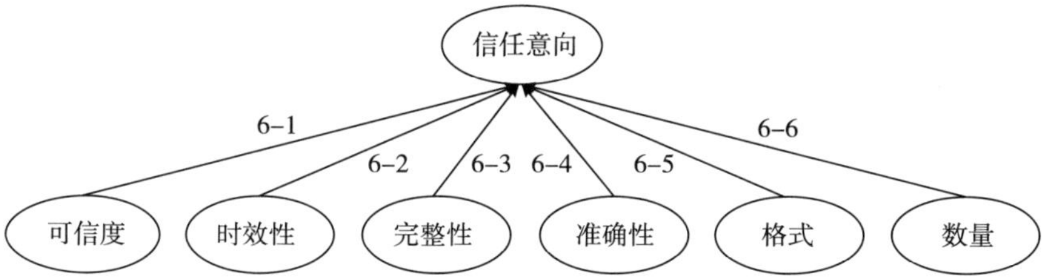

图 6-1 理论研究框架

可信度是指评论者的可信度，它可以反映评论者的专业知识和能力。可信度越高，评论者在虚拟社区中享有的排名就越高。根据相关研究，可信度是区分一个评论者与另一个评论者的重要特征，也是影响在线评论质量的关键因素②。可信度高的评论者通常具有高水平的专业知识和丰富的经验③。因此，他们在虚拟社区中具有更大的影响

① Cao C., and Yan J., “Towards a Trust Model for Trust Establishment and Management in Business-to-Consumer E-Commerce”, in 11th IEEE International Conference on Autonomic and Trusted Computing, Bali, Indonesia, December 9-12, 2014.

② 王文峰、李磊：《网络口碑再传播对消费者购买意愿的影响研究——基于消费者宽恕的中介作用》，《价格理论与实践》2020 年第 11 期。

③ 王燕华：《经典的翻译与传播——〈诗经〉在英国的经典化路径探析》，《上海翻译》2016 年第 2 期。

力，对于消费者来说，他们的评论看起来更权威，质量更高，更值得信赖。因此，本书提出假设 6-1：

假设 6-1　在线评论的可信度对消费者的信任意愿产生了积极影响。

时效性是指评论者发布在线评论的时间与消费者阅读评论的时间之间的差异。这种差异越小，评论就越新，越具有时效性。对于一个产品来说，最新的评论更具有参考价值，对消费者的信任意愿有更强的影响①。因此，本书提出研究假设 6-2：

假设 6-2　在线评论的时效性对消费者的在线信任意愿产生了积极影响。

完整性是指在线评论中提供所有必要信息的程度。大多数研究认为信息的完整性与评价质量有显著的正相关关系②。这是因为评论越完整，消费者可获得的有关产品的性能、价格、质量和服务的信息就越多，从而有效地帮助消费者做出决策。因此，本书提出研究假设 6-3：

假设 6-3　在线评论的感知完整性对消费者的在线信任意愿产生了积极影响。

准确性是指在线评论信息对产品或服务的评论准确程度。如果消费者能获得准确的评论信息，这将对他们的信任行为和意图产生重要影响③。由于在线环境充斥着大量的评论信息，消费者自然倾向于摒弃不准确、无法传达可靠和有价值信息的评论。这种类型的信息无法影响消费者对其行为决策的判断。因此，本书提出研究假设 6-4：

假设 6-4　在线评论的感知准确性对消费者的在线信任意愿产生了积极影响。

格式代表消费者对信息呈现效果的看法。由于平台和网站充斥着

---

① 田依林等：《基于商品类型的在线负面评论有用性影响因素比较研究》，《现代情报》2019 年第 8 期。

② 杨海娟：《综合性问答网站用户信息采纳意愿影响因素实证研究——基于信息性社会影响和规范性社会影响的视角》，《现代情报》2017 年第 10 期。

③ 杨一翕等：《网络推荐系统对消费者的营销效果——技术接受模型视角》，《中国流通经济》2016 年第 2 期。

无数的评论信息，消费者需要良好的呈现方式来快速找到相关评论。如果评论信息能够以一种友好的方式清楚地呈现给消费者，消费者就很容易获取评论并做出相应的行为决定[①]。如果评论信息以不整齐的方式呈现，消费者就很难有效地获取信息并做出判断。因此，本书提出研究假设 6-5：

假设 6-5　在线评论的感知格式对消费者的在线信任意愿产生了积极影响。

数量是指某些产品或服务的评论数量。评论越多，消费者从中获得有价值信息的机会就越高，就越有利于消费者对产品或服务的理解[②]。换句话说，评论的数量决定了消费者可获得的信息数量。信息越多，消费者拥有的资源就越多，就越容易做出有关其购买行为的决策。因此，本书提出研究假设 6-6：

假设 6-6　在线评论的感知数量对消费者的在线信任意愿产生了积极影响。

第三节　研究设计

本书问卷的设计参考了大量相关研究中已通过可靠性和有效性测试的量表，然后根据在线评论的特点进行修改和调整。调查问卷通过 Qualtrics. com 在线发放，共收集了 284 份调查问卷。在排除了那些回答得非常快或选择了太多类似选项的问卷之后，我们最终得到了 259 份有效样本。此处应用了常用的十倍规则来确定 PLS 样本数量。根据这一规则，本书所需的最小样本量为 60 人。通过收集的 259 条数据，可以有效提高 PLS-SEM 评估的准确性。

---

① 钟帅等：《在线评论感知和涉入度对网站品牌忠诚的影响》，《企业经济》2015 年第 4 期。

② 姚佳呈等：《扶摇直上：感官体验对 VR 眼镜关注度的影响》，《图书馆论坛》2023 年第 2 期。

第四节 研究结果

一 人口特征

问卷调查对象的人口统计概况见表6-1。在年龄结构方面，62%的受访者属于18—29岁年龄段。从性别来看，男性受访者的比例略高，占总样本量的59%。人口统计数据还显示，大多数受访者受过良好教育，其中79%至少拥有学士或学士以上学位。

表6-1 受访者人口统计概况（N=259）

指标	类别	数量（人）	百分比（%）
性别	男性	153	59
	女性	106	41
年龄	18—29岁	160	62
	30—39岁	53	20
	39岁以上	46	18
学历	大学	55	21
	学士学位	108	42
	研究生学位	96	37

二 测量模型

本书主要利用测量项目的内部一致性来评估量表的可靠性。内部一致性通过CR和CA进行检验。在探索性研究中，CR要求大于0.7，CA应大于0.6。在表6-2中，所有潜在变量的CR和CA都符合这一要求，表明该测量模型具有良好的内部一致性可靠性。

表6-2 构面的描述性统计量

因子	问项数	CA	CR	AVE
准确性（Accu）	3	0.992	0.995	0.984

续表

因子	问项数	CA	CR	AVE
完整性（Comp）	3	0.989	0.993	0.978
可信度（Cred）	3	0.986	0.991	0.973
时效性（Curr）	3	0.992	0.995	0.984
格式（Form）	3	0.962	0.975	0.930
信任意向（Inte）	4	0.972	0.979	0.923
数量（Volu）	3	0.946	0.959	0.887

注：CA：克朗巴赫 α 系数；CR：组合信度；AVE：平均提取方差值。

通常，只有当所有外部载荷都大于 0.708 时，才能合理地解释潜在变量。在表 6-3 中，外部载荷满足收敛有效性要求。除此之外，PLS 模型的收敛有效性和判别有效性也取决于 AVE，它必须大于 0.5；其平方根应大于其他潜在变量的相关系数①。表 6-3 和表 6-4 显示，我们的数据满足上述条件，这表明测量变量和潜在变量之间存在良好的线性等价关系。因此，测量变量可以充分解释潜在变量。

表 6-3　　因子载荷和交叉载荷

因子	Accu	Comp	Cred	Curr	Form	Inte	Volu
Accu. 1	**0.993**	-0.416	0.045	0.021	0.135	0.67	0.202
Accu. 2	**0.991**	-0.409	0.038	0.031	0.131	0.665	0.201
Accu. 3	**0.992**	-0.428	0.037	0.025	0.148	0.656	0.190
Comp. 1	-0.414	**0.991**	0.282	0.169	0.325	0.090	-0.203
Comp. 2	-0.405	**0.990**	0.294	0.190	0.339	0.108	-0.199
Comp. 3	-0.437	**0.986**	0.276	0.167	0.316	0.068	-0.190
Cred. 1	0.045	0.281	**0.988**	0.061	0.830	0.378	-0.127
Cred. 2	0.022	0.288	**0.985**	0.044	0.813	0.366	-0.124
Cred. 3	0.050	0.285	**0.986**	0.047	0.818	0.389	-0.118
Curr. 1	0.024	0.177	0.057	**0.994**	-0.04	-0.091	0.345

① Fornell C. and Larcker D. F., "Evaluating Structural Equation Models with Unobservable Variables and Measurement Error", *Journal of Marketing Research*, Vol. 18, No. 1, 1981, pp. 39-50.

续表

因子	Accu	Comp	Cred	Curr	Form	Inte	Volu
Curr. 2	0. 035	0. 181	0. 054	**0. 990**	−0. 025	−0. 078	0. 328
Curr. 3	0. 019	0. 176	0. 045	**0. 993**	−0. 037	−0. 106	0. 328
Form. 1	0. 128	0. 33	0. 823	−0. 047	**0. 967**	0. 403	−0. 317
Form. 2	0. 152	0. 286	0. 792	−0. 037	**0. 962**	0. 379	−0. 293
Form. 3	0. 123	0. 344	0. 789	−0. 017	**0. 964**	0. 381	−0. 345
Inte. 1	0. 650	0. 095	0. 372	−0. 094	0. 384	**0. 964**	0. 003
Inte. 2	0. 637	0. 106	0. 375	−0. 084	0. 406	**0. 966**	−0. 037
Inte. 3	0. 634	0. 088	0. 350	−0. 094	0. 376	**0. 958**	−0. 010
Inte. 4	0. 649	0. 067	0. 375	−0. 088	0. 379	**0. 955**	−0. 027
Volu. 1	0. 202	−0. 169	−0. 112	0. 336	−0. 309	−0. 011	**0. 936**
Volu. 2	0. 176	−0. 187	−0. 117	0. 320	−0. 318	−0. 024	**0. 981**
Volu. 3	0. 230	−0. 248	−0. 140	0. 306	−0. 322	−0. 006	**0. 908**

注：粗体值表示在指定的结构上加载项。

表 6-4　　构面的判别效度

因子	Accu	Comp	Cred	Curr	Form	Inte	Volu
Accu	**0. 992**						
Comp	−0. 421	**0. 989**					
Cred	0. 040	0. 289	**0. 986**				
Curr	0. 026	0. 179	0. 052	**0. 992**			
Form	0. 139	0. 332	0. 831	−0. 035	**0. 964**		
Inte	0. 669	0. 093	0. 383	−0. 094	0. 402	**0. 961**	
Volu	0. 200	−0. 200	−0. 125	0. 336	−0. 330	−0. 019	**0. 942**

注：对角线上的粗体值是平均提取方差值的平方根。

三　结构模型

基于 SmartPLS 3. 2. 7，通过对模型路径系数进行了显著性的 t 检验。原始样本数为 259 人，最大迭代次数为 5000 次，路径系数如图 6-2 所示。在本书提出的六个假设中，有五个已经通过了显著性检验。实证研究结果表明，影响消费者信任度的主要因素是完整性、可信度、时效性、准确性和格式。路径系数反映了不同潜在变量对消费者信任意愿的影响程度。结果表明，准确性的影响最大，其余因素的影响程度依次为完整性、可信度、时效性和格式。

模型的可预测性可以通过决定系数（R^2）来评估。R^2 越大，测量变量对潜在变量的解释能力越强。一般而言，当 R^2 为 0.25—0.5 时，解释力较弱；当 R^2 为 0.5—0.75 时，解释力适中①。在本书中，消费者信任意向模型的解释度为 72.7%，说明模型的解释力符合要求。

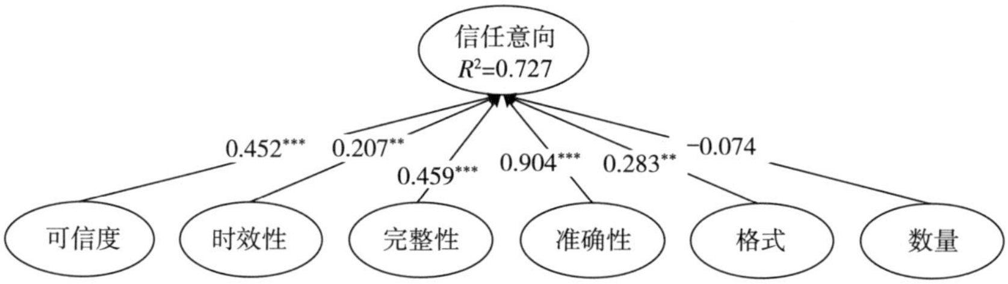

图 6-2　研究模型的路径系数

注：＊：$p<0.05$、＊＊：$p<0.01$、＊＊＊：$p<0.001$。

第五节　讨论和影响

一　主要结论

在以往研究的基础上，本书首先重新审视了在线评论的含义，并进一步指出，影响信息质量的影响因素包括准确性、时效性、完整性、可信度、格式和数量②。本书通过实证研究，并控制第五章提出

① Fornell C., and Larcker D. F., "Evaluating Structural Equation Models with Unobservable Variables and Measurement Error", *Journal of Marketing Research*, Vol. 18, No. 1, 1981, pp. 39-50.

② Cao C. and Yan J., "Towards a Trust Model for Trust Establishment and Management in Business-to-Consumer E-Commerce", in 11th IEEE International Conference on Autonomic and Trusted Computing, Bali, Indonesia, December 9-12, 2014.

的三维集成信任模型的另外两个主要影响因素：个人态度和 TTP，来检验在线评论的信息质量对信任行为意愿的影响。我们试图确定影响信息质量的不同因素及其对信任行为意愿的进一步影响。通过 PLS 对样本数据的分析，本书发现，在线评论质量主要受准确性、时效性、完整性、可信度和格式的共同影响。换言之，在线评论内容的准确性、信息的充分性、发布时间、评论者的声誉和信息呈现方式都不同程度地影响了消费者的信任意愿。只有符合高质量标准的在线评论信息，才会对消费者的信任意向产生积极而重要的影响。

第一，就不同因素的影响而言，信息的准确性似乎对消费者的信任意愿有着最重要的影响。消费者希望从评论中获取准确的信息[①]。我们认为，由于网络购物环境会出现各种评论，只有那些对购物体验有准确、真实和可靠描述的评论才能吸引消费者的注意，并影响他们的意愿。第二，信息的完整性对消费者的信任意愿也有非常重大的影响。详细、包含充分信息的评论将有助于消费者了解在线交易的各个方面，从而更有效地帮助消费者做出决定。第三，信息的时效性，即信息的及时性，也对消费者的信任意愿有重大影响。评论发布的时间越近，就越能代表产品或服务的当前状态，从而使消费者能够有效地了解最新情况，并了解他们在购买商品时面临的问题或风险，从而做出更准确的决策[②]。第四，评论者的可信度对信任意愿有重要影响。高可信度的信息被认为是一个重要因素，原因是这些信息提供者往往具有更专业的能力、知识和更广泛的经验。因此，消费者对他们有更高的信任度。这也反映了消费者在网购环境中更容易受到名人或权威人士影响的心理[③]。在查看意见领袖或可信赖专业人士的评论后，他们可以很容易地做出行为决策。第五，信息的呈现方式对信任意愿也有重大影响。信息是否整齐可读，会影响消费者获取该信息的难易程

① 邱鸿峰、吴胜涛：《网络使用、公众信任与水污染风险传播》，《国际新闻》2013 年第 10 期。

② 李继承、蔡伟彬：《在线评论有用性影响因素与组态分析——基于负二项回归和 fsQCA 方法》，《资源开发与市场》2023 年第 1 期。

③ 张传杰等：《微信营销模式下消费者感知对其消费决策的影响研究》，《商业经济研究》2017 年第 3 期。

度。这个因素的影响最小，原因是目前企业和审查员都非常重视信息的呈现方式，并且通常遵循人机交互的设计原则。因此，从消费者的角度来看，这个因素变得不那么重要了。第六，在线评论的数量对消费者信任意愿的影响并不显著。在我们看来，其原因是信息量可以在一定程度上揭示产品或服务的受欢迎程度，但本书讨论的是对信任的影响，而不是购物意向，它不能用作判断信息质量的标准。消费者的信任受信息具体内容的影响，而不是数量。尽管更多的信息数量可能会增加消费者找到有价值信息的可能性，但不一定会导致消费者信任意愿的改善或恶化。这主要是因为消费者通常只需要阅读并深入了解一个或几个特定的评论。

二　理论意义

随着电子商务的不断发展，学者对在线评论领域的研究兴趣越来越大①。本书也对这一领域做出了一些贡献。首先，大多数相关研究表明，在线评论质量与消费者行为之间存在显著的正相关关系，但很少有研究讨论信息质量的不同影响因素。本书试图综合影响信息质量的不同因素，并将其呈现在一个完整的框架中。研究结果为理解信息质量提供了一个全面的视角。

其次，本书深入探讨和比较了影响评论质量的不同影响因素，进一步揭示了其对消费者信任意愿的影响，并分析了影响的差异。这有助于研究人员更好地了解信息质量影响因素的内部机制。本书鼓励研究人员在研究在线评论对消费者行为和决策影响的同时，考虑本书提出的各种因素的复杂影响。

三　实践意义

在线评论对企业意义重大，因为企业可以利用它在电子商务环境中建立潜在的消费者信任，创建一个可靠的反馈机制，收集相关信息、改善营销②。然而，正如研究人员所指出的那样，只有高质量的

---

①　王少兵、吴升：《采用在线评论的景点个性化推荐》，《华侨大学学报》（自然科学版）2018 年第 3 期。

②　徐一钊等：《竞争性环境下在线评论驱动的新产品开发：基于 QFD 的视角》，《系统工程》2022 年第 5 期。

在线评论信息才能对消费者的行为意愿和决策产生重大影响①。因此，企业应尽力为消费者展示高质量的在线评论信息。本书结果可为企业评判在线评论的质量及其影响因素提供宝贵的指导。为此，本书为相关从业人员提供以下两点建议。

首先，企业在判断在线评论的质量时，应全面考察以下因素：准确性、时效性、完整性、格式和可信度。更具体地说，一条对消费者行为和决策有重大影响的高质量信息应具有以下特征。一是在线评论中提供的信息是准确、真实、可靠和详细的。二是评论信息是完整、充分和全面的。三是评论信息应该是最新的，而不是陈旧过时的。四是评论信息的格式（展示）应遵循易用性及友好性的设计原则，以最大限度地方便消费者获取有关资料。五是评论信息的提供者应该是高度可信的。

其次，企业应该意识到，在线评论提供者在发布评论时不一定提供符合上述所有标准的信息。更常见的情况是，一条信息仅在一个或几个方面具有高质量特征。正如本书所指出的，消费者所感知的信息质量的影响因素按影响程度降序排列，是准确性、完整性、可信度、时效性和格式。因此，企业在处理大量在线评论信息时，应按照上述顺序优先呈现影响力较大的信息，从而对消费者的信任意愿产生较大影响。

第六节　局限性和展望

虽然本书提出的研究框架是从相关理论和以往研究成果发展而来的，但它不可避免地有其自身局限性。首先，在这项研究中使用PLS 的一个重要原因是，该方法特别适合在小样本量下使用。本书中的样本数量满足样本量的最低要求，但更大的样本量可以提高模

① 王晓虹、周楚：《医患纠纷报道在线评论与受众对医态度关系研究》，《新闻大学》2019 年第 8 期。

型测试和估计的准确性。其次，259 个样本的人口特征显示，本次调查的受访者主要为 18—34 岁年龄段，且大部分受访者受过良好的教育，拥有学士或学士以上学位。这在一定程度上符合亚太市场网购者的特点，但研究结果可能仍面临代表性不足的问题。因此，这些结果在解释在线评论质量对消费者信任意愿的影响因素方面存在一定的局限性。

未来的研究将适当增加数据收集，并在更广泛人群中考虑消费者对这些影响因素的理解和看法，以解决上述两个问题。未来的研究还可以调查不同国家的结果是否不同。这主要涉及文化、购物环境、个人情况等因素对本书模型中关系的调控作用。这些研究结果可以进一步丰富本书的理论框架，完善影响在线评论质量的机制，增强我们对信息质量的整体认识。

第七节　研究结论

在线信任是电子商务发展中需要考虑的一个关键因素，而在线评论是影响消费者信任行为和购物意愿的重要因素①。此外，大量实证研究指出，高质量的在线评论信息对消费者的信任意愿和决策有更显著的影响。为了更好地理解在线评论质量的功能和机制，本书在前人研究的基础上，依托 TPB 和三维集成信任模型构建了一个研究模型和假设。通过基于 259 个数据样本的实证研究，使用 PLS 来评估模型并检验假设。本书认为，在线评论质量的影响因素主要包括准确性、时效性、完整性、可信度、格式和数量。研究结果进一步表明，除数量外，其他所有因素都对消费者的信任意愿有显著影响。本书还发现了不同因素影响存在差异。其中，信息的准确性和完整性似乎最具影响力。虽然可信度和格式也可能产生一些影响，但上述因素显然占主导

① 朱丽叶等：《在线用户评论质量与评论者等级对消费者购买意愿的影响——产品卷入度的调节作用》，《管理评论》2017 年第 2 期。

地位。通过构建信息质量框架，本书解释了影响信息质量的不同因素，并阐述了它们的作用机制。研究结果是理解电子商务环境下在线评论的信息质量为消费者信任意愿的影响提供了新的视角，这对研究人员和从业者都有好处。

第七章

不同渠道在线评论的影响

如前两章所指出的，在线评论可以显著影响消费者的信任意向，而信息质量对影响程度有调节作用。随着对获取在线评论的进一步探索，我们发现消费者可以从不同的渠道获取信息。虽然相关研究表明，在线评论对消费者的信任行为，乃至网上购物的倾向有很大的影响，但很少有人探讨来自不同渠道的在线评论的影响是否存在差异。在本章中，消费者可获得的在线评论信息渠道分为三种类型：基于卖家、基于代理和基于社会性网络服务（Social Network Service，SNS）。利用实验方法，我们研究了来自不同渠道的在线评论信息对消费者信任的影响。研究结果如下：第一，数据分析结果支持本书中综述渠道的定义和分类。第二，来自不同渠道的评论信息对消费者信任的影响程度不同。第三，消费者在 SNS 上查看的评论信息对其信任影响最大，而企业自身环境的评论影响最小。最后，本书发现基于代理和基于 SNS 的在线评论的影响没有显著差异。

第一节　背景介绍

随着互联网技术的进一步发展和广泛应用，消费者可以自由地分享自己在网络购物环境中购买和使用特定产品的体验，还可以从几个方面对所购买的产品或服务的价格或性能进行评论[①]。由于电子商务的虚拟性质，消费者不能像在实体店中那样看到实体商品，因此网络购物通常存在相当大的不确定性和风险[②]。此时查看其他消费者的评论和发布在互联网上的信息成为一种有效的风险控制方法。实证研究表明，评论信息对消费者决策有重要影响，但研究人员尚未深入研究不同的信息渠道是否对消费者的信任和决策有不同的影响。

在回答上述问题之前，了解什么是在线评论非常重要。通过文献综述，我们发现不同的研究人员对在线评论的定义不同。有学者将其定义为消费者在制造商或第三方网站上提供的产品评论；也有学者将其视为真实的、潜在的或曾经的消费者对产品或公司的正面或负面评论，评论通过互联网向大众或组织提供；还有学者认为在线评论是相关方之间关于产品或服务的使用与功能信息的交流，交流的各方都可以被定义为消费者。

本书重新定义了在线评论的含义。根据相关学者对消费者信任的影响因素的研究，我们将在线评论定义为消费者在在线购物网站或其他网络媒体（如其他评论网站、论坛、社交网站、博客、微博和即时通信工具）上发布的对产品或服务、购买体验和相关公司的意见和看法。消费者的这种看法可能是积极的，也可能是消极的，并且源自他们的个人经历或他人（如家人、朋友或同事）经历。在线评论已经成为消费者购买产品或者服务的重要参考[③]。

为了了解消费者从不同渠道获得的在线评论信息是否对消费者信任有不同程度的影响，本书采用试验方法进行验证。首先，本书构建了虚拟在线旅游产品网站，并招募了 100 名参与者进行试验。然后，我们在不同渠道的发布在线评论信息，以衡量参与者的信任倾向。通

---

① Hennig-Thurau T., et al., "Electronic Word-of-Mouth Via Consumer-Opinion Platforms: What Motivates Consumers to Articulate Themselves on the Internet?", *Journal of Interactive Marketing*, Vol. 18, No. 1, 2004, pp. 38-52.

② 叶乃沂、周蝶：《消费者网络购物感知风险概念及测量模型研究》，《管理工程学报》2014 年第 4 期。

③ 殷国鹏：《消费者认为怎样的在线评论更有用？——社会性因素的影响效应》，《管理世界》2012 年第 12 期。

过 PLS-SEM 对测量模型进行分析后，我们的研究假设通过了 PLS-MGA 的检验。结果表明：来自不同渠道的在线评论信息对消费者信任的影响程度不同；基于 SNS 的在线评论信息和基于代理的在线评论信息的影响程度没有统计学上的显著差异，但与基于卖家的在线评论信息相比，它们对消费者信任水平的影响更显著。

第二节　理论框架

有关于消费者信任影响因素的研究采用了基于 TPB 的三维综合信任模型。该研究指出，当信任行为发生时，大多数消费者受到自己意愿的控制①。此外，消费者的信任意向是决定其信任行为是否发生的重要因素，而信任意向是由消费者对信任行为、TTP 和其他消费者的在线评论的个人态度共同决定的，该模型详见第四章。在上述研究的基础上，本章重点探讨不同渠道信息对消费者信任的调节作用。换句话说，本章回答了以下两个问题：第一，消费者是否通过不同的渠道来浏览在线评论？第二，如果存在不同的渠道，那么它们对消费者信任意向的影响是否存在差异？因此，为了研究渠道对在线评论的调节作用，我们构建了一个基于 TPB 和第五章提出的三维综合信任模型的核心因素的研究模型。

为了比较在线评论的不同渠道，我们首先尝试总结了消费者的可获得渠道。产品的在线购买可以直接在卖方的网站上实现，或者在第三方销售平台（如亚马逊、eBay、淘宝等）上间接实现。这是消费者可获得在线评论信息的两种不同渠道。然而，随着互联网的不断发展和社交媒体的广泛应用，越来越多的消费者通过 Meta（脸书，原名 Facebook）、Twitter（推特）、WeChat（微信）等社交媒体获得大量的用户评论信息，从而形成了在线评论的第三渠道。

① 杨翾等：《基于 TAM/TPB 的感知风险认知对用户信任及其行为的影响研究——以支付增值产品余额宝为例》，《管理评论》2016 年第 6 期。

在此基础上，我们定义了消费者可用的渠道如下：渠道是指当信息通过其获取或传递信息的媒介，从分销商转移到接收者时。这种媒介可能是另一个消费者、卖家或第三方平台。本书将在线评论的渠道分为基于卖家、基于代理和基于 SNS 三类，如图 7-1 所示。

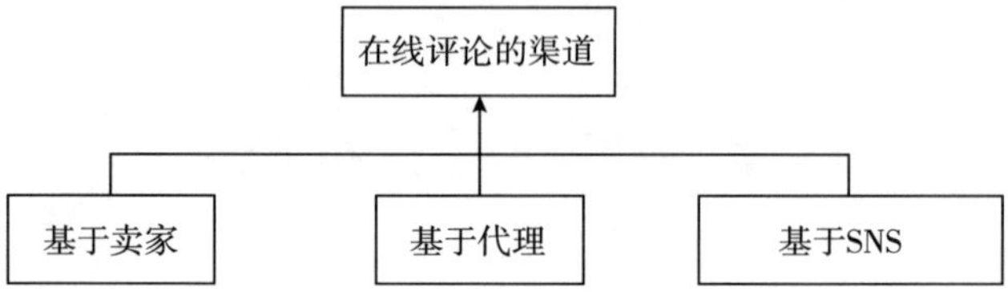

图 7-1　消费者获取在线评论的渠道

在基于卖家的在线评论中，用于发布和交换评论的网站属于卖家，卖家保留在此环境中发布的评论信息的所有权。例如，让我们来看看硬件卖家苹果公司的网站，如图 7-2 所示。它的网上商店为消费者提供产品评级和其他客户的评论，因此他们可以浏览相应的评论信息，以阅读其他买家对产品优点和缺点的描述。正如其他研究表明的那样，由于在线环境的虚拟性质，在线评论的可信度至关重要，并对消费者的接受程度和信任评论的倾向有着深远影响①。由于这个渠道的评论信息发布在卖家的网上商店，卖家往往有权删除不利的评论，这将在一定程度上削弱消费者的信任度。其主要原因是潜在消费者通过阅读其他消费者对其购物体验和产品的评论，建立了对不熟悉的卖家的信任。有学者指出，负面服务水平的在线评论的影响力显著大于产品质量评论的影响力②。在这个过程中，如果卖家可以干预、删除或质疑消费者评论，就可能会影响在线评论在消费者心目中的一般可信度。

① Ma H. -L. , and Song G. -X. , "An Overview of Trust Mechanism and Applications of E-Commerce", in 2011 International Conference on Management and Service Science Management and Service Science, Wuhan, China, August 12-14, 2011.

② 阮燕雅：《负面在线服务评论与产品评论对消费者在线信任的影响研究》，《中国经济问题》2015 年第 1 期。

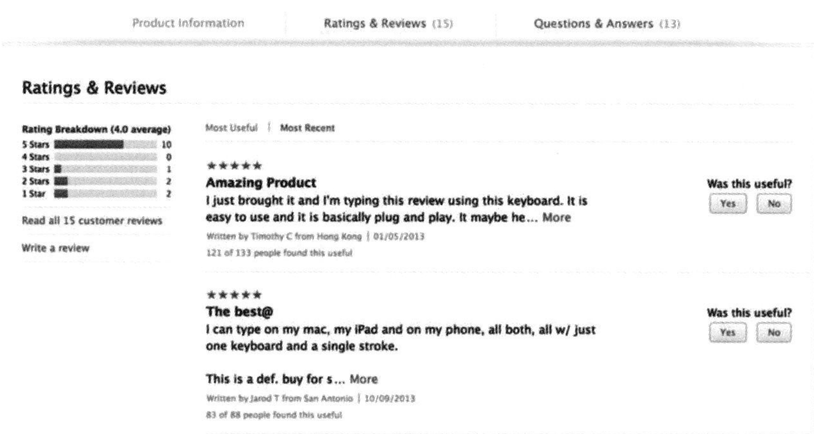

图 7-2 在线苹果商店中的评论

在基于代理的在线评论中，用于发布和交换在线评论的网站属于独立的第三方，如第三方销售平台或评论代理。该产品的销售商不保留对该信息的所有权。以 eBay 为例（见图 7-3），卖家可以通过这个在线销售平台发布和销售他们的产品。潜在消费者可以通过利用 eBay 提供的评级系统来确定任何卖家的可信度。此外，在每笔交易中，消费者都可以对产品质量和卖家行为的各个方面进行详细的评估和描述，并公开在 eBay 的评论信息展示平台上，从而帮助其他消费者有效地评估其产品的可信度。有学者在一项实证研究中指出，真实可靠的在线评论对消费者的信任和购买意向具有强烈的积极影响①。同时，其他研究人员称，在线评论交流平台的可信度也可能显著影响消费者的接受程度和信任倾向。代理平台发布的评论信息是独立的，不受卖家的控制，比卖家自己的渠道更加独立、真实。因此，消费者从该渠道所获得的在线评论信息被认为是高度可靠的。

① Cheung C. M., et al., "The Impact of Electronic Word-of-Mouth: The Adoption of Online Opinions in Online Customer Communities", *Internet Research*, Vol. 18, No. 3, 2008, pp. 229-247.

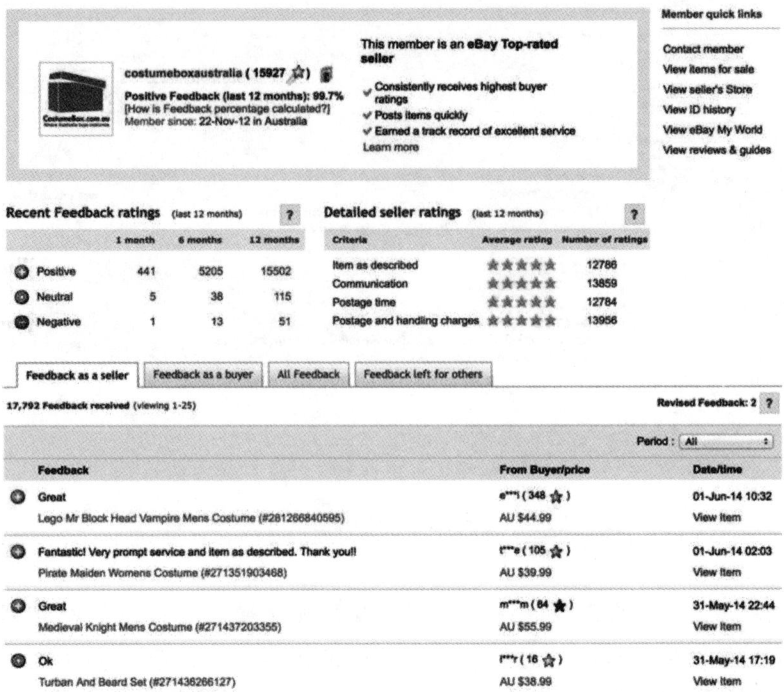

图 7-3　eBay 的在线评论和评级系统

在基于 SNS 的在线评论中，在线评论的交换主要发生在社交网络环境中，如社交媒体网站、博客、微博、即时通信工具等网络媒体。信息分销商保留此类信息的所有权和修改权。随着社交媒体的广泛使用，大量消费者通过社交媒体工具（如脸书）与社交网络中的联系人（如亲戚、同事和朋友）分享他们对某种产品或服务的评论，如图 7-4 所示，消费者评论自己所购买的索尼电视上有一块蓝色斑点，并且通过他们的客户支持网站联系了索尼，15 分钟后他们回复了一个相当愤怒的回答。消费者评论认为电视出现故障是他们的问题，希望能够得到解决。这种分享评论的方式更具互动性和共鸣性。来自该渠道的信息可以在没有其他代理商的帮助下进行交流，因此，消费者更容易获得真实详细的评论信息。由于社交网络中的联系比与不熟悉的消费者的联系更紧密，因此，这些评论对消费者信任的影响更为明显[①]。打折明显的商业广告功能和兴趣，这个频道的评论往往非常值得信赖。

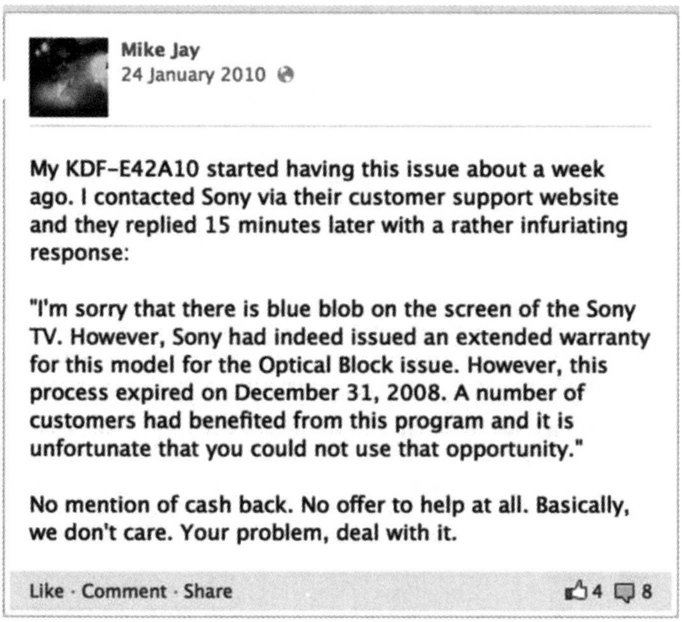

图 7-4　社交媒体中的在线评论

上述三个渠道反映了将评论信息从发送方传输到接收方的不同方式。它们的区别在于，在第三方平台上发布的评论信息独立于卖家。信息的呈现方式和管理规则取决于分发信息的具体地点。来自基于卖家的渠道的评论信息通常在卖家分析、排序和优化后呈现给潜在消费者。基于 SNS 的评论信息直接在评论者的社交网络中分发，而无须代理的帮助或处理。

本书通过对上述三个渠道的比较和解释，表明来自不同渠道的在

① 武鹏飞、闫强：《在线评论对社交网络中电子口碑采纳的影响研究》，《北京邮电大学学报》（社会科学版）2015 年第 1 期。

线评论对消费者信任度的影响程度不同。因此，本书提出了以下研究假设：

假设 7-1　消费者在基于卖家的渠道和基于代理的渠道上感知的在线评论信息之间存在显著差异。

假设 7-2　消费者在基于卖家的渠道和基于 SNS 的渠道上感知的在线评论信息之间存在显著差异。

假设 7-3　消费者在基于代理的渠道和基于 SNS 的渠道上感知的在线评论信息之间存在显著差异。

第三节　研究设计

一　研究模式

本书利用 SEM 分析了不同渠道对消费者信任意愿的影响。此外，通过测量和比较不同治疗组中消费者查看的在线评论内容对信任的影响，来检验研究假设。

二　实验设计

为了检验来自不同渠道的在线评论对消费者信任程度的影响（基于第四章提出的三维综合信任模型），本书提出了该研究假设的研究模型，如图 7-5 所示。本书根据不同渠道的在线评论划分了三个试验组。向每个试验组的参与者展示了一个模拟的在线旅游产品购物网站。本网站主要包括两个内容部分：旅游产品介绍信息和来自不同渠道的消费者评论信息。为了让它看起来更真实，网站设计基于一个真正的在线旅游网站。在访问虚拟网站之前，我们向每个参与者介绍了试验场景。然后，参与者有 10 分钟的时间浏览旅游产品信息和回顾信息，并有 5 分钟的时间完成调查问卷。

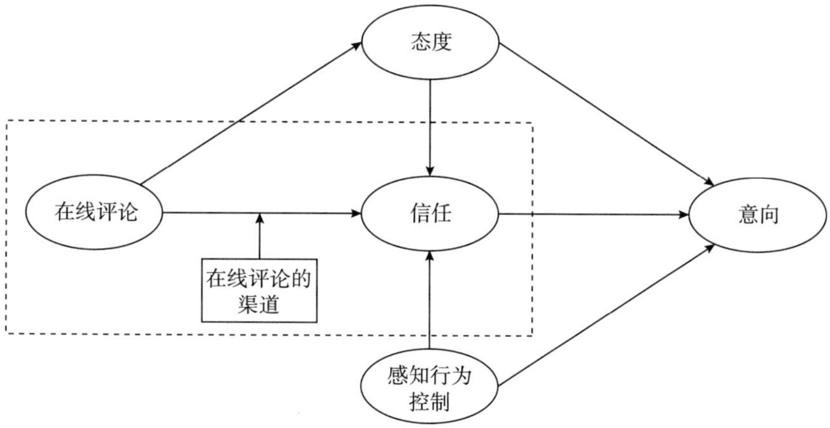

图 7-5　研究模型

试验场景设置如下：作为在线旅游产品的潜在买家，所有参与者都有足够的金钱和时间来完成一次旅行。通过模拟网站上显示的信息，参与者决定是否购买，并完成了有关其行为、态度和信任程度的问卷调查。为了确保参与者的决定不受网站设计的影响，本试验中显示的对所有试验组的模拟网站非常相似。同时，试验还控制了旅游产品信息的呈现以及具体内容和点评次数，保证这些因素不会对试验结果造成干扰。在限制了其他变量对消费者行为的影响之后，每个试验组之间的唯一区别就变成了在线评论的不同渠道。

虽然 PLS-SEM 在小样本量的情况下具有良好的解释力，但大样本量可以提高模型检验的一致性①。对 PLS 样本量的要求是，最小样本量是模型中任何因变量的最大预测因子数量的 10 倍。本书中研究模型的最大指标数量为 5 个，这意味着最小样本量应为 50 个。为了进一步提高模型的解释力，我们收集了 100 个数据样本，进行了四次试验。每个试验有 25 名参与者，总共 100 名参与者，其人口统计概况见表 7-1。参与者由三个不同的模拟网站随机选择和测试，每个网站都包含一种类型的在线评论渠道。

① Hair J. F. , et al. , "An Assessment of the Use of Partial Least Squares Structural Equation Modeling in Marketing Research", *Journal of the Academy of Marketing Science*, Vol. 40, No. 3, 2012, pp. 414-433.

表 7-1　　受访者人口统计概况（$N=100$）

指标	类别	数量（人）	百分比（%）
性别	男性	57	57.00
	女性	43	43.00
年龄	25 岁以下	41	41.00
	25—34 岁	53	53.00
	34 岁以上	6	6.00
教育水平	中学学历	37	37.00
	本科学位	54	54.00
	研究生学位	9	9.00
互联网经验	6—8 年	6	6.00
	9—10 年	26	26.00
	10 年以上	68	68.00
购物频率	3—6 次/年	8	8.00
	7—11 次/年	39	39.00
	11 次/年以上	53	53.00

三　数据分析

本书采用 PLS-SEM 对相应量表的信效度进行检验，确保量表在测量相关变量时具有适度的可靠性、稳定性和一致性。然后，通过 Bootstrapping 算法计算，对三个不同渠道的模型路径系数进行显著性 t 检验，以确定来自不同渠道的在线评论对消费者信任度是否有显著影响。然后，使用参数检验将这些渠道成对比较，以确定不同渠道的影响是否存在显著差异。

第四节　研究结果

一　测量模型

本书采用 PLS-SEM 对研究模型的有效性进行了检验和评估，并利用 SmartPLS 3.2.7 软件对数据进行了处理和分析。测量模型的评估意味着评估测量项目和潜在变量的关系，并判断理论模型与样本数据之间拟合有效性。它主要涉及信度和效度检验。

信度检验主要是为了评估在测量相关变量时，是否可靠、稳定和一致。本书采用组合信度（Composite Reliability，CR）评估内部一致性信度，并利用平均提取方差值（Average Variances Extracted，AVE）评价指标的可靠性。CR 大于或等于 0.7 表示非常高的可靠性；AVE 大于 0.7 意味着指标具有良好的可靠性。在表 7-2 中，所有潜在变量的 CR 均大于 0.7，说明该量表具有良好的内部一致性信度。

表 7-2　　构造的描述性统计量

因子	问项数	CA	CR	AVE
态度（ATT）	4	0.992	0.994	0.976
感知行为控制（PBC）	3	0.944	0.964	0.899
在线评论（OR）	2	0.957	0.979	0.959
购买意向（PI）	2	0.981	0.991	0.982
信任（TRU）	5	0.993	0.995	0.974

注：CA：Cronbach's α；CR：Composite Reliability；AVE：Average Variances Extracted。

在评估测量模型的有效性时，往往需要对内容效度、收敛效度和判别效度进行评价[①]。内容效度是指测量内容代表测量对象的程度。本书中测量变量的量表是从经典文献中选择的量表，因此具有良好的内容效度。收敛效度是指同一潜在变量的指标之间的相关程度，通常通过 AVE 和 CR 来评估。如果 AVE 不小于 0.5 且 CR 不小于 0.7，则测量模型具有良好的收敛有效性。如表 7-2 所示，对应的 AVE 和 CR 值均高于上述门槛，表明本书中的测量模型具有良好的收敛效度。

判别效度是指不同潜在变量的指标不相关的程度，主要用来评估潜在变量之间的差异程度。判别效度通常通过福内尔拉克尔准则（Fornell-Larcker Criterion）和交叉载荷（Cross-Loadings）来评估。福

① Bagozzi R. P., and Yi Y., "On the Evaluation of Structural Equation Models", *Journal of the Academy of Marketing Science*, Vol. 16, No. 1, 1988, pp. 74-94.

内尔拉克尔准则要求潜在变量 AVE 的平方根应大于其与相关潜在变量之间的相关系数。在交叉载荷的检验方面，当每个测量项的标准外部载荷大于其他测量项的交叉载荷时，测量模型具有良好的判别效度。如表 7-3 和表 7-4 所示，本书结果符合标准，证明该测量模型具有良好的判别效度，测量模型的整体质量令人相当满意。

表 7-3　　构面之间的相关性

因子	ATT	PBC	OR	PI	TRU
ATT	**0.988**				
PBC	-0.038	**0.948**			
OR	0.846	0.120	**0.979**		
PI	0.889	-0.130	0.820	**0.991**	
TRU	0.878	-0.021	0.847	0.952	**0.987**

注：对角线上的粗体值是平均提取方差值的平方根。

表 7-4　　因子载荷和交叉载荷

因子	ATT	PBC	OR	PI	TRU
ATT1	**0.990**	-0.037	0.836	0.876	0.865
ATT2	**0.988**	-0.045	0.838	0.88	0.866
ATT3	**0.988**	-0.040	0.828	0.881	0.867
ATT4	**0.986**	-0.027	0.843	0.878	0.872
PBC1	-0.046	**0.949**	0.124	-0.115	-0.006
PBC2	-0.031	**0.939**	0.101	-0.114	-0.015
PBC3	-0.032	**0.955**	0.116	-0.138	-0.035
OR1	0.834	0.085	**0.980**	0.817	0.844
OR2	0.823	0.150	**0.979**	0.788	0.813
PI1	0.884	-0.126	0.816	**0.991**	0.945
PI2	0.879	-0.131	0.809	**0.991**	0.941
TRU1	0.866	-0.004	0.836	0.936	**0.988**
TRU2	0.866	-0.007	0.841	0.942	**0.988**
TRU3	0.855	-0.014	0.836	0.936	**0.986**
TRU4	0.871	-0.034	0.833	0.937	**0.986**
TRU5	0.873	-0.044	0.831	0.945	**0.986**

注：粗体值表示在指定的结构上加载项。

二　多群组分析

通过在 SmartPLS 3. 2. 7 中应用 Bootstrapping 算法对路径系数进行了显著性检验（t 检验）。原始样本的大小为 100 个，引导子样本的数量为 5000 个；每个试验组的路径系数的显著性测试结果显示在图 7-6 中。

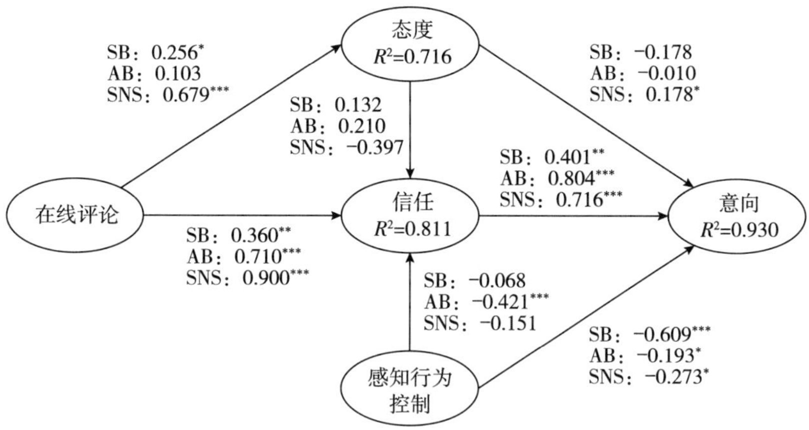

图 7-6　研究模型的三个渠道的路径系数

注：SB：基于卖家；SA：基于代理；SNS：基于社交媒体服务。*：p<0. 05；**：p<0. 01；***：p<0. 001。

为了了解消费者从不同渠道的感知到的评论信息的差异，本书比较了这些渠道的 PLS 路径模式。模式关系的显著差异代表了异质性的存在。此外，为了检验本章中的研究假设，我们使用 PLS-MGA 来比较来自不同渠道的在线评论对消费者信任意愿的影响。我们根据 Sarstedt 等提出的 PLS-MGA 参数方法，三个渠道两两成对进行了比较①。我们采用式 7. 1（PLS-MGA 的参数化方法）和独立样本的 t 检验来确定不同实验组（不同渠道）之间是否存在显著差异，比较结果见表 7-5，有关研究假设的结论见表 7-6。

① Sarstedt M., et al., "Multigroup Analysis in Partial Least Squares (PLS) Path Modeling: Alternative Methods and Empirical Results", *Advances in International Marketing*, Vol. 10, No. 22, 2011, pp. 195-218.

$$t=\frac{Path_{Sample\_1}-Path_{sample\_2}}{\left[\sqrt{\frac{(m-1)^{2}}{(m=n-2)}\times S.\quad E.{}^{2}_{sample1}+\frac{(n-1)^{2}}{(m+n-2)}\times S.\quad E.{}^{2}_{sample2}}\right]\left[\sqrt{\frac{1}{m}+\frac{1}{n}}\right]}$$

（式 7.1）

表 7-5　　参数显著性检验

路径	t-value 1vs2	t-value 1vs3	t-value 2vs3
OR->TRU	2.197*	2.160*	0.816

注：1：基于卖家；2：基于代理；3：基于 SNS。*：$p<0.05$；**：$p<0.01$；***：$p<0.001$。

表 7-6　　研究假设的结果

假设	结果
7-1　消费者在基于卖家的渠道和基于代理的渠道上感知的在线评论信息之间存在显著差异	支持
7-2　消费者在基于卖家的渠道和基于 SNS 的渠道上感知的在线评论信息之间存在显著差异	支持
7-3　消费者在基于代理的渠道和基于 SNS 的渠道上感知的在线评论信息之间存在显著差异	不支持

第五节　讨论和影响

一　讨论

本书在文献综述的基础上，重新定义了在线评论的含义，并进一步指出了消费者可获得的在线评论信息渠道之间的差异。该研究加深了我们对消费者可获得的评论信息渠道的理解，并有助于探索哪些渠道对消费者信任有更大的影响。实证研究和相应实验的结果表明，不同的评论信息渠道对消费者信任度有不同程度的影响。

通过 PLS-MGA，我们比较了来自不同渠道的评论信息对消费者信任的影响是否存在显著差异。结果表明，消费者在社交网络上查看的评论信息比在卖家平台上查看的评论信息对信任的影响更大。造成这种现象的可能原因有三个：首先，社交网络放大了产品在消费者心目中的口碑①，在线评论在消费者购买行为中扮演着越来越重要的角色②。由于社交网络中评论信息的提供者与消费者的关系更密切，他们的意见更容易被接受。正如某研究人员所揭示的那样，他们可能与消费者具有相同的爱好或行为特征，因为他们处于同一个社交圈③。这就是为什么其他人的消费体验更有可能影响消费者的潜在行为。其次，在社交活动中，由于随波逐流或羊群效应，人们通常喜欢受欢迎的产品或者朋友使用过的产品，再做出类似的购买决定。社交网络中传播的相关信息加剧了这一现象。通过社交媒体，消费者可以更快、更充分地了解到偶像或朋友的购物体验和产品使用体验，从而进一步影响他们的信任倾向和决策倾向。最后，目前的大多数研究表明，卖家网上商店中显示的其他消费者的评论信息可以影响消费者的购买决定④。但是，与社交网络不同，在线商店由卖家控制，因此消费者可能会担心基于卖家的评论信息的真实性和可靠性；这意味着，他们的信任在一定程度上受到了影响。值得注意的是，这项研究并没有声称来自基于卖家的渠道的评论信息根本不能影响消费者的信任。但它确实证明，与基于卖家的渠道相比，相同的评论信息对社交网络环境中的消费者信任的影响更大。

此外，通过进一步分析，我们还发现，基于代理的渠道和基于SNS的渠道的评论信息对消费者信任的影响没有显著差异。在我们看来，造成这种现象的可能原因是，这两个渠道超出了卖家的控制范围，能够反映其他消费者的真实想法。虽然第三方平台上显示的评论

① 毕继东：《网络口碑对消费者购买意愿影响实证研究》，《情报杂志》2009年第11期。

② 杜学美等：《在线评论对消费者购买意愿的影响研究》，《管理评论》2016年第3期。

③ Mc Knight D. H. , et al. , "The Impact of Initial Consumer Trust on Intentions to Transact with a Web site: A Trust Building Model", *The Journal of Strategic Information Systems*, Vol. 11, No. 3-4, 2002, pp. 297-323.

④ 李宗伟：《哪些因素影响消费者的在线购买决策？——顾客感知价值的驱动作用》，《管理评论》2017年第8期。

信息与社交网络中的在线评论不同，后者是由与消费者关系密切的人提供的，但第三方平台仍然对消费者的信任产生巨大影响，因为它们可以专业的方式提供无数的信息。例如，根据 Kim 等的相关研究，在线评论的数量越多，消费者从中找到有价值信息的机会就越大①。大量的评论也有助于消费者更全面地了解产品，然后做出更理性的决定。

二　理论贡献

近年来，随着人们对在线评论的兴趣增加和新的社交网络的出现，研究人员开始关注网络环境中的在线评论对消费者行为的影响。总的来说，本书的研究做出了以下贡献。

首先，考虑到以往对环境的研究与在线评论定义的不一致，本书重新定义了在线综述的概念。

其次，尽管许多研究表明评论信息对不同环境中消费者行为的影响，但很少有人注意到在线评论信息的不同渠道。基于之前的研究，本章详细讨论了消费者可获得的评论信息的渠道，并明确了他们的差异。

最后，我们对来自不同渠道的在线评论进行了深入比较。过去的研究关注的是评论信息对消费者行为的影响，而忽略了来自不同渠道的评论信息引起的信任行为差异。然而，这项研究确实揭示了来自不同渠道的评论信息对消费者信任的不同程度的影响，并且差异很大。因此，研究结果鼓励学者在研究在线评论对消费者的影响时考虑不同渠道的复杂影响。

三　实践意义

本书为相关行业的从业者提供了三个重要的参考意见。第一，消费者对卖家的看法可以通过提供其他消费者的评论来有效增强，从而进一步影响他们基于信任的决策。第二，研究结果表明卖家不仅要重视消费者在自己的网店中给出的评论信息，还要充分关注消费者来自

① Kim D. J., et al., "A Trust-Based Consumer Decision-Making Model in Electronic Commerce: The Role of Trust, Perceived Risk, and Their Antecedents", *Decision Support Systems*, Vol. 44, No. 2, 2008, pp. 544-564.

其他渠道的评论，包括第三方平台和社交网络。第三，由于信息发布和传播渠道的多样性，网络销售行业的从业者应合理关注来自不同渠道的各种评论信息。只有这样，才能从各个方面有效提升消费者的信任度。

本书为从业人员处理来自不同渠道的在线评论信息提供了指导。研究结果表明，来自社交网络（基于 SNS 的渠道）和第三方平台（基于代理的渠道）的评论信息对消费者的信任影响最大。在线卖家应始终优先考虑来自社交网络和第三方平台的评论信息，因为这两个渠道的在线评论对消费者的影响最大，并且在潜在客户和卖家之间建立信任方面最有效。

卖家应尽可能采用第三方公司提供的信托评级系统或平台。这是因为，正如实验结果所示，消费者对基于代理的渠道上发布的评论信息有更高的信任度，更有可能影响消费者的信任意愿和相应的行为决策。

第六节 局限性与研究方向

在未来的研究中，以下限制需要改进：第一，这项研究将消费者感知到的评论信息分类到不同的渠道。尽管在以前的研究中已经探索了分类的机制，仍可能通过更有效的方法来对这种渠道进行分类。因此，在以后的研究中，研究人员应尝试使用不同的理论作为指导，对评论信息的获取进行更深层次的探索和讨论。第二，本书构建了在线旅游网站，以测试来自不同渠道的评论信息对消费者信任的影响。然而，其他类型的产品（如数码产品、服装和视听产品）也应该在未来的研究中加以考虑，这是由于来自不同渠道的在线评论对信任的影响可能因不同类型的产品和服务而异。

第七节　研究结论

鉴于电子商务环境的虚拟和匿名性质，信任起着不可或缺的作用。在线评论是影响消费者信任行为和购物意向的重要因素。为了更好地理解其对消费者信任意愿的影响机制，本章基于相关研究，总结了在线评论的定义，然后详细讨论了在线评论渠道的含义，以及不同渠道本身。此外，通过实验方法和 PLS-MGA 数据分析，本章证实了来自不同渠道的消费者感知的在线评论在影响上存在显著差异，并进一步证明了异质性的存在。研究结果表明，消费者对来自独立的、基于代理的渠道的评论信息有更高的信任度。来自基于 SNS 渠道的评论信息对消费者行为的影响最为明显。这是因为，一方面，来自这两个渠道的信息不受卖家的控制，因此在消费者眼中更加独立和值得信赖；另一方面，来自基于 SNS 的渠道的评论信息通常由与消费者关系密切的人发布，例如家庭成员、朋友和偶像。因此，更容易吸引消费者的注意力并使信息与他们产生共鸣，从而对其信任行为产生重要影响。这项研究有利于理解消费者在不同渠道上浏览在线评论的监管作用，研究结果对研究人员和从业者都会产生巨大的效益。

第八章

基于 SNS 的在线评论有用性的决定因素

第六章、第七章指出，信息的质量和渠道可以显著影响消费者对在线评论的感知，并使其对信任意图的影响产生调节作用。数据分析结果表明，消费者更愿意信任来自 SNS 的评论信息。此外，因为 SNS 近年来越来越受欢迎，使消费者从 SNS 获得越来越多的在线评论信息。SNS 不仅可以增强消费者获取信息的能力，还可以帮助他们减少在线购物的不确定性和风险。在这项研究中，随着 TPB 和三维集成信任模型作为理论基础，我们试图确定影响 SNS 环境中在线消费者评论有用性的相关因素和框架系统，即信息的准确性、完整性、时效性和格式以及评论者的可信度。应用 PLS-SEM 后对 150 个数据样本的分析结果表明，信息的准确性和完整性是影响最大的因素，而货币对有用性没有显著影响。本书扩展了在线评论在 SNS 环境中的应用，因此可以将该研究作为企业在线营销工作的参考。

第一节　背景介绍

信息技术的进步使消费者能够以在线评论的形式分享他们对产品或服务的体验和评论，从而帮助潜在消费者减少在线购物决策中的不确定性和风险。在线评论被定义为，潜在的当前或以前的产品或企业消费者所做的正面评价或负面评价，可以通过互联网传播给公共团体或组织。现有研究结果表明，在线评论已成为消费者获取消费和使用体验可靠信息的重要来源，也是消费者控制风险的有效手段，它们可以影响消费者的信任行为和购物决策①。

鉴于在线评论可以有效影响消费者的行为意图和进一步的产品销售，因此了解在线评论的影响和机制并促进在线评论信息的广泛共享至关重要②。同时，电商企业也积极利用线上点评，制定新的线上营销策略。然而，大量的在线评论发布在网上购物环境中，消费者无法处理这么多信息。这可能导致信息过载，增加消费者的认知成本，进一步降低他们的决策效率。因此，研究人员和从业人员必须很好地了解消费者如何识别和判断在线评论的有用性。

研究人员和从业人员都探索了如何在电子商务平台上获得有用的在线评论（Taobao. com、Amazon. com），并提出了一些关于有用信息的可行反馈机制③。相关实证研究也指出，有用的在线评论可以为消费者提供更有价值的信息，有利于消费者构建相应的行为意图。另外，Web2. 0 的普及和应用，特别是蓬勃发展的 SNS，让消费者在广阔的社交网络中分享评论信息，超越时间和空间的限制，促进信息交流和沟通。在这项研究中，基于 SNS 的在线评论被定义为消费者在社交媒体网络、论坛、博客、微博和即时通信工具中发布的对产品、购物体验和企业的看法和感知。消费者的看法是积极的或消极的，这取决于他们的个人经历或其他人（如家人、朋友或同事）的经历。

与其他的在线评论相比，基于 SNS 的在线评论反映了消费者评论的信息以不同的方式从发布者转移到接收者。它们之间的区别在于：SNS 中的评价信息主要直接传播在评论员的社交圈中，没有企业的帮

---

① 祝琳琳等：《面向电子商务网站的在线评论信息质量感知机理研究》，《图书情报工作》2021 年第 6 期。

② Zhang Z. , et al. , "The Impact of E-Word-of-Mouth on the Online Popularity of Restaurants: A Comparison of Consumer Reviews and Editor Reviews", *International Journal of Hospitality Management*, Vol. 29, No. 4, 2010, pp. 694-700.

③ 严建援等：《电子商务中在线评论内容对评论有用性影响的实证研究》，《情报科学》2012 年第 5 期。

助或处理。消费者更容易获得真实详细的评论信息。但是，尽管基于 SNS 的在线评论使消费者更容易获得相关信息，但他们很难处理和识别有用的信息。现有研究已经指出了 Yelp 等评论平台和亚马逊等销售平台在线评论的影响因素，但在 SNS 环境中识别有用信息仍然是一个需要填补的空白。本书试图回答以下问题：

哪些因素会影响 SNS 环境中在线评论的帮助?

为了回答这个问题，本书采用了 TPB 和三维集成信任模型。我们研究了影响 SNS 背景下在线评论有用性的五种重要因素，即信息发布者反映的可信度以及信息接收者感知的信息的准确性、完整性、时效性和格式。本书以随机抽样获得的 221 个样本为研究对象，采用 PLS-SEM 进行定量分析，揭示了影响消费者在 SNS 中在线评论的有用性的相关因素，并比较了不同因素对有用性的影响，从而更好地理解了运行机制。研究成果不仅填补了空白，也有助于从业人员制定更有效的在线营销策略。

第二节　理论框架

随着对网购影响因素的研究深入，研究表明，网购既是影响消费者建立对卖家的信任的重要因素，也是影响消费者购物意愿的关键因素[①]。例如，许多实证研究结果表明，与传统的促销和商业广告相比，在线评论对消费者的在线信任意图甚至购物决策的影响更大[②]。这主要是因为在潜在消费者的心目中，来自其他消费者的在线评论是他们对与企业相关的商品或服务最自然、最真实的评论的表达，没有任何商业干预。因此，在线评论的接受度很高，消费者很容易相信他们的内容，导致消费者自身的决策行为受到影响。

---

① Chevalier J. A., and Mayzlin D., "The Effect of Word of Mouth on Sales: Online Book Reviews", *Journal of Marketing Research*, Vol. 43, No. 3, 2018, pp. 345-354.

② Cui G., et al., "The Effect of Online Consumer Reviews on New Product Sales", *International Journal of Electronic Commerce*, Vol. 17, No. 1, 2014, pp. 39-58.

在线评论通常非常主观，因此消费者必须对这些评论是否合理和有帮助做考虑，并且必须考虑来自不同观点的意见，有时甚至是相互矛盾的意见。消费者需要分析、比较和判断无数的评论，并筛选出有用的信息，作为未来行为和决策的参考。为了准确理解在线评论的有用性，相关研究指出了可能影响其有用性的相关因素。例如，一些研究表明，披露评论者的身份和足够的评论内容可能会提高消费者感知到的信息的有用性，并增强他们的信任度①。此外，根据相关研究，评论者的声誉和专业精神可能会对在线审稿的有用性产生重大影响②。此外，在线销售平台通常提供同行评审系统，使消费者能够建议选择有用的信息，作为其他潜在消费者的参考。例如，亚马逊提供对在线产品评论的有用性评估，并根据每个评论因其有用性而获得的投票比例对评论进行排名，支持票数较多的评论排名更高。提供有用的信息，不仅有助于消费者做出购物决定，也可以建立消费者对购物决策的信心。

回顾最近的研究，人们非常关注在线评论对消费者决策过程的影响，以及如何衡量他们的帮助程度。然而，以前的研究往往集中在影响消费者对在线购物和评论平台上信息有用性看法的决定性因素上。由于 SNS 的广泛使用，消费者不仅仅局限于在传统的线上环境中分享他们的购物体验，而是在不同平台上就产品和服务进行广泛的讨论和交流。例如，消费者可能会在脸书上向自己的圈子分享他们对某些产品或服务的看法，例如亲戚、朋友和同事，如图 7-4 所示。这种分享评论的方式使产生互动和共鸣变得更加容易。由于来自此类来源的在线评论不需要其他组织的帮助和传播，因此消费者更容易获得真实可靠的评论信息。此外，SNS 中的社会关系通常更密切，他们不是陌生的消费者，因此 SNS 环境中的在线评论对消费者的信任意图和购物决

① 黄佩华，霍红：《评论者特征对酒店在线评论有用性的影响——基于大数据和实验法的联合检验》，《资源开发与市场》2022 年第 5 期。

② Banerjee S., et al., "Whose Online Reviews to Trust? Understanding Reviewer Trustworthiness and Its Impact on Business", *Decision Support Systems*, Vol. 96, 2017, pp. 17-26.

策有更大的影响①。无论如何，尽管社交媒体无处不在，但目前尚不清楚消费者如何识别和判断来自 SNS 的有用信息。因此，从消费者的角度来看，本书试图了解影响 SNS 环境中在线评论有用性的各种因素及其影响程度。

一　理论基础

正如 TPB 所指出的，一般情况下，消费者的决定是由自己的意愿控制的，并且是理性的②。当他们有时间思考自己的行为时，行为意图是检查他们行为的最佳方式。具体来讲，消费者在网上购物环境中的信任行为和购物决策往往受到时间、金钱、信息和个人能力的限制，因此他们的行为意向往往受到其他因素的影响。本书进一步指出，消费者的个人态度、网上评论及 TTP 是影响网上环境行为意向的三个主要因素。以网络信任为例，当消费者的信任态度更活跃、在线评论更积极、TTP 的支持更强时，消费者的信任意愿更强；反之亦然。

基于上述理论，基于 SNS 的在线评论受到消费者在行为决策过程中感知到的社会压力的影响。它们反映了其他人（如消费者的家人、同事、朋友或其他消费者）或团体（如评级企业、相关领域的知名团体、消费者保护组织等）对消费者决策的影响。然而，它们的有效性反过来又受它们提供的信息的有用性的影响。

二　研究假设

通常，基于 SNS 的在线评论在线上购物环境中并不独立存在。它主要涉及两个不同的方面：信息提供者（评论者）和信息接收者（浏览评论的潜在消费者）。针对这两个方面，本书认为，决定在线评论在 SNS 环境中的有用性的影响因素主要分为两类：评论者特征和消费者感知到的信息质量特征，如图 8-1 所示。

---

①　李宗伟：《哪些因素影响消费者的在线购买决策？——顾客感知价值的驱动作用》，《管理评论》2017 年第 8 期。

②　袁可、管益杰：《消费者网络购物行为的影响因素》，《中国临床心理学杂志》2013 年第 2 期。

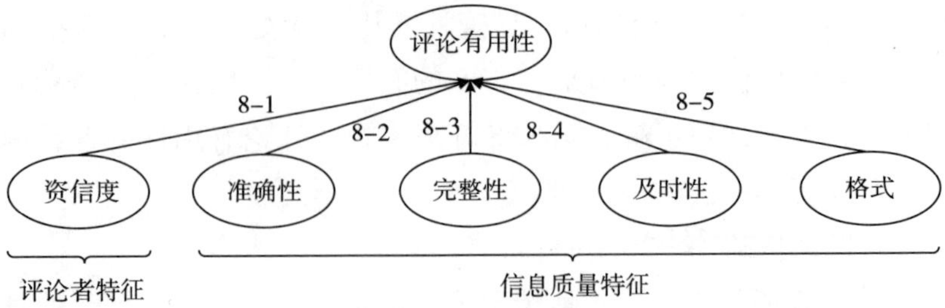

图 8-1 研究框架

资信度是指评论者在离线或在线环境中的资历或评级，反映了评论者的专业能力和专长。高度值得信赖的评论者通常对相关产品或服务有更深入的了解和信息。在 SNS 环境中，高度值得信赖的评论者也更愿意积极参与讨论并与其他消费者分享信息，因此他们的意见更容易被其他消费者接受和采纳。正如以往研究所指出的，评论者的资信度可以显著提高消费者对相关信息有用性的理解，并进一步影响他们的决策。鉴于评论信息的发布位置，SNS 环境中的评论与其他在线购物平台提供的信息不同。我们仍然认为，消费者在 SNS 中浏览在线评论时倾向于接受高资信度的评论，因为他们认为此类信息更有帮助和可靠。因此，本书提出研究假设 8-1：

假设 8-1　评论者的资信度对消费者对基于 SNS 的在线评论的帮助有积极影响。

在线评论是消费者获取产品和服务信息的重要来源①。根据以前的研究，消费者的接受程度会受到信息质量的实质性影响。换句话说，这些评论的信息质量可以显著影响消费者对其有用性的判断。一些研究人员认为，信息质量取决于描述产品、服务或购物体验的在线评论的特殊性。其他人则认为，评论内容的真实性和可靠性与产品的相关性以及信息的充分性是判断信息质量的重要标准。实证研究表明，信息质量是消费者用来衡量在线销售平台在线评论的有用性的重要因素。高质量的综述内容客观具体，有充分论据支持；但低质量的

① 郝媛媛等：《基于影评数据的在线评论有用性影响因素研究》，《管理科学学报》2010 年第 8 期。

综述内容主观抽象，没有详细和逻辑的分析。

信息质量是一个复杂而抽象的概念，研究人员试图从不同的角度来解释。这些包括几个不同的因素，例如评论的长度、信息的清晰度和内容的专业性①。然而，由于SNS与传统电子商务渠道的差异，本书旨在重新调查SNS环境中信息质量的影响因素。为此，基于信息系统的质量评估方法并根据SNS的特点，本书提出了以下四个指标：信息的准确性、完整性、及时性和格式。

准确性衡量在线评审信息反映的产品或服务评审的准确度。由于SNS中的在线评论不仅包含了对服务或产品的评论，还包含了涉及消费者生活、工作和沟通等各个方面的信息，评论信息是否准确可靠，是否与购物体验密切相关，会影响对信息有用性的感知。因此，本书提出研究假设8-2：

假设8-2　准确性对消费者对基于SNS的在线评论的帮助有积极影响。

完整性是指在线评论中提供所有必要信息的程度。在SNS发布的内容中，消费者通常更愿意分享自己的人生故事、态度和经历。在提及自己的购物体验时，信息内容是否完整、清晰、充分，将显著影响他人对这些信息的有用性的判断。因此本书提出研究假设8-3：

假设8-3　完整性对消费者对基于SNS的在线评论的帮助有积极影响。

及时性衡量的是评论者发布在线评论的时间与消费者阅读评论的时间之间的差异。当消费者浏览最新的在线评论时，他们可能会觉得这些评论代表了最新产品和服务的质量，因此他们更容易预测他们在购物过程中可能会遇到什么。因此，本书提出研究假设8-4：

假设8-4　及时性对消费者对基于SNS的在线评论的有用性有积极影响。

格式代表消费者对信息呈现效果的看法。正如之前研究所指出

---

① 杨一翁等：《消费者愿意采纳推荐吗？——基于信息系统成功—技术接受模型》，《中央财经大学学报》2016年第7期。

的，在线评论的呈现方式是否方便消费者阅读或以杂乱无章的方式呈现是否会影响消费者对此类信息有用性的判断。然而，由于 SNS 中传播的在线评论表现形式的多样性，例如 Twitter 上的短消息、脸书上的评论、YouTube 上的视频以及微信上朋友之间的对话。因此，本书提出研究假设 8-5：

假设 8-5　格式对消费者对基于 SNS 的在线评论的有用性有积极影响。

第三节　研究设计

一　量表开发

本书的问卷设计参考了相关研究的量表，然后根据 SNS 在线综述的特点进行了修改和调整。初始问卷中的所有问题（除了基本信息，如演示图形识别）均采用 1—7 的 7 点 Likert 量表进行测量，其中 1 表示"强烈不同意"，7 表示"强烈同意"。在完成最初的问卷设计后，在相关领域进行了小规模的预测试。共收集了 30 份问卷，以测试每个问题的语义和语法表达是否容易理解，以及信度和效度是否符合要求。随后，根据受访者的反馈对问卷的部分表述进行修改，最终完成正式问卷。

二　抽样和数据收集

调查问卷通过 Qualtrics. com 在线分发。共收集了 241 份问卷。在剔除那些在很短的时间内回答或那些有太多相似答案的样本后，还剩下 221 个有效样本。由于本书的这一部分主要关注 SNS 背景下在线评论的决定因素，因此无须担心非网民的数据收集。常用的 10 倍法则用于确定 PLS-SEM 样本数量。根据此规则，本书所需的最小样本量为 50。本书收集的 221 个样本可以有效提高 PLS-SEM 评估的准确性①。

① Chin W. W., and Newsted P. R., "Structural Equation Modeling Analysis with Small Samples Using Partial Least Squares", *Statistical Strategies for Small Sample Research*, Vol. 1, No. 1, 1999, pp. 307-341.

三　数据分析

PLS-SEM 对实验数据几乎没有限制，例如，PLS-SEM 即使在样本量很小的情况下仍然具有非常好的解释能力。此外，PLS-SEM 不需要数据的正态分布。此外，这种方法可以很容易地处理反射和形成测量模型的问题，而无须识别。因此，我们决定利用这种方法来评估研究框架并验证相关假设。

受访者人口统计概况如表 8-1 所示。在所有受访者中，男性参与者与女性参与者的比例为 122 : 99，这是一个比较均匀的分布。在年龄结构方面，约 76% 的受访者属于 18—39 岁年龄组。样本还显示，大多数受访者受过良好教育，其中约 77% 至少拥有学士学位。虽然样本人群在年龄和教育背景方面相对集中，但也在一定程度上符合亚太市场网购人群的整体特征。网购人群主要集中在 25—44 岁年龄段，受教育程度越高，参与网购的倾向性越强。

表 8-1　　受访者人口统计概况（N=221）

指标	类别	数量（人）	百分比（%）
性别	男性	122	55
	女性	99	45
年龄	18—29 岁	128	58
	30—39 岁	40	18
	40 岁及以上	53	24
学历	中学学历	50	23
	学士学位	98	44
	研究生学位	73	33

第四节　研究结果

一　模型评估

该研究框架通过 PLS-SEM 进行了评估。首先，我们评估了测量模型，即测量项与潜在变量的关系。其次，对结构模型进行了评估，以评估研究框架中不同潜在变量之间的关系。表 8-2 显示了基于反射指标的构造范围的测量统计。

表 8-2　构造范围的测量统计

因子	平均值	中位数	最小值	最大值	标准差	过度峰度	偏度
Help. 1	6. 109	6. 000	4. 000	7. 000	0. 855	0. 293	-0. 868
Help. 2	6. 118	6. 000	4. 000	7. 000	0. 843	0. 341	-0. 866
Help. 3	6. 109	6. 000	4. 000	7. 000	0. 844	0. 292	-0. 846
Form. 1	4. 751	5. 000	2. 000	7. 000	1. 397	-0. 297	-0. 069
Form. 2	4. 751	5. 000	1. 000	7. 000	1. 448	-0. 256	-0. 180
Form. 3	4. 765	5. 000	2. 000	7. 000	1. 407	-0. 385	-0. 056
Accu. 1	3. 729	4. 000	1. 000	7. 000	1. 311	-0. 388	-0. 154
Accu. 2	3. 706	4. 000	1. 000	6. 000	1. 311	-0. 439	-0. 170
Accu. 3	3. 715	4. 000	1. 000	6. 000	1. 292	-0. 432	-0. 203
Curr. 1	2. 149	2. 000	1. 000	4. 000	0. 862	-0. 328	0. 476
Curr. 2	2. 176	2. 000	1. 000	5. 000	0. 932	-0. 237	0. 518
Curr. 3	2. 208	2. 000	1. 000	4. 000	0. 899	-0. 546	0. 406
Trus. 1	5. 145	5. 000	3. 000	7. 000	1. 010	-0. 519	-0. 772
Trus. 2	5. 163	5. 000	3. 000	7. 000	0. 998	-0. 407	-0. 772
Trus. 3	5. 149	5. 000	3. 000	7. 000	1. 020	-0. 550	-0. 741
Comp. 1	4. 149	3. 000	1. 000	7. 000	1. 850	-1. 146	0. 008
Comp. 2	4. 172	4. 000	1. 000	7. 000	1. 824	-1. 058	-0. 045
Comp. 3	4. 199	4. 000	1. 000	7. 000	1. 824	-1. 098	-0. 032

注：Hel：有用性；Trus：资信度；Accu：准确性；Comp：完整性；Cur：及时性；Form：格式。

二　测量模型

本书采用内一致性可靠性来检验所有构造测量的可靠性。在表 8-3 中，组合信度（Composite Reliability，CR）和克朗巴赫 α（Cronbach's Alpha，CA）都大于 0. 7，表明测量具有良好的内部一致性可靠性[①]。

① Fornell C. , and Larcker D. F. , "Evaluating Structural Equation Models with Unobservable Variables and Measurement Error", *Journal of Marketing Research*, Vol. 18, No. 1, 1981, pp. 39-50.

表 8-3　　构造的描述性统计量

因子	问项数	CR	CA	AVE
有用性（Help）	3	0.967	0.979	0.938
资信度（Trus）	3	0.976	0.984	0.954
准确性（Accu）	3	0.987	0.991	0.974
完整性（Comp）	3	0.993	0.995	0.986
及时性（Curr）	3	0.961	0.974	0.925
格式（Form）	3	0.987	0.991	0.975

注：CA：克朗巴赫 α；CR：组合信度；AVE：平均提取方差值。

结构的有效性主要由内容有效性、收敛有效性和判别有效性来评估。这里使用的量表改编于现有的文献，因此具有良好的内容有效性。在表 8-4 中，其各自结构中所有测量指标的标准化外部载荷都大于 0.708，并且在表 8-3 中构造的 AVE 都大于 0.5。因此，这些构造具有良好的收敛有效性①，则任何构造的 AVE 的平方根都大于与其他构造对应的相关值。此外，在表 8-5 中，所有测量指标在各自结构中的因子载荷都大于其交叉载荷，这表明所有构造的测量都具有足够的判别有效性②。

表 8-4　　因子载荷和交叉载荷

因子	Accu	Comp	Curr	Form	Help	Trus
Accu. 1	**0.989**	0.097	0.147	0.202	0.375	0.195
Accu. 2	**0.986**	0.114	0.147	0.196	0.380	0.188
Accu. 3	**0.986**	0.083	0.128	0.215	0.376	0.215
Comp. 1	0.106	**0.994**	0.248	−0.404	0.693	0.044

① Chin W. W., et al., "A Partial Least Squares Latent Variable Modeling Approach for Measuring Interaction Effects: Results from a Monte Carlo Simulation Study and an Electronic-mail Emotion/Adoption Study", *Information Systems Research*, Vol. 14, No. 2, 2003, pp. 189-217.

② Chin W. W. and Newsted P. R., "Structural Equation Modeling Analysis with Small Samples Using Partial Least Squares", *in Statistical Strategies for Small Sample Research*, Vol. 1, No. 1, 1999, pp. 307-341.

续表

因子	Accu	Comp	Curr	Form	Help	Trus
Comp. 2	0. 103	**0. 993**	0. 226	-0. 386	0. 683	0. 063
Comp. 3	0. 086	**0. 993**	0. 235	-0. 418	0. 672	0. 043
Curr. 1	0. 156	0. 226	**0. 976**	-0. 411	-0. 051	-0. 654
Curr. 2	0. 143	0. 211	**0. 955**	-0. 434	-0. 036	-0. 641
Curr. 3	0. 094	0. 259	**0. 954**	-0. 454	-0. 027	-0. 649
Form. 1	0. 207	-0. 402	-0. 438	**0. 991**	0. 074	0. 730
Form. 2	0. 205	-0. 393	-0. 446	**0. 990**	0. 085	0. 738
Form. 3	0. 200	-0. 410	-0. 430	**0. 982**	0. 055	0. 711
Help. 1	0. 364	0. 680	-0. 056	0. 075	**0. 975**	0. 425
Help. 2	0. 359	0. 648	-0. 032	0. 083	**0. 966**	0. 416
Help. 3	0. 386	0. 669	-0. 035	0. 060	**0. 965**	0. 396
Trus. 1	0. 224	0. 033	-0. 666	0. 744	0. 428	**0. 981**
Trus. 2	0. 174	0. 044	-0. 653	0. 720	0. 400	**0. 974**
Trus. 3	0. 191	0. 071	-0. 653	0. 696	0. 418	**0. 975**

注：粗体值表示指定结构上的外部加载。

表 8-5　　　　结构间的相关性与平均方差的平方根

因子	Accu	Comp	Curr	Form	Help	Trus
Accu	**0. 987**					
Comp	0. 099	**0. 993**				
Curr	0. 142	0. 238	**0. 962**			
Form	0. 207	-0. 405	-0. 444	**0. 987**		
Help	0. 382	0. 687	-0. 042	0. 075	**0. 969**	
Trus	0. 202	0. 050	-0. 673	0. 737	0. 425	**0. 977**

注：粗体值表示平均提取方差值的平方根。

三　结构模型

通过 SmartPLS 3. 2. 7 中的 Bootstrapping 算法引导，对模型路径系数进行显著性 t 检验，如表 8-6 所示。原始样本数为 221 个，根据 PLS-SEM 研究的一般惯例，本书设定自举子样本数（Subsamples）为

5000。根据路径系数和显著性检验结果，在本书提出的五个假设中，有四个已经通过显著性检验。实证研究的结果显示，资讯的准确度、完整性、格式以及评论者的可信度对消费者在 SNS 环境下在线评论的有用性认知有显著影响。此外，本书也发现资讯流通性对消费者对线上评论的有用性认知并无显著影响。最后，本书还发现，在消费者对资讯有用性的判断过程中，不同因素的影响是不同的。信息的完整性是最重要的因素，其次是准确性、格式和可信度。

表 8-6　　显著性检验

路径	路径系数	假设	t 统计量
Trus->Help	0. 177	H8-1	1. 988*
Accu->Help	0. 248	H8-2	5. 304***
Comp->Help	0. 735	H8-3	11. 440***
Curr->Help	-0. 060	H8-4	0. 910ns
Form->Help	0. 169	H8-5	2. 704**

注：*：在 0. 05 水平上显著；**：在 0. 01 级水平上显著；***：在 0. 001 级水平上显著；ns：无显著性。

决定系数（R^2）最常用于评估结构模型和判断其可预测性。R^2 的值在 0 到 1 之间；值越高，可预测性越好。一般来说，当 R^2 为 0. 50—0. 75 时，解释力是中等的；当 R^2 大于 0. 75 时，解释力是显著的。在本书中，消费者感知到的信息有用性的 R^2 为 0. 69，高层次意味着本书提出的模型具有很好的解释力。

第五节　讨论和影响

一　主要结论

随着 SNS 的普及和广泛应用，消费者开始在各种社交网络上分享和积极讨论自己的网上购物体验。在商业环境中，企业也开始使用社交媒体来促进与潜在消费者的沟通，并致力于达成潜在的交易。以前的研究已经确定了影响消费者感知信息有用性的可能因素，并表明有用的信息对消费者的决策有更深远的影响。然而，这些研究主要集中在在线销售和评论平台的在线评论对消费者行为的影响。由于 SNS 与这些在线环境之间的差异，有必要重新审视决定消费者感知有用性的影响因素。根据 PLS-SEM 对 221 个样本数据的分析结果，本书提出以下几点。

第一，从数据分析结果来看，SNS 环境中在线评论信息的完整性是消费者衡量信息是否有用的最重要标准。对于消费者来说，在线评论可以为他们的行为决策提供可靠的信息。因此，他们需要能够完整、全面地描述购物体验的评论信息。这就要求评价信息不能简单地给出结论或建议，而是详细解释和描述消费过程和经验[①]。此外，应该指出的是，完整性并不意味着提供每一个细节，信息描述应合理。例如，当消费者在社交圈子里分享他们对某个产品的看法时，他们应该全面描述导致这次审查的背景和情况。只有这种评论在其他消费者眼中才有帮助。

第二，信息的准确性也是消费者评估在线评论的重要标准。SNS 环境中的在线评论与传统环境中的在线评论之间存在明显差异。评论信息在 SNS 环境中的发布和维护由消费者自己完成，内容往往是随机的。因此，消费者在阅读评论时，其信息需要准确和完整，以便消费者能够提取可靠的信息来帮助他们做出决策。

第三，信息的呈现，即格式，对信息的有效性有重大影响。如上所述，SNS 环境中的信息可以各种形式呈现，例如图片、视频和文本。不同的呈现形式对信息传递的影响大不相同。由于信息技术的发展，消费者可以通过丰富的手段，如图片和文字的组合来展示信息，以说明他们过去的消费体验。这是因为更丰富的演示形式可以更充分和更详细的方式传达事件。例如，以图片形式显示产品缺陷比文本描

① 殷国鹏：《消费者认为怎样的在线评论更有用？——社会性因素的影响效应》，《管理世界》2012 年第 12 期。

述更直接、更清晰。

第四，正如其他实证研究所指出的，评论者的可信度是决定信息有用性的重要因素[①]。这也反映了消费者更容易受到名人或权威人物影响的心理。此外，值得注意的是，在对信息有用性有重大影响的所有因素中，可信度是影响最小的。这是因为 SNS 环境中的人有更密切的关系，具有相似的个性、爱好和行为特征。他们已经彼此熟悉，所以值得信赖没有区别。与其他因素相比，该因素对信息有用性没有显著影响。

第五，根据分析结果，信息的时效性对消费者所感知的有用性没有显著影响。其原因可能是 SNS 环境的特殊性。虽然 SNS 中的信息传播具有及时性的特征，但不可否认的是，其传播受到受欢迎程度的影响。热门话题不一定是最近发生的事件，也可能是重新发现的过去事件的广泛传播。

第六，根据它们对在线评论的有用性的影响，这些因素按降序排列为完整性、准确性、格式和可信度。这表明，不同的因素在信息的帮助方面对消费者有不同程度的影响。综述信息的完整性和准确性是衡量一条信息是否有用的重要标准。评论信息越完整，描述越准确，消费者可以获得的背景信息越多，他们在行为决策过程中拥有的信息资源就越多。此外，一篇综述能够满足判断信息有用性的所有四个标准相对较少见。企业在识别有用信息时，应有目的性，即按照上述顺序梳理有用信息，以产生对消费者行为最有效的影响。

值得注意的是，虽然调查了消费者感知到的信息有用性的影响因素，并解释了这些因素的影响，但本书并未明确信息内容是负面的还是正面的。考虑到对消费者行为的影响，负面内容可能会降低行为意图，而正面内容可能会促进行为。

二　理论意义

首先，从理论上讲，这项研究丰富了有关在线评论有用性的相关文献。许多研究已经探讨了消费者感知有用性的影响因素，但在现有

① 徐峰等：《在线评论动态性偏差对评论有用性影响研究》，《管理学报》2020 年第 9 期。

的 SNS 环境中，关于如何判断和识别有用的在线评论的讨论很少。这项研究填补了这一空白，并阐明了决定消费者在 SNS 中感知的在线评论帮助的因素，以及这些因素的影响。

其次，这项研究朝着了解消费者如何看待 SNS 环境中在线评论的有用性迈出了重要的一步。结果详细说明了影响因素的组成和影响程度，这些都预示着未来研究的新方向。

三　实践意义

从实际的角度来看，研究成果可以帮助企业和消费者更好地筛选出有用的在线评论，提高他们的决策效率。他们可以根据自身的独特性选择合适的手段，帮助自己建立一个评估系统，以审查在线评论的有用性。

从企业的角度来看，研究框架可以作为评估消费者对在线评论有用性的看法的主要手段。从业者掌握这些知识是有益的，因为它可以改善和增强 SNS 对消费者网上购物行为的影响。具体来说，通过提供有用的在线评论，企业可以吸引消费者，增加他们在网站上停留的时间，并提高在线销售的表现。因此，企业不仅要努力提供有用的在线评论，还要鼓励评论者提高可信度，提高他们提供的信息质量。

综上所述，本书为企业识别和判断基于 SNS 的在线评论的有用性提供了一套有效的方法，并为企业识别有用的在线评论提供了可操作的标准。它还为企业提供了指导，指导企业在处理具有不同特征的基于 SNS 的在线评论时应优先考虑什么。这对于企业建立更好的在线反馈机制、增强与消费者的关系是有益的。

四　局限性和未来研究

本书对影响 SNS 环境中在线评论有用性的因素进行了有益的讨论，不可避免的局限性可以在未来的研究中得到解决。首先，数据样本数量仅为 221。这符合 PLS-SEM 对最小样本量的要求，但较大的样本量可以提高模型测试和估计的准确性①。其次，实证研究没有考虑

① Chin W. W., and Newsted P. R., "Structural Equation Modeling Analysis with Small Samples Using Partial Least Squares", *Statistical Strategies for Small Sample Research*, R. Hoyle Ed. Beverly Hills, CA: Sage Publication, 1999.

到产品类型对消费者感知信息的有用性的监管作用。目前有研究指出，不同的产品类型可能会改变消费者对信息有用性的判断[①]。换句话说，当面对不同类型的产品时，由于风险的差异，消费者可能会寻求额外的信息来衡量在线评论的有用性。因此，在今后的研究中，必须考虑消费者感知到的信息的有用性影响因素的调节效应，以进一步扩展研究成果。

第六节　研究结论

随着互联网技术的进步，电子商务在我们的日常生活中扮演着越来越重要的角色[②]。然而，由于电子商务的虚拟性和买卖双方的时空分离，消费者不得不面对比传统购物渠道更大的不确定性和风险。正是由于在线评论的出现，为决策提供了可靠的信息来源，消费者才能降低在线购物的风险。同时，相关研究也指出，只有有帮助的在线评论才会对消费者的行为意图和决策产生重大影响[③]。另外，随着 SNS 的不断发展，越来越多的企业正在利用社交媒体来缩小与消费者之间的距离。消费者广泛使用 SNS 作为发布和传播在线评论信息的渠道。面对这种新情况，一个紧迫的问题是如何识别和判断有用的基于 SNS 的在线评论。有了这个目标，基于 TPB 和三维集成信任模型在对相关文献进行综述后，本书总结了影响消费者在 SNS 环境中感知在线评论的有用性的五个因素，即资信度、准确性、完整性、及时性、格式。为了验证所提出的研究框架和假设，本书通过随机抽样获得了 221 个有效数据样本。通过 PLS-SEM，本书确定了基于 SNS 的在线评论有用性的影响因素。研究结果表明，除货币的微不足道的影响外，其他

① Hong H., et al., "Understanding the Determinants of Online Review Helpfulness: A Meta-Analytic Investigation", *Decision Support Systems*, Vol. 102, 2017, pp. 1-11.

② 马述忠等:《数字贸易及其时代价值与研究展望》,《国际贸易问题》2018 年第 10 期。

③ 李宗伟:《哪些因素影响消费者的在线购买决策? ——顾客感知价值的驱动作用》,《管理评论》2017 年第 8 期。

四个因素都有显著的影响。此外，信息的完整性和准确性在识别有用信息的过程中起着主导作用。对SNS环境中的在线评论的分析揭示了决定有用性的因素并解释了它们的机制。研究成果填补了在线综述有用性的空白，拓展了相关理论的应用场景，对研究者和从业人员均有利用价值。

第九章

不同可信第三方服务的效果差异

前几章详细介绍了在线评论对消费者信任意向的影响，以及信息质量和渠道的调节作用。针对当前信息传播的新特点，对影响消费者在 SNS 环境中查看的评论信息有用性的因素进行了具体调查。本书后续章节将重点探讨网络信任模型的另一个重要因素可信任第三方（TTP），基于文献综述，结合亚太地区电子商务市场的发展现状和背景，以 TPB 和概念信任模型为基础，探讨 TTP 对消费者信任行为的具体因素和影响机制。此外，本章还解释了 TTP 的两种不同功能，可用于解决消费者面临的在线信任问题。同时本章提出，TTP 的一体化服务框架应包括以下五个方面：支付服务、物流配送服务、担保保险服务、认证服务和评级推荐服务。从 282 名网购用户样本中获得的实证结果表明，上述五种类型的 TTP 对消费者的信任意向和行为具有综合影响。通过构建 TTP 的一体化服务框架，可以加强消费者的信任度。当消费者认为企业使用 TTP 的更多服务时，他们更有可能信任企业，从而导致 TTP 对信任行为产生积极影响。

为响应党的二十大报告关于“加快发展数字经济，促进数字经济和实体经济深度融合，打造具有国际竞争力的数字产业集群”的重要要求，浙江致力于优化基础设施布局、结构、功能和系统集成，构建现代化基础设施体系，以数字经济助力高质量发展。截至 2021 年第三季度，浙江省淘宝村数量约占全国三分之一，各项国内消费供给指标均明显高于全国省均水平，成为国内传统批零消费品、网络消费品以及国内旅游消费资源的重要供给源头。与此同时，2020 年浙江省实现网络零售额、居民网络消费额和跨境网络零售出口额分别为22608亿元、11072亿元和1023亿元，比2019年分别增长14.3%、10.9%和31.6%。

互联网的诞生与快速发展促进了电子商务的产生与迅速成长，目前各电子商务网站如雨后春笋般出现在了人们的视线当中，在一定程度上改变了传统的消费模式，并且正以强劲的势头继续发展，逐步成为各国经济的重要组成部分。然而，电子商务特有的远程性、虚拟性在为用户减少交易成本、提供效率的同时，也造成了比线下实体交易更大的风险，如网商信用状况、隐私信息保护、网上支付安全和物流配送等。与传统的消费模式不同的是，网络消费者满意度较低，影响消费者购买决策的影响因素也有别于传统模式。随着电子商务的发展出现了网络口碑、消费者评价、消费者信任等全新的概念，且在一定程度上影响消费者信任，进而影响消费者购买决策，同时影响网络消费经济的发展。

目前，网络购物已经成为一种普遍的商业行为，而阻碍和困扰电子商务发展的首要问题就是信任问题。在电子交易环境下，交易所具有的虚拟性和匿名性往往会增加交易的不确定性和风险，所以在线消费者往往更难识别出合法、真诚的商家。因此，在线消费者对网络商家的信任程度已成为影响其是否在线消费的关键因素。2004年中国互联网络信息中心（CNNIC）在北京发布的《第13次中国互联网络发展状况统计报告》表明，在阻碍网民网络购物的各项原因中，不信任网站和害怕受骗占比最大，其次就是担心商品质量和对在线购物安全性的质疑。网络诚信和安全作为电子平台应用发展的基础保障，严重影响了消费者对电子商务交易的使用，一系列的失信行为最终也导致了消费者对电子商务类应用的“不信任—不使用—不信任”的恶性循环。

网络商家在经营初期必须设法降低消费者感知的不确定性，并增强其信任感，才能促进消费者进行良性消费。在电子商务交易过程中，为了使身处陌生交易环境的消费者能够产生初始信任，交易环境就必须提供值得信任的因素与线索。由于国内电子商务正处于初期的发展阶段，越来越多的企业正在涉足在线销售领域，面临着大量的、从未与企业进行过交易的在线消费者，这些不知名的商家都在寻求各种措施和手段来提升消费者的初始信任感。

信任是影响电子商务发展的关键因素，而促进消费者信任在线商家的最有效办法之一就是通过 TTP 进行信任评估和信任担保，增加交易双方彼此之间的信任，这样可以有效促进双方线上交易，而这个第三方信任机构也可以从中获取收益。

TTP 是指在特定的范围内，即使通信双方以前并没有建立过关系，它们也可以毫无保留地信任对方，双方之所以相互信任，是因为它们和一个共同的第三方建立了信任关系，第三方为通信的双方提供了信任担保，它独立于买卖双方的第三方，通过搜集客观、可靠的信息，判断商家是否达到某种标准和是否值得信任，从而使得消费者能够迅速地判断可信任的商家并进行交易。第三方信任机构，最显著的地位就在于它在交易中是独立的，其核心的作用就是打造一个安全的、诚信的交易平台，从而减少消费者风险感知，增强对第二方的信任，从而接受或采取交易。

TTP 能够给网络商家提供信任服务，帮助其建立与消费者的初始信任，并降低消费者的感知风险。信任服务主要包括第三方提供的安全与隐私、企业排名和契约担保 3 类。第三方的认证所带来的担保效果能够显著降低消费者对网络商家的感知风险。第三方企业排名的作用在于建立一个评估规则和程序，通过它来对特定的网站进行评估，从而鼓励卖方实行善意的交易准则，以提供消费者一个可靠和安全的交易环境，并降低交易的不确定性。第三方契约担保是比较常见的一种信任保障服务，是通过对暂收货款的控制方式来确保消费者购买商品的质量，这种机制促使卖方遵守规定的交易规则，降低了交易的不确定性，通过增加对交易的控制程度而增强了消费者信任感。

消费者对网络商家的初始信任弱会对消费者的感知风险产生负面影响，而消费者对网络商家的初始信任强会对消费者的购物意愿有积极影响。如果第三方的信任服务能够证明商家是可信的，则能吸引消费者与在线商家保持更长久的联系，从而促进双方交易。

在国内，对于信任保障机制的研究最近几年才开始，目前也有一些机构推出了相应的服务，如网站身份核实和买家评价。网站身份核实比较客观可信，是信任保障机制的基础；买家评价因非第三方评价、有网民情绪发泄倾向、作弊等因素，虽有参考价值，但可信度大打折扣。目前，不少电子商务服务商开始引入为网络商家提供信任评价和信任担保的第三方信任服务。

研究已经证实了信任在消费者和在线商家的在线交易中的显著作用，很多学者指出第三方提供的信任服务对消费者信任形成具有显著作用。现存的问题是消费者是否认可这种通过第三方信任机构交易的方法，承认这种机制的有效性，从而增加对在线商家的信任并在网络上进行交易。对于国内日趋增多的新兴 B2C 电子商务企业而言，能否通过第三方信任服务来提升消费者信任感进而增强其购物意愿，已经成为广受关注的话题。

探求目前出现的第三方信任服务机制对消费者的初始信任的提升和风险降低发挥较大的作用，它们在多大程度上影响着在线消费者的购物意愿，这不仅具有重要的理论意义，而且具有十分重要的实践价值。

第一节　背景介绍

在过去几年中，互联网的普及，使在线驱动的生活方式对消费者购买行为产生越发深远的影响，从而导致数字消费激增。过去一年，电子商务市场累计达到惊人的 1672 万亿美元，占全球零售总额 22822 万亿美元的 7.3%。然而，电子商务的发展仍面临着一些挑战。2015 年，澳大利亚网络犯罪在线报告网络（ACORN）称，由于电子商务诈骗和对虚拟市场缺乏信任，损失超过 1.27 亿美元。同时，研究人员还研究了电子商务成功的影响因素，研究结果表明，阻碍电子商务成功和进一步发展的主要因素是缺乏信任。

在行业中，许多 TTP 似乎解决了消费者对在线购物的信任问题。这些 TTP 通过不同的技术手段和中介服务，为在线交易的成功提供了支持。例如，VeriSign保护消费者的在线交易；TRUSTe提供隐私印章，以证明公司遵守其隐私保护承诺，从而有效地解决用户对其隐私的担忧。同时，研究人员对信任和TTP的作用、影响及其构成因素进行了大量研究，表明信任的作用反映在增强对预期行为可能性的感知、增加行为结果的可预测性、降低交易成本和减少机会主义行为上。此外，TTP可以减少合作伙伴的不确定性，从而使交易关系更具可预见性并满足需求[①]。正如这些研究结果所揭示的那样，如果一家公司能够减少不确定性，并证明网购足够值得消费者弥补相关风险，这将有利于市场的发展。有学者指出，"价格并不统治网络；信任统治网络"[②]。

长期以来，研究人员一直研究TTP在电子商务中的价值，他们对TTP的有效性做出了重要贡献。然而，对TTP的研究往往局限于安全和隐私认证，却忽视了第三方企业对消费者信任的影响，如物流配送、保险、推荐和支付系统等。通过文献综述和分析，我们发现，造成此问题的主要原因之一是TTP的定义狭窄，导致解释其功能和机制的局限性。因此，本书所定义的TTP是指以克服虚拟市场的信用障碍和信用风险为主要目标，提高市场整体信用信息意识和诚信度，在虚拟市场形成良好的信用文化，扩大网络交易量，促进电子商务不断发展的第三方经济实体。TTP的框架是电子商务信任中介机构的复杂组合，提供各种信贷服务：支付、物流配送、担保和保险、认证、评级和推荐。另外，在营销和传统商业领域，研究人员还指出，物流配送机制和保险机制对消费者的购物行为和购物决策有一定程度的影响。然而，在电子商务背景下，关于这些TTP服务对消费者信任意图的影响的实证研究很少。本书旨在填补此处的知识空白。因此，本书的目的是解决以下问题：

不同类型的TTP服务能否提高消费者的信任意向？

为了实证研究，本书通过随机抽样获得282个样本，然后使用

---

① 卓翔芝等：《供应链联盟伙伴企业间的信任评估模型》，《计算机集成制造系统》2009年第10期。

② Reichheld F. F., and Schefter P., "E-loyalty: Your Secret Weapon on the Web", *Harvard Business Review*, Vol. 78, No. 4, 2000, pp. 105-113.

PLS-SEM 验证研究假设。结果表明，消费者对 TTP 服务的看法影响了消费者的信任意向，如支付服务、物流配送服务、认证服务和评级推荐服务等。从理论上讲，本书整合了不同业务类型的 TTP，为 TTP 及相关问题的研究提供了新的视角。此外，本书中提出的 TTP 框架可能成为未来基于 TTP 的电子商务信任管理研究的基础。在应用前景方面，本书为相关方阐明了 TTP 服务的定义和基本特征，帮助他们更好地了解对电子商务的信任。此外，该研究有助于电子商务公司更好地把握虚拟市场中的 TTP 服务需求，了解影响消费者信任的主要因素和机制。最后，本书使企业能够识别 TTP 用于建立信任的关键服务类型，使信任建设更有目的性，提高信任风险防范能力。

第二节　TTP 对消费者在线信任的影响

一　信任问题

在电子商务中，消费者的在线信任表现为消费者对参与在线交易的决定与在线零售商的信誉之间的相互作用。消费者对在线交易有两种一般类型的选择：接受或拒绝。就在线零售商的可信度而言，有两种类型：值得信赖或不诚实。因此，这两方之间的互动创建了四个确定消费者在线信任的场景，见表 9-1。如果在线零售商值得信赖并且消费者接受，或者在线零售商不诚实并且消费者拒绝，那么消费者的在线信任可以得到保护。然而，从消费者的角度来看，这四种情况存在两类错误，即信用障碍和信用风险。

表 9-1　　消费者与在线零售商之间的互动

互动		在线零售商	
		值得信赖	不诚信
消费者	接受	正确的战略决策	信用风险
	拒绝	信用障碍	正确的战略决策

信用障碍是指由于信息被封锁，将网络零售商的信用信息有效转移给消费者。信用障碍的存在，使消费者无法对在线零售商的信誉状况有必要的了解，导致他们对零售商不信任。鉴于电子商务以虚拟为特征，信用障碍在电子商务中比在传统商业中反映得更明显。在 B2C 电子商务市场环境中，有大量的在线零售商可供选择，交易过程无法控制，购物体验高度虚拟，随机交易大大增加。这些问题导致消费者在网上交易过程中往往持谨慎态度，对在线零售商缺乏信任。因此，信用障碍导致消费者拒绝潜在的交易，即使涉及值得信赖的企业。

电子商务市场信用障碍的具体表现：电子商务企业虽然采取诚实守信的经营策略，但仍难以吸引潜在消费者。这是因为与企业相关的可信赖信息无法有效地传递给消费者，消费者无法利用可靠、高效的信息来降低风险感。信用障碍极大地影响了消费者对目标在线零售商的信任，从而阻碍了潜在交易。为了有效解决这样的信任问题，我们需要 TTP 给人留下企业值得信赖的印象，促进消费者对企业信用信息的理解。只有通过这样的 TTP，才能有效鼓励潜在消费者与企业建立信任关系，从而增加潜在交易量。

信用风险是指由于网络零售商采取不诚实的策略而给消费者造成损失的风险。在电子商务环境中，消费者手中的在线零售商的信用信息是不对称的。消费者的时间、金钱和资源有限，无法全面、详细地了解在线零售商的信用信息，因此在网上交易过程中，他们总是面临巨大的风险。由于市场上没有负面信息披露，一旦出现不可信的在线零售商，消费者在交易中就会面临潜在的风险。

电子商务市场信用风险的具体表现为：电子商务企业采取欺诈的经营策略，诚信经营不力。由于消费者没有关于企业诚信经营不力的信息，他们面临着交易风险的问题。由于信用风险的存在，消费者不仅面临交易失败的风险，个人经济也会受到损失。造成这种问题的主要原因是消费者缺乏了解企业信用的可靠手段，问题的根源在于企业的信用信息不对称。为解决信任问题，有效的 TTP 可以使企业信用信息公开，以约束和规范企业行为，从而降低消费者面临的信用风险。只有通过这样的 TTP，才能有效规避消费者面临的欺诈行为，减少部分企业采取的不诚信经营的投机行为。

综上所述，信用障碍和信用风险相互作用，构成消费者在线信任进一步发展的主要障碍。为了解决这两种信任问题，电子商务市场需要 TTP 来传输交易双方的信用信息，惩罚欺诈行为，并对市场上值得信赖的主体进行认证。

二 TTP 的功能

通过以上分析，我们发现 TTP 可以有效解决消费者面临的两种信任问题，这些问题可以通过 TTP 的两种不同功能来解决。TTP 的主要功能是改善进行在线交易的在线零售商的信用，确保信用交易，减少信誉交易。信用机制的建立是通过以下功能实现的：一是信用信息的传递功能，二是公共信用信息的惩罚和筛选功能。基于此，TTP 在提高整个虚拟市场的信用和信心，以及建立电子商务信用方面发挥着重要作用。

（一）信用信息的传递

TTP 具有信息传递功能，可以促进消费者和在线零售商之间的信用信息流动，使消费者在潜在交易前对在线零售商的信用状况有更全面的了解。在线交易的消费者可以通过 TTP 的信用信息传递功能轻松建立信任关系。在电子商务环境中，交易各方彼此的信息有限，建立信任关系并不容易。因此，交易双方需要第三方进行匹配，并为他们之间建立信用关系做出贡献。

如图 9-1 所示，在 TTP 存在的情况下，在线零售商的信用信息通过消费者和在线零售商流动，最终实现信用信息转移。消费者对不熟悉的在线零售商的信任是建立在他们对 TTP 的信任之上的。因此，关系链将消费者信任从 TTP 中转移。

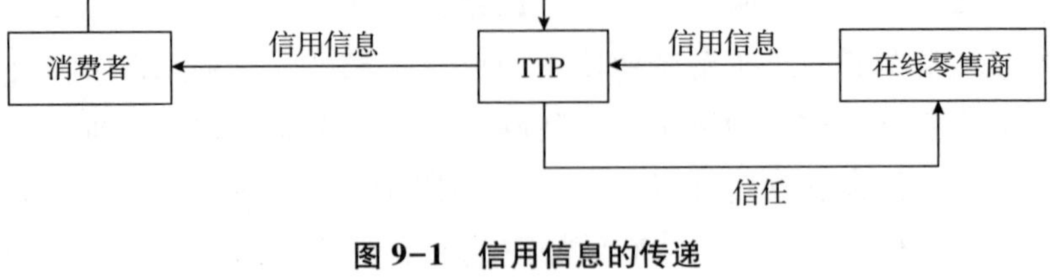

图 9-1 信用信息的传递

以上分析表明，TTP 可以克服信用信息相对模糊带来的信用障碍，消费者不必像以前那样过于谨慎，也不必像以前那样为减少被骗而拒绝一些忠实的交易。它可以改变目前网上交易主体普遍表现出的低信用和低信心的状况，增加网上交易的数量。

（二）公共信用信息的惩罚和筛选

TTP 的第二个功能是通过发布企业公共信用信息，约束和规范网络零售商在互联网上的行为，从而达到对网络零售商进行惩罚和筛选的目的。通过 TTP 的信用发布机制，网络零售商的信用状况成为公共信息，并受到社会监督。事实上，这给在线零售商带来了压力，并增加了欺诈或违约的成本，因此在线零售商不能只考虑短期行动。因为如果 TTP 记录并公开了任何欺诈或违约行为，这些记录将成为公众评估在线零售商信用状况的基础，并且在线零售商也被划分为不同的信用评级。对于从事不良行为的在线零售商，他们的消费者将逐渐减少，直到这些在线零售商完全从市场上消失。鉴于这种监管机制，网络零售商将珍惜自己的声誉，将其视为最有价值的运营资本，整个虚拟市场的信用意识将得到相应的提高。以上分析表明，TTP 可以抵消信息不对称带来的信用风险。

第三节　理论基础与研究假设

消费者在线信任行为存在许多复杂的影响因素，大量研究从不同角度，运用不同理论，探讨了不同的相关研究课题。为了总结这些因素，一些研究人员试图提出一种用于网购的综合信任模型。前文所提出的基于 TPB 和制度理论的三维集成信任模型指出，消费者的信任行为受到信任意图、个人态度和对 TTP 反应的综合影响。研究结果表明，大多数消费者的信任行为是受自身意愿和理性控制的。消费者信任意愿是决定信任行为是否会发生的重要因素，但这种信任意愿是由消费者个人态度和网络评论共同决定的。同时，本书还指出，在 B2C 电子商务的实际环境中，消费者对自身信任行为的控制往往受到时间、信息和能力等诸多因素的影响。因此，TTP 可以有效地影响消费者的信任意愿，在某些特殊情况下，还可以直接影响消费者的信任行为。

此外，通过亚太地区电子商务市场销售实体的总结和分析，我们利用之前关于 TTP 对消费者在线信任的影响和服务类型研究的信令理论构建了一个多服务 TTP 框架。之前的研究指出，一个综合的 TTP 服务框架应该包括以下五个方面：支付服务、物流配送服务、担保和保险服务、认证服务、评级和推荐服务。

本书认为，TTP 在消费者信任的发展中起着至关重要的作用，因为它显著影响消费者的信任意图，并直接影响他们的信任行为。此外，本书还采用了以下结论：关于 TTP 服务和功能，声称 TPP 提供多样化的服务，以解决企业面临的不同类型的问题。根据这些研究的研究结果，本书通过控制三维集成信任模型进行实证研究，探讨 TTP 服务框架下不同类型 TTP 服务对消费者信任意愿的影响。图 9-2 提出了 TTP 服务研究框架。

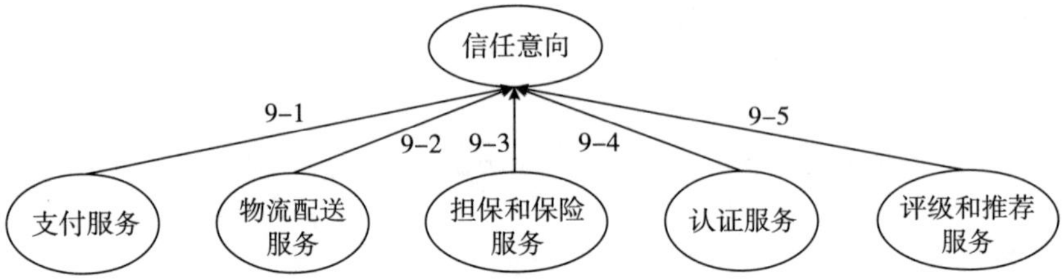

图 9-2　TTP 服务研究框架

在交易过程中，消费者经常担心电子合同的有效性以及安全问题，例如伪造交易数据和信用卡被盗。由于这些不确定性，消费者迫切需要 TTP 进行身份验证和监控。支付机构提供的各种支付服务是解决此类问题的有效途径之一。支付机构是指处理网络交易对应方金融业务的特定主体，主要包括银行、信用卡机构、第三方支付机构等金融机构。基于上述分析，本书提出研究假设 9-1：

假设 9-1　消费者对企业使用的 TTP 支付服务的看法对他们的信任意愿有积极影响。

物流配送机构是指负责物流配送和网上交易配送的企业，主要包括邮政物流系统、第三方物流企业等。物流和配送服务处于买家和卖家的中间。其信用状况是整个交易过程可信度的一部分，影响着消费者是否选择在线交易。因此，本书提出研究假设 9-2：

假设 9-2　消费者对企业使用的 TTP 物流配送服务的看法对他们的信任意向有积极影响。

担保和保险服务来自金融市场。互联网上的大量信息增加了信息不对称性，从而增加了在线欺诈的可能性。降低风险成为规避在线欺诈的一种手段。担保和保险服务是传统市场的老手，这种形式的风险规避也反映在电子商务中。TTP 为网购提供的担保和保险服务，可有效降低网购环境中的风险，从而增加消费者对潜在交易行为的信任度。因此，本书提出研究假设 9-3：

假设 9-3　消费者对企业使用的 TTP 担保和保险服务的看法对他们的信任意向有积极影响。

认证机构是指第三方对各类质量认证的企业安全、隐私和服务进行认证，主要包括各类服务和质量认证机构、认可机构和部分法律、会计、审计等企业。这些 TTP 为市场主体提供认证服务，提高信用信息的透明度，在规避信用风险方面发挥一定作用。因此，本书提出研究假设 9-4：

假设 9-4　消费者对企业使用的 TTP 认证服务的看法对他们的信任意图有积极影响。

大量评级和推荐机构活跃在电子商务的互动过程中，通过对电子商务市场上的销售实体和产品的自主经营、中立态度和客观评论，为消费者提供意见。例如，一些行业协会每年都会对其会员进行排名，并公布结果，以促进行业的健康发展。消费者可以从这些信息中了解企业的可信度和声誉，从而建立信任的基础。同时，也有很多专业的 TTP 对相关产品进行测试和分析，并提供相应的推荐服务。这种类型的 TTP 服务可以引导消费者对有关产品和企业的信息有深入和详细的了解。由于消费者对这些 TTP 的信任度很高，他们的评级和推荐服务更有可能影响消费者的信任决策。因此，本书提出研究假设 9-5：

假设 9-5　消费者对企业使用的 TTP 评级和推荐服务的看法对他们的信任意向有积极影响。

第四节　研究设计

一　抽样和数据收集

本书采用横断面设计，仅对大学生进行一次问卷调查，定量评估了 TTP 不同服务类型对消费者信任意愿的影响和重要性。采用随机抽样设计。本书共收集了 327 份问卷。经过仔细检查，无效问卷被排除。做出判断主要有三条规则：第一，太多的问题没有得到回答；第二，大多数答案几乎相同；第三，反向目标与正向目标相矛盾。经过这个过程，我们留下了 282 份有效的问卷，占 82%。根据收集到的样本信息，受访者包括男性 144 人，约占 51.06%，女性 138 人，约占 48.94%。两种不同性别的比例约为 1：1，因此男性和女性受访者的比例几乎相等。大多数受访者拥有学士学位或研究生学位，占 76.95%，占所有受访者的三分之二以上。受访者人口统计概况如表 9-2 所示。

表 9-2　　受访者人口统计概况（$N=282$）

指标	类别	数量（人）	百分比（%）
性别	男性	144	51.06
	女性	138	48.94
年龄	25 岁以下	102	36.17
	25—34 岁	153	54.26
	35 岁及以上	27	9.57
教育	中学学历	65	23.05
	学士学位	127	45.04
	研究生学位	90	31.91

续表

指标	类别	数量（人）	百分比（%）
互联网经验	6—8 年	28	9.93
	9—10 年	51	18.09
	11 年及以上	203	71.98
购物频率	3—6 次/年	52	18.44
	7—11 次/年	13	4.61
	12 次/年及以上	217	76.95

二　问卷和测量

为了提高问卷的可靠性和有效性，测量了与 TTP 服务因素相关的变量。考虑到以前的研究和电子商务信任的有效规模，根据不同 TTP 服务类型的特点进行了适当的调整。Likert 7 分量表用于回答问题，包括“强烈不同意”“不同意”“有点不同意”“既不同意也不反对”“有点同意”“同意”“强烈同意”，得分范围为 1—7 分。

三　数据分析

SEM 是电子商务在线信任研究的主流统计方法，主要由 CB-SEM 和 PLS-SEM 两种主要方法组成。它们的不同之处在于，PLS-SEM 更适合理论构建和探索性研究，而 CB-SEM 更适合参数估计和模型验证；CB-SEM 通常需要样本数据的正态分布，但 PLS-SEM 不受这种要求的约束；对于 PLS-SEM 而言，小样本量是令人满意的，而 CB-SEM 需要大样本量。鉴于这是一项探索性研究，样本量小，研究目的是探索 TTP 服务框架的构建，验证 TTP 不同服务类型与消费者信任意愿之间的因果关系，我们决定使用基于 PLS-SEM 方法的 SmartPLS 3.2.7 软件对相关数据进行测试和估算。

第五节　研究结果

一　测量模型

可靠性是指量表在测量变量时可靠、稳定和一致的程度。可靠性评估方法主要包括指标可靠性、内部一致性可靠性等。在本书中，组合信度（Composite Reliability，CR）用于测试内部一致性可靠度，因子载荷（Factor Loadings）用于测试指标可靠性。如果 CR 值大于 0.7，则表明可靠性非常高[①]；如果因子载荷大于 0.7，则表示可靠性良好[②]。在表 9-3 中对于所有潜在变量，复合可靠性值都大于 0.7，这显示出良好的内部一致性可靠性。此外，所有因子载荷均高于表 9-3 中的 0.7 临界值。

表 9-3　　构造的描述性统计量

因子	问项数	CR	AVE
认证服务	5	0.989	0.948
担保和保险服务	3	0.972	0.921
物流配送服务	4	0.992	0.970
支付服务	4	0.992	0.971
评级和推荐服务	4	0.995	0.982
信任意图	4	0.979	0.922

注：CR：组合信度；AVE：平均提取方差值。

有效性是该方法测量它应该测量的内容的程度。有两种类型：收敛有效性和判别有效性。收敛有效性是指同一潜在变量的指标相互关联的程度。收敛有效性通常由 AVE 评估。如果 AVE 值大于 0.5，则表示收敛有效性良好。判别有效性是指不同潜在变量的指标不相关的程度。判别有效性主要用于评估潜在变量之间的方差程度，并要求 AVE 的平方根大于潜在变量的相关系数。此外，判别有效性通过因子载荷进一步检查，并要求加载在其构造上的所有指标都大于任何其他指标。在表 9-3 中，结果表明所有潜在变量的 AVE 值都大于 0.5，表

① Henseler J., et al., "The Use of Partial Least Squares Path Modeling in International Marketing", in New challenges to international marketing: Emerald Group Publishing Limited, 2009.

② Fornell C., and Larcker D. F., "Evaluating Structural Equation Models with Unobservable Variables and Measurement Error", *Journal of Marketing Research*, Vol. 18, No. 1, 1981, pp. 39-50.

示收敛有效性良好。在表 9-4 中，结果表明每个构造的 AVE 的平方根大于它们与其他构造的相关系数。在表 9-5 中，结果表明，每个测量项在其各自构造上的载荷大于其在任何其他构造上的载荷。这些指标表明，该测量模型具有良好的收敛有效性和判别有效性。

表 9-4　　　　结构的判别效度

因子	CS	GIS	LDS	PS	RRS	TI
CS	**0.974**					
GIS	-0.684	**0.959**				
LDS	0.243	0.126	**0.985**			
PS	0.762	-0.448	0.260	**0.985**		
RRS	0.005	0.238	0.070	-0.417	**0.991**	
TI	0.415	-0.036	0.401	0.101	0.661	**0.960**

注：对角线上的粗体值是平均提取方差值的平方根。

表 9-5　　　　因子载荷和交叉载荷

因子	CS	GIS	LDS	PS	RRS	TI
CS. 1	**0.977**	-0.672	0.249	0.757	-0.011	0.411
CS. 2	**0.972**	-0.658	0.248	0.739	0.006	0.402
CS. 3	**0.969**	-0.663	0.219	0.738	0.002	0.396
CS. 4	**0.970**	-0.666	0.218	0.716	0.031	0.410
CS. 5	**0.980**	-0.672	0.249	0.758	-0.007	0.398
GIS. 1	-0.647	**0.968**	0.140	-0.404	0.225	-0.039
GIS. 2	-0.662	**0.959**	0.127	-0.443	0.215	-0.036
GIS. 3	-0.666	**0.952**	0.084	-0.453	0.254	-0.027
LDS. 1	0.241	0.121	**0.987**	0.257	0.066	0.388
LDS. 2	0.229	0.137	**0.985**	0.243	0.083	0.398
LDS. 3	0.244	0.118	**0.983**	0.261	0.054	0.388
LDS. 4	0.244	0.119	**0.985**	0.262	0.072	0.405
PS. 1	0.752	-0.441	0.254	**0.988**	-0.408	0.098
PS. 2	0.757	-0.449	0.257	**0.983**	-0.401	0.112

续表

因子	CS	GIS	LDS	PS	RRS	TI
PS. 3	0. 751	−0. 441	0. 261	**0. 987**	−0. 414	0. 102
PS. 4	0. 738	−0. 435	0. 252	**0. 983**	−0. 424	0. 080
RRS. 1	0. 003	0. 242	0. 075	−0. 413	**0. 992**	0. 663
RRS. 2	0. 006	0. 232	0. 069	−0. 407	**0. 989**	0. 658
RRS. 3	0. 009	0. 233	0. 072	−0. 407	**0. 991**	0. 654
RRS. 4	0. 000	0. 236	0. 061	−0. 427	**0. 991**	0. 646
TI. 1	0. 402	−0. 023	0. 393	0. 103	0. 646	**0. 966**
TI. 2	0. 413	−0. 048	0. 396	0. 113	0. 635	**0. 968**
TI. 3	0. 406	−0. 040	0. 360	0. 099	0. 611	**0. 951**
TI. 4	0. 372	−0. 028	0. 390	0. 071	0. 647	**0. 956**

注：粗体值表示在指定结构上的加载项。

二 结构模型

通过在 SmartPLS 3. 2. 7 中应用自举法（Bootstrapping）对路径系数进行了显著性检验（t 检验）。原始样本的大小为 282，自举子样本的数量为 5000。PLS-SEM 分析结果如图 9-3 所示。不重要的路径或具有假设的不同方向的路径不支持先前的假设，但显示假设方向的重要路径支持先前的假设。

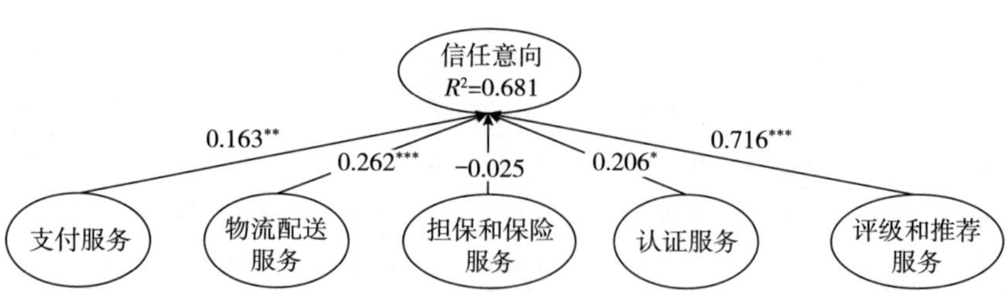

图 9-3 PLS-SEM 分析结果

注：＊：$p<0.05$；＊＊：$p<0.01$；＊＊＊：$p<0.001$。

本书中提出的五个假设中有四个通过了显著性检验。实证研究结果表明，支付服务、物流配送服务、认证服务、评级推荐服务是影响消费者信任意愿的主要因素。此外，消费者对评级和推荐服务以及物流配送服务的看法对他们的信任意向有重大影响。

本书主要利用模型解释力（R^2）和模型预测力（Q^2）来评估结构模型。R^2 反映了外源潜伏变量被内源潜伏变量解释的程度。R^2 分为实质性（$R^2>0.67$），中等（$R^2=0.33$）和弱（$R^2=0.1$）用于解释潜在变量。在本书的 PLS-SEM 模型中，消费者信任意向的 R^2 为 0.68，达到了一个较高的水平，意味着被解释变量基本上被解释变量解释。Q^2 检验的作用是评估模型的预测相关性。Q^2 越大，预测越相关，$Q^2>0$ 表示模型具有预测相关性。本书使用 SmartPLS 3.2.7 的蒙眼功能对结构模型的预测相关性进行 Q^2 检验。结构值的 Q^2 为 0.59，大于 0，表明模型的有效性良好。以上数据表明，该模型具有良好的预测能力以及鲁棒性。

第六节　讨论和影响

一　主要结论

本书旨在探讨不同类型的 TTP 服务与消费者信任意愿之间的关系，并重点探讨 TTP 服务类型对消费者信任行为的影响。研究结果表明，消费者感知的 TTP 服务对消费者的信任意向有显著影响。具体而言，TTP 的支付服务可以有效缓解消费者对支付安全、支付信息泄露和交易信息造假的担忧，从而加强他们对相关支付信息的控制，增强他们的信任意图，最终影响他们的信任行为。物流配送服务是消费者和分销商之间的中间环节。其质量、信用状况和声誉会影响消费者的信任意图。认证服务为电子商务环境中的消费者提供可靠、清晰和有用的服务咨询和识别信息，因此可以有效提高信用信息的透明度，并在避免信用风险方面发挥一定的作用。消费者可以通过浏览 TTP 评级和推荐服务中的相关信息来了解产品、服务和企业，从而有效地消除信用障碍并加强其潜在的信任意图。总之，消费者对支付服务、物流和配送服务、认证服务以及评级和推荐服务的认知显著影响他们的信任意图。然而，样本的统计结果显示，消费者感知的担保和保险服务的影响并不显著。这可能是两个原因。首先，这项研究的有效样本量为282份，受访者主要是本科或研究生教育的年轻人。样本量小、样本覆盖率低，导致数据分析结果微不足道。其次，本书认为，在高价值商品的信任决策过程中，担保和保险服务可以有效降低网络购物环境中的风险，从而增强消费者对潜在交易的信任。然而，由于调查问卷没有明确区分网购产品，而是询问了消费者在网购过程中对TTP服务的普遍看法，消费者可能认为担保和保险服务对他们的信任意向没有重大影响。未来，有必要单独衡量担保和保险服务对不同类别商品的影响，以调查保险服务是否能有效增强消费者对高价值商品购物环境的注意力信任。

通过比较不同TTP服务对信任意向的影响，发现评级和推荐服务的影响最为关键，其次是物流和配送服务、认证服务和支付服务。这些发现支持了我们之前对TTP功能和服务的研究，并在一定程度上证明TTP服务类型对消费者的信任意图有不同的影响。本书进行了实证研究，提出了一个TTP服务框架，该框架试图综合不同类型的TTP服务对信任意图的影响。该模型的解释力达到68.10%，表明该框架是有效的。

二　理论意义

基于研究结果，我们想分享一些关于理论发展的观点。首先，在电子商务的发展方面，大量研究试图解释TTP对企业的意义和重要性，并证明安全和隐私认证对消费者信任有重要影响。本书试图重新定义TTP在以往研究中的定义和功能，并在相应理论和三维集成信任模型的基础上提出了TTP服务框架。同时，通过实证研究和PLS-SEM方法，分析了不同类型的TTP服务对消费者信任度的影响。结果表明，不仅认证服务可以提升消费者的信任度；其他类型的服务，如支付服务和评级推荐服务，也可能会对消费者的信任意向产生重大影响。因此，我们希望这项研究能够为电子商务中TTP概念的进一步发展有所帮助，并为进一步的研究提供新的视角。

其次，正如其他研究人员所说，企业可以通过展示自己的TTP服务来增强消费者的信任[①]。研究结果再次证明，认证服务对消费者的信任行为有显著影响，也表明其他三种类型的 TTP 服务可以对消费者的信任意愿产生重大影响。本书结论在一定程度上拓展了 TTP 领域的研究成果，填补了 TTP 服务类型和系统框架研究的空白。

此外，研究结果表明，不同类型的 TTP 服务对消费者的信任意愿有不同程度的影响。这是在消费者的信任决策中更好地理解 TTP 服务框架机制的第一步。后续研究将继续探讨 TTP 服务框架与其他影响信任因素之间的关系，以及它们相应的监管作用。例如，消费者的信任倾向和以前的购物经验能否对消费者使用哪种类型的 TTP 服务产生调节作用？在重复购买的环境下，TTP 服务能否对消费者信任产生影响？在第一次购物时，消费者感知到的 TTP 服务是否会对他们的信任态度产生决定性影响？

最后，虽然消费者对 TTP 服务的看法并不是影响消费者信任的唯一因素，但 TTP 服务所倡导的值得信赖的企业信息，对于潜在客户来说，似乎是一个非常重要的影响因素。研究成果在一定程度上可以作为建立和维护消费者初始信任的基础，促进网络信任的发展。

三　实践意义

TTP 的定位是电子商务市场的中介。作为特殊的信用中介，其经济功能是利用自身长期经营积累的信用，证明其他电子商务企业的信用。企业通过展示 TTP 并利用其试图建立消费者信任来证明他们具有良好的信用。多项研究指出，TTP 的隐私保障和安全认证可以有效提升消费者对电商企业的信任度。这项研究进一步表明，不同类型的 TTP 服务可以显著影响消费者的信任意图。统计结果表明，在电子商务环境下，消费者更愿意信任使用 TTP 服务的企业。因此，研究表明，如果条件允许，企业则应在其网站上展示其 TTP 服务，以提高潜在消费者的信任意向。

采用 TTP 服务框架的企业将具有以下优势。

---

① 周涛、鲁耀斌：《C2C 交易中第三方信任机制作用的实证分析》，《工业工程与管理》2008 年第 3 期。

①信用信息显示功能。企业通过展示自己使用的TTP服务，将信任信息传递给消费者，从而使消费者可以有效地了解企业的信用状况。②降低交易成本。企业发出值得信赖的信号，可以降低消费者调查企业信用状况的成本，也有效降低了与消费者建立信任的成本。③增加网站上的销售额。这是TTP服务框架最重要的经济功能，它主要通过改变消费者的信任和购物意图而变得有效。由于展示TTP服务可以改善企业信用形象，增强消费者对企业的信任，这大大增加了交易的可能性和网站的销售量。

传统的TTP研究侧重于隐私和安全认证服务，因此企业非常重视这两个方面。本书通过重新定义TTP的定义和功能，提出了一个全面的TTP框架。实证研究结果表明，消费者对TTP提供的支付服务、物流配送服务和评级推荐服务的看法可以提高他们的信任意愿。此外，统计结果表明，评级推荐服务和物流分销服务对消费者信任度有重大影响。因此，企业在选择TTP服务时，不应只考虑一种类型的TTP服务，而是要根据TTP服务框架进行全面考虑。研究表明，企业在资源允许的范围内，应遵循TTP服务框架，使用不同类型的服务，以最大限度地提高消费者的信任意向。如果资源不足以支持这些不同类型的服务，TTP服务则应按以下顺序进行优先排序：评级和推荐服务、物流配送服务、担保和保险服务认证服务和支付。这是因为研究结果表明，评级和推荐服务在对消费者信任度的影响中起着主导作用，而支付服务的影响最小。

四　局限性和未来研究

虽然本书提出的TTP服务框架是以多种理论支撑的，是在以往研究的基础上发展起来的，但本书不可避免地存在局限性。首先，有效样本数量为282，满足PLS统计分析的基本要求，但样本量越大，越能有效地验证研究假设。其次，超过三分之二的受访者是本科或研究生教育，样本代表性较差。因此，在解释TTP服务类型对消费者信任意愿的影响时，研究结果受到一些限制。最后，由于数据来自单个横截面设计，因此所有统计支持的关系、假设和结论只能被视为暂定。

实证研究旨在反映服务框架中不同服务类型的TTP对信任意向的

影响，但还有许多其他因素可以影响消费者的信任行为和决策，如消费者的个人态度、在线评论、个人信任倾向和企业声誉等。未来的研究必须讨论 TTP 服务与其他因素之间的内部关系，以及它们如何共同影响消费者的信任意向。通过探索这些关系，我们可以更好地了解 TTP 的机制，并有效地建立信任。此外，在市场营销中，根据消费者对商品信息的收集和对购买决策过程的参与，商品分为高参与度产品和低参与度产品。高参与度产品通常是指消费者以大笔资金购买的高价商品，如汽车、电器和珠宝。相反，价格低廉、功效和功能的普通消费品，如饮料、快餐等，属于低参与度的范畴。面对这两类产品，消费者的不同决策导致不同的行为模式。因此，对于不同类型的产品，TTP 服务框架是否会对消费者的信任意图产生不同程度的影响，都可以成为未来研究的重点。研究结果使不同产品的销售企业在面对消费者时，能够使用更有效的 TTP 服务。

第七节　研究结论

由于电子商务环境具有虚拟性和匿名性的特点，信任在其运作方式中起着不可或缺的作用。以往的研究表明，TTP 认证服务可以有效地降低消费者的不确定性，增强他们的信任度。此外，随着电子商务的发展，TTP 不仅提供安全和隐私认证服务，还提供其他类型的服务，如推荐、物流和保险。因此，在扩展了 TTP 的定义和服务之后，本书提出了一个包含不同服务类型的 TTP 框架。这里解决的主要问题是验证 TTP 服务框架中不同类型的服务对消费者信任意图的影响。随机抽样后，对 282 份有效样本进行 PLS 统计分析表明，消费者的信任意向受到评级和推荐服务、物流、配送服务、担保和保险服务、认证服务和支付服务。结果表明，评级和推荐服务在建立消费者信任度方面起着特别主导的作用。通过拓宽 TTP 的定义，本书为 TTP 系统的研究提供了一个新的视角。这些结果对指导企业和帮助企业成功应对电子商务带来的挑战具有重要意义。

第十章

受信任第三方的信任转移机制

第九章总结了 B2C 电子商务市场上 TTP 提供的服务类型，并阐述了包含不同服务类型的 TTP 框架体系对消费者信任意向的积极影响。虽然实证研究数据证明了 TTP 对于建立信任的重要性，但还需要深入研究探讨 TTP 在建立消费者信任过程中的具体作用。本书对网络购物环境中的 TTP 机制进行了探讨，指出 TTP 在消费者在线信任的形成过程中具有促成信任转移的重要功能。此外，本书还研究了不同类型的 TTP 的声誉和呈现形式对信任转移的影响和调节作用，采用 2×2 个处理组进行了实验室试验，以验证本书提出的研究模型和假设。通过对 PLS-SEM 和 PLS-MGA 进行的实验数据分析表明，TTP 可凭借其信任转移功能来影响消费者的信任意向和行为，TTP 的声誉对信任转移有积极影响。此外，我们还发现，详细具体的 TTP 描述和介绍可以显著增强消费者的信任预期，降低他们的风险认知。这些研究结果不仅丰富了 TTP 的相关理论，也为企业在使用和选择 TTP 时提供了一些可靠的指导。

第一节　背景介绍

电子商务继续保持高速发展的势头。根据 2022 年 10 月 28 日第十三届全国人民代表大会常务委员会第三十七次会议中国务院所公布的数据，自 2012 年以来，我国的在线交易额保持快速增长趋势。截至2021年，其已经达到了42.3万亿元，年均增长保持在20.3%。然而，电子商务的发展仍然面临着一些挑战。如何在参与在线交易的各方之间建立信任很重要。事实上，无论电子商务处于何种发展阶段，建立、维持和增强在线信任始终是首要问题①。2015年期间的统计数据表示，47%的在线消费者认为对在线商店缺乏信任是电子商务发展过程中的主要障碍②。信任是在电子商务中取得成功的最重要因素之一。随着相关技术的进步和基础设施的完善，电子商务发展初期的其他问题也已逐步得到解决，如在线支付、信息安全、物流配送、政策和法律等③。然而，为了进一步拓展电子商务，如何建立和维持交易双方之间的信任水平仍然是一个非常重要的问题④。

电子商务领域的研究人员和从业人员试图通过不同的方式来建立和促进在线信任。利用TTP提高可信度已成为企业广泛采用的策略。研究人员就TTP对消费者信任的影响进行了深入研究，但在TTP对信任意向的影响方面尚未达成共识。例如，一些研究认为TTP可以显著提高消费者对企业的信任度，但另一些研究则指出没有发现明显的影响⑤。因此，在这方面必须进行更深入的研究。

以往的研究通常采用基于问卷的实证研究来探讨TTP对消费者行为的影响⑥。但由于外在变量的广泛存在，研究很难对自变量（TTP）和因变量（信任意愿）之间的因果关系做出准确的判断。出于这些原因，本书决定通过在受控环境中的实验室测试来研究TTP对消费者信任意向的影响。

---

① 王梅源、鲁耀斌：《电子商务：网上信任的结构和作用》，《江汉论坛》2005年第6期。

② Guo J., and Jaafar N. I., "A study on consumers' attitude towards online shopping in China," *International Journal of Business and Social Science*, Vol. 2, No. 22, 2011, pp. 122-132.

③ Hsu C. J., "Dominant factors for online trust", in 2008 International Conference on Cyberworlds (CW), IEEE, Hangzhou, China, September 22-24, 2008.

④ 曹蓄温：《跨境电商平台赋权影响顾客锁定的机理分析：顾客参与和信任的中介效应》，《商业经济研究》2022年第2期。

⑤ Moores T., "Do Consumers Understand the Role of Privacy Seals in E-commerce?", *Communications of the ACM*, Vol. 48, No. 3, 2005, pp. 86-91.

⑥ Cook D. P., and Wenhong L., "The Role of Third-Party Seals in Building Trust Online", *E-Service Journal*, Vol. 2, No. 3, 2003, pp. 71-84.

通过实验数据分析，我们发现 TTP 可以有效减少企业与消费者之间的信任壁垒。此外，我们注意到 TTP 具有信任转移的功能，这为我们理解 TTP 的机制提供了一个有意义的框架。根据这项研究，消费者对陌生企业的信任是建立在他们对 TTP 的信任之上的。这种连锁关系使得消费者的信任能够转移到企业上。此外，TTP 的声誉和呈现形式也会对信任转移产生重大影响。研究结果进一步揭示了 TTP 的内部机制，阐明了影响信任转移的调节因素。这些发现有助于理解和扩展相关理论，并帮助企业做出有关 TTP 的决策。

第二节 理论背景

由于互联网的优势，电子商务具有高度的互动性和便利性，吸引了越来越多商家和消费者的关注。由于虚拟性质和时空分离，在线信任于在线交易环境中起着关键作用。根据现有的研究，在线信任被广泛认为是能够影响和促进在线交易的关键因素之一[①]。因此，分析在线信任形成的主要因素、研究电子商务发展过程中在线信任的建立机制具有重要意义。

有学者指出，在线信任可以在提高行为结果的可预测性、降低交易成本、减少机会主义行为和减少合作伙伴的不确定性方面发挥作用[②]。我们由此假设，如果企业能够向消费者证明在线购物是值得信赖的，那么将降低消费者的风险感知，有助于在线交易的发展。

许多研究人员对消费者最初的信任建立机制和在线信任的形成因素进行了深入的研究。实证研究结果表明，消费者对网站的帮助性、

① 徐峰等：《信任构建机制对共享民宿预订量的影响——基于 Airbnb 的实证研究》，《旅游学刊》2021 年第 12 期。

② Fang Y., et al., "Trust, Satisfaction, and Online Repurchase Intention: The Moderating Role of Perceived Effectiveness of E-Commerce Institutional Mechanisms", *MIS Quarterly*, Vol. 38, No. 2, June 2014, pp. 407-427.

易用性和安全性的感知是形成信任的重要前提[①]。进一步研究表明，企业的声誉和结构性保证（基于机构的信任）对消费者的信任意向有显著影响[②]。

近年来，关于 TTP 的研究引起了研究人员的广泛关注。相关研究指出，TTP 作为在线交易的控制机制，可以限制机会主义行为，有效消除消费者的不信任感，增加未来的潜在交易量，有助于建立双方之间的长期信任关系[③]。这些文章为我们理解 TTP 的意义和功能提供了宝贵的贡献。但其中也出现了不同的声音，一些基于问卷调查中收集的数据研究认为 TTP 对消费者的信任意向没有明显影响。

如上所述，我们认为，有必要在控制外生变量的前提下，通过实验室试验研究 TTP 对信任意向的真正影响。此外，现有的研究往往阐述 TTP 对消费者行为的影响，很少解释其机制和影响因素。因此，我们创建了 2×2 个处理组，深入探讨 TTP 的功能和相应的调节因素，从而更加了解 TTP。

第三节　研究假设

由于网购的一些特点，如交易双方在空间上的分离、支付和交付在时间上的异步，以及个人信息（如姓名、地址、信用卡信息等）的使用和披露，在线交易与传统交易相比面临更大的风险[④]。另外，由于消费者不太可能掌握关于产品和企业的所有信息，他们更有可能做出错误的决策，甚至放弃交易。此时，如果企业将包含自身优势的信息准确地传递给消费者（如更高质量的标牌、更合理的价格描述、更

① 熊国钺、沈菁：《交易型虚拟社区用户持续信任影响机制研究——网络口碑特性和虚拟社区感知的作用》，《经济与管理》2019 年第 5 期。

② 宗文宙：《消费者认知信任影响因素分析》，《商业经济研究》2021 年第 11 期。

③ Benassi P.，"TRUSTe：An Online Privacy Seal Program"，*Communications of the ACM*，Vol. 42，No. 2，1999，pp. 56-59.

④ 范志国、郭靖丽：《虚拟品牌社群体验对消费者购买意愿影响的实证研究——基于感知不确定性的中介效应》，《工业技术经济》2014 年第 11 期。

便捷的退货政策、值得信赖的资质和第三方认证），可以减少消费者的信息收集成本，降低风险感知，从而促进信任的形成，增加最终交易的数量①。

为了有效解决上述问题，电子商务市场上涌现出不少作为信用中介的 TTP，其经济功能是通过自身在长期经营中形成的信用来增强其他企业的可信度。这对于新成立的不知名企业尤其有用，旨在减少电子商务市场信息的不对称性，降低消费者的交易成本，从而促进在线销售。

因此，TTP 具有信息传递功能，可以促进可信赖信息在线上交易双方之间的流动，并使消费者在进行交易之前对企业的可信度有一个比较可靠的了解。凭借 TTP 的这一功能，在线交易双方更容易建立信任关系。

如图 10-1 所示，交易双方的信任信息通过 TTP 在消费者与企业之间流动，消费者对陌生企业的信任是建立在他们对 TTP 的信任之上的。因此，由于 TTP 对企业的认证和消费者对 TTP 的信任，这种连锁关系将消费者的信任转移到企业上。

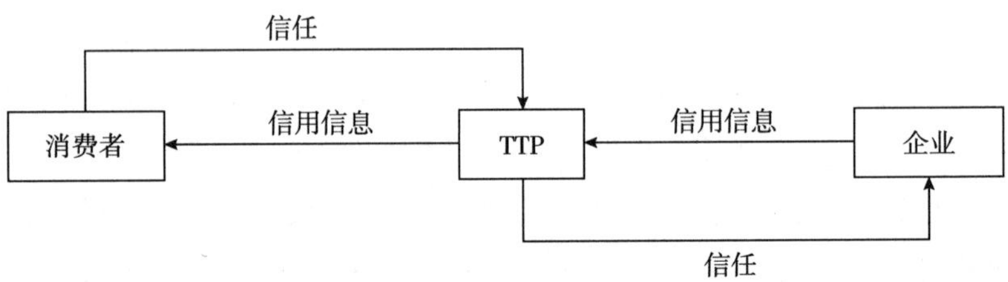

图 10-1 信任转移

为了在实验室环境中测试 TTP 的信任转移功能，我们构建了一个基于 TPB 和三维集成信任模型的研究框架，如图 10-2 所示。

① Head M. M., and Hassanein K., "Trust in E-commerce: Evaluating the Impact of Third-party Seals", *Quarterly Journal of Electronic Commerce*, Vol. 3, 2022, pp. 307-326.

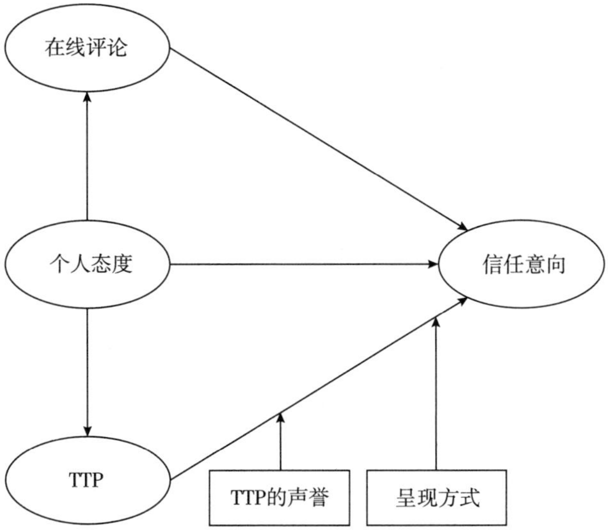

图 10-2　研究框架

我们认为，消费者的行为总体上符合 TPB 的解释；也就是说，行为决定是由消费者自身的意志和理性控制的。当他们有时间思考自己的行为时，行为意向是考察他们行为的最佳方式。具体来说，关于在线购物环境中信任行为和购买决策的发展，消费者往往受到时间、金钱、信息和个人能力的限制，所以他们的行为意向会受到其他因素的影响。正如上文的研究进一步指出的，消费者的个人态度、在线评论和 TTP 是网络环境中行为意向的三个主要影响因素。以在线信任为例，如果消费者的信任态度和在线评论更积极，那么 TTP 将提供更强的支持，消费者的信任意向更高，反之亦然①。

基于上述理论，我们主要将消费者信任意向的影响因素分为个人态度、在线评论和 TTP。信任意向是本实验的因变量，TTP 是自变量。信任意向的其他影响因素，如在线评论和消费者的个人态度，都

① Cao C., et al., "Understanding the Influence and Service Type of Trusted Third Party on Consumers' Online Trust: Evidence from Australian B2C Marketplace", in Proceedings of the 18th Annual International Conference on Electronic Commerce: E-Commerce in Smart connected World, Suwon, Republic of Korea, August 17-19, 2016.

是本实验室试验中控制的外生变量。通过控制限制外生变量对实验结果的影响，获得了较高的内部效度，从而为解释 TTP 与信任意向之间的因果关系奠定了坚实的基础。

在缺乏信任的电子商务环境中，一个可靠的 TTP 可以发挥巨大的作用。在虚拟环境中，消费者往往是第一次与某一企业进行交易，因此他们希望有额外可靠的第三方保护。TTP 的信任可以有效提升消费者对企业的信任，对消费者的信任具有最重要的影响①。因此，本书提出研究假设 10-1：

假设 10-1　消费者感知的 TTP 对消费者的信任意向有积极的影响。

为了进一步探讨 TTP 的机制和影响因素，我们首先考察了市场上的各种 TTP。结果发现，除一些人气和口碑都非常高的 TTP 之外，还有一些新兴的、口碑不高的 TTP。当然，这些公司在定价和收费方式上往往采取不同的策略。根据信号理论的解释，企业通过 TTP 向消费者传递其信任信号，影响消费者的信任意向。据此我们认为，声誉较高的 TTP 可以传递更强的信号，并对消费者产生更显著的影响。因此，本书提出研究假设 10-2：

假设 10-2　TTP 的声誉对 TTP 与信任意向之间的关系具有调节作用。

通过对企业使用的 TTP 及其在网站上的呈现形式的探索，研究表明，TTP 主要以两种形式呈现。一种呈现形式是用抽象标识来表示企业的资格。例如，一些企业会展示 TTP 的认证标志来证明其资格。这种形式主要用于展示各种类型的安全认证、支付认证和隐私认证。他们通过在网站上明显显示 TTP 的标志，影响消费者的信任意向。另一种呈现形式是用具体描述来解释企业获得的相应认证。例如，对服务类型以及服务认证的开始和结束时间进行说明。企业通过具体的信息披露和服务描述，试图有效强化消费者感知到的信任信号，降低风险

① 杜芳莉、俞航东：《企业竞争策略与电商技术采纳行为——理论和基于微观数据的实证研究》，《中国流通经济》2016 年第 8 期。

预期，增强他们对企业的信任度。因此，本书提出研究假设 10-3：

假设 10-3　TTP 的呈现形式对 TTP 与信任意向之间的关系具有调节作用。

第四节　研究设计

一　试验规划

为了探讨 TTP 的信任转移机制和影响因素，我们根据声誉（高或低）和呈现形式（抽象或具体）创建了 2×2 个处理组来检验研究假设。我们设计了一个具有专业外观的在线购物网站来模拟真实的在线购物环境，并精心挑选了要在网站上销售的产品，主要是智能手机、相机和扬声器等数码产品。接下来，我们设计并显示了介绍、描述、评论、更换和退货政策以及公司简介，以模拟真实的电子商务网站。

在试验中，我们使用了 4 个版本的网站，并在易于查看的地方显示 TTP 服务。这 4 个网站除不同处理组的具体要求，即具有不同类型的声誉和呈现形式的 TTP 之外，其余显示的内容相同。

在试验之前，我们对 15 名大学生志愿者进行了预测试，以便改进网站的设计、功能以及问卷内容。

二　参与者

该试验的参与者是大学生，他们自愿参加且无任何补偿补给，并被随机分配到 4 个不同的处理组。表 10-1 显示了人口统计学特征。54%的参与者是男性，其中大多数（89%）属于 18—35 岁年龄组。一半以上的参与者曾在网上购物超过 12 次，并且拥有很高的互联网技能水平（平均值 = 5.84，S. D. = 1.03；在李克特七级量表上，1 = 最低，7 = 最高）。

表 10-1　　受访者人口统计概况（$N=100$）

指标	类别	数量（人）	百分比（%）
性别	男性	54	54.00
	女性	46	46.00
年龄	18—24 岁	47	47.00
	25—34 岁	42	42.00
	35 岁以上	11	11.00
学历	中学学位	22	22.00
	学士学位	61	61.00
	研究生学位	17	17.00
购物频率	0—6 次/年	7	7.00
	7—11 次/年	32	32.00
	12 次/年以上	61	61.00

三　试验过程

在试验正式开始之前，要求参与者进入计算机实验室坐下，打开存储在计算机上的描述文件。参与者有 5 分钟的时间阅读有关试验目的和程序的简要说明。然后，指示不同处理组的参与者打开不同版本的网站并仔细浏览 15 分钟。接着每个参与者在 10 分钟内填写一份调查问卷，收集他们的人口统计学特征以及有关信任意向和行为的数据，供进一步分析。最后，向该试验的所有参与者表示感谢。

四　数据分析

该试验进行了 4 次，每次持续 30—35 分钟。每个处理组有 25 名参与者，共收集了 100 个数据样本。PLS-SEM 在样本量较小的情况下具有良好的解释能力，而不需要数据的正态分布，因此利用该方法来检验研究模型和提出的假设。首先，评估测量模型，以测试不同结构的可靠性和有效性。其次，通过对结构模型的评估来检验不同构件之间的关系和模型的可预测性。最后，应用 PLS-MGA 来探索其他相关因素对信任转移的调节作用。

第五节　研究结果

一　测量模型

本书利用组合信度和克朗巴赫 α 来检验内部一致性可靠性，利用因子载荷来检验指标可靠性。表 10-2 表明，所有潜在变量的 CR 值和 CA 值均大于 0.7，所有测量指标结构的因子载荷均大于 0.708。这些事实均表明本书的测量模型具有非常好的可靠性。

表 10-2　　构造的描述性统计量

因子	问项数	CA	CR	AVE
信任意向（TI）	5	0.864	0.902	0.648
在线评论（OR）	3	0.910	0.944	0.848
个人态度（PA）	5	0.930	0.947	0.781
受信任的第三方（TTP）	4	0.912	0.938	0.792

注：CA：克朗巴赫 α；CR：组合信度；AVE：平均提取方差值。

AVE 用于评估测量模型的收敛效度；福内尔拉克尔准则（Fornell-Larcker Criterion）和交叉载荷（Cross Loadings）用于评估判别效度。如表 9-2 所示，各维度的 AVE 值都大于 0.5，表示收敛效度良好①。在表 10-3 中，任意指标构架的因子载荷都大于它们与其他构架之间的交叉载荷。另外，如表 10-3 所示，模型中任何一个构架的 AVE 值都大于与其他构架对应的相关值。这些事实均表明该测量模型具有足够的判别效度。

① Hair J. F.，et al.，"An Assessment of the Use of Partial Least Squares Structural Equation Modeling in Marketing Research"，*Journal of the academy of marketing science*，Vol. 40，No. 3，2012，pp. 414-433.

表 10-3　因子载荷和交叉载荷

因子	TI	OR	PA	TTP
TI. 1	**0. 805**	-0. 178	-0. 221	0. 139
TI. 2	**0. 846**	-0. 117	-0. 204	0. 146
TI. 3	**0. 745**	-0. 115	-0. 096	0. 001
TI. 4	**0. 776**	-0. 157	-0. 193	0. 21
TI. 5	**0. 847**	-0. 123	-0. 235	0. 16
OR. 1	-0. 179	**0. 869**	-0. 33	0. 011
OR. 2	-0. 178	**0. 857**	-0. 236	-0. 055
OR. 3	-0. 111	**0. 902**	-0. 321	-0. 011
PA. 1	-0. 256	-0. 37	**0. 919**	-0. 543
PA. 2	-0. 165	-0. 284	**0. 874**	-0. 545
PA. 3	-0. 178	-0. 253	**0. 860**	-0. 523
PA. 4	-0. 203	-0. 295	**0. 861**	-0. 545
PA. 5	-0. 258	-0. 297	**0. 904**	-0. 571
TTP. 1	0. 181	-0. 031	-0. 569	**0. 908**
TTP. 2	0. 141	-0. 006	-0. 564	**0. 896**
TTP. 3	0. 083	-0. 042	-0. 488	**0. 852**
TTP. 4	0. 179	0. 004	-0. 568	**0. 902**

注：粗体值表示在指定的结构上加载项。

表 10-4　维度之间的相关性

因子	TI	OR	PA	TTP
TI	**0. 805**			
OR	-0. 171	**0. 876**		
PA	-0. 207	0. 033	**0. 921**	
TTP	0. 32	0. 218	-0. 611	**0. 909**

注：对角线上的粗体值是平均提取方差值的平方根。

二　结构模型

基于 SmartPLS 3. 2. 7，我们对路径系数进行了显著性 t 检验。原始样本数为 100，最大迭代次数为 5000。路径系数和显著性检验结果见图 10-3。实证研究的结果表明，在网上购物时，消费者对 TTP 服务的感知会显著影响他们的信任意向。

决定系数（R^2）反映了外源潜伏变量对内源潜伏变量的解释程度。$R^2>0.67$ 表示潜在变量具有很强的解释力，$R^2>0.33$ 表示中等解释力，$R^2<0.19$ 表示弱解释力①。对于消费者的信任意向，R^2 的值为 0.81，表明本书提出的模型具有良好的解释力。

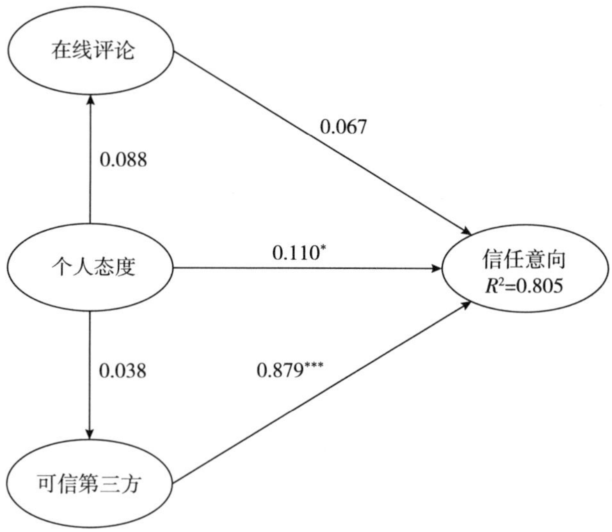

图 10-3　PLS-SEM 分析结果

注：*：$p<0.05$；**：$p<0.01$；***：$p<0.001$。

三　多群组分析

为了了解 TTP 声誉和呈现形式对在线购物环境中信任转移的影响，我们使用由 Sarstedt 等②提出的 PLS-MGA 的参数化方法来测试异质性的存在。通过如式（10.1）和独立的样本 t 检验，结果表明它们

① Wetzels M., et al., "Using PLS Path Modeling for Assessing Hierarchical Construct Models: Guidelines and Empirical Illustration", *MIS Quarterly*, Vol. 33, No. 1, 2009, pp. 177-195.

② Sarstedt M., et al., "Multigroup Analysis in Partial Least Squares (PLS) Path Modeling: Alternative Methods and Empirical Results", *Advances in International Marketing*, Vol. 10, No. 22, 2011, pp. 195-218.

在信任转移中起到了调节作用。数据见表 10-5 和表 10-6。

$$t=\frac{Path_{Sample\_1}-Path_{sample\_2}}{\left[\sqrt{\frac{(m-1)^2}{(m=n-2)}\times S.E._{sample1}^{2}+\frac{(n-1)^2}{(m+n-2)}\times S.E._{sample2}^{2}}\right]\times\left[\sqrt{\frac{1}{m}+\frac{1}{n}}\right]} \tag{10.1}$$

表 10-5　　参数显著性检验—高声誉与低声誉

路径	路径系数差	t 值	p 值
PA->OR	0.012	0.054	0.957
PA->TTP	0.167	1.539	0.125
OR->TI	0.316	1.273	0.204
PA->TI	0.226	1.436	0.152
TTP->TI	0.805	3.381***	0.001

注：*：$p<0.05$；**：$p<0.01$；***：$P<0.001$。

表 10-6　　参数显著性检验—抽象与具体表示

路径	路径系数差	t 值	p 值
PA->OR	0.028	0.128	0.898
PA->TTP	0.063	0.585	0.559
OR->TI	0.269	1.066	0.287
PA->TI	0.194	1.374	0.170
TTP->TI	0.414	1.962*	0.050

注：*：$p<0.05$；**：$p<0.01$；***：$P<0.001$。

第六节　讨论和影响

一　主要结论

由于网购环境中信息的阻碍和不流通，企业的信用信息无法有效传递给消费者，从而造成消费者对企业的不信任①。消费者因为无法访问这些信息，在在线交易的过程中往往变得非常谨慎，并表现出对商家的不信任。这有时会导致他们拒绝潜在的交易，即使面对值得信任的企业也是如此。

TTP 的出现有效地缓解了这些问题，减少了信息不对称，降低了消费者搜索信息的成本，促进了信任关系的建立，进一步推动了电子商务的发展②。通过对收集到的数据的分析，本书提供了可靠的证据，证明 TTP 对消费者的信任意向有重大影响，从而可能增加潜在的交易量。

此外，本书还解释了电子商务环境中 TTP 的信任转移功能，以及 TTP 如何将消费者对它们的信任转移到目标企业。在信任转移过程中，TTP 的声誉和呈现方式起着重要的调节作用。具体来说，TTP 的声誉越高，消费者对企业的信任度就越高。此外，当涉及消费者对 TTP 服务的认可时，具体的表述比抽象的表述更有效，从而大大促进了对企业的信任。

我们认为，TTP 对消费者行为意向的影响是通过信任转移来实现的。因此，消费者对 TTP 的信任程度和信任转移的有效性可以显著影响消费者与企业之间的信任水平。

如图 10-4 所示，在线交易的参与者主要涉及三方：消费者、TTP 和企业。TTP 在其长期运营中建立了高度的可信度。企业通过 TTP 服务将其可信信息传递给消费者，以降低消费者的感知风险、增强消费者对企业的信任。在这个信任转移过程中存在两个关键点：消费者对 TTP 的信任和 TTP 对企业的认证。前者决定了信任转移的程度，后者则决定了信任转移的效果。根据我们的研究，消费者更愿意接受和认可高声誉的 TTP 为企业提供担保和认证。此外，企业在介绍 TTP 的担保和认证时，具体详细的描述更容易影响消费者的信任度。综上所

① 董旻、武志昂：《我国药品注册行政受理服务质量的 SERVQUAL 评价研究》，《中国药学杂志》2022 年第 9 期。

② Özpolat K. and Jank W.，“Getting the Most Out of Third Party Trust Seals：An Empirical Analysis”，*Decision Support Systems*，Vol. 73，2015，pp. 47-56.

述，TTP 的信任转移机制受其声誉和呈现方式的影响，两者对消费者的信任意向都有明显的调节作用。

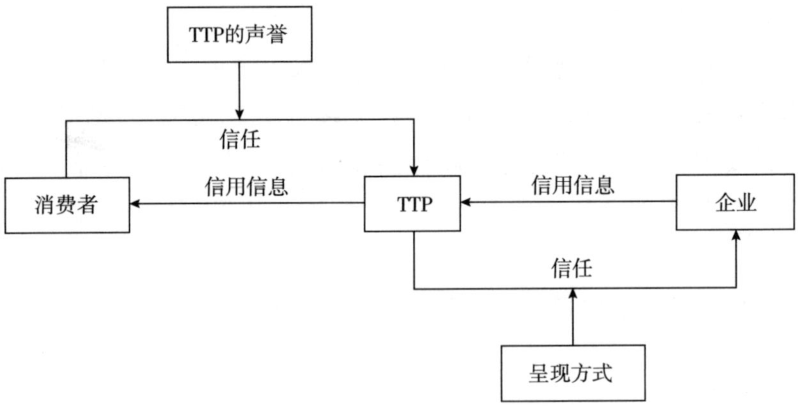

图 10-4　在线环境中 TTP 的信任转移机制

二　理论和实践意义

随着网络购物的蓬勃发展，学者对 TTP 的研究兴趣与日俱增，研究成果也逐渐丰富。总的来说，本书也对这一领域做出了一些贡献。首先，我们详细阐述了 TTP 的信任转移功能，并解释了 TTP 认证服务如何将信任转移给陌生的网络企业。这些结果丰富了 TTP 领域的相关文献。其次，我们还深入讨论了 TTP 的内部机制，指出其声誉和呈现形式是影响和调节信任转移的两个重要因素。这些结果进一步丰富了相关理论，扩展了我们对 TTP 的理解。最后，本书构建的实验室环境提供了一个非常高的控制度，从而导致相对较高的内部有效性。这为我们探索和研究 TTP 对消费者行为的影响创造了有利条件。

对于企业来说，我们的研究为他们在 TTP 的使用决策上提供了宝贵的指导。TTP 对消费者的信任意向有积极影响，因此企业应尽量采用 TTP 提供的服务，以有效提升消费者的信任水平，增加潜在的交易量。

如何选择市场上各种各样的 TTP 对于企业来说是一个挑战。我们的研究结果表明，声誉较高的 TTP 对消费者的信任意向影响更大。企业应与 TRUSTe、VeriSign、BBBOnLine 等高声誉的 TTP 合作，因为它们可以更有效地将信任传递给潜在消费者，增强消费者对企业的信任，并对未来的交易产生积极影响。

此外，我们的研究还为 TTP 及其用户提供了宝贵的见解。我们的研究结果表明，具体的呈现形式，即对 TTP 所提供的服务和认证的详细描述和推广，可以有效提升消费者对企业的信任度。因此，企业在展示 TTP 时，不应只显示简单抽象的图标，而应详细说明 TTP 提供的服务和要求，将这些值得信赖的信息展示给消费者，从而降低消费者对风险的感知，创造一个友好的在线购物环境。

三　局限性和未来研究

虽然本书对在线购物环境中 TTP 的信任转移机制进行了有益的探索，但仍存在局限性。首先，100 个样本满足 PLS 最小样本量的要求，但更多的样本可以有效提高模型的可预测性和准确性。其次，参与者的年龄和受教育程度仅限于大学生，因此实验结果不能简单地扩展到真实的、由不同群体消费者组成的网购环境中。在我们未来的研究中，有必要更广泛地收集不同消费群体的数据样本，以更普遍地解释实验结果。最后，由于实验室试验的特点，参与者之间可能会产生需求伪命题。其外部有效性也低于实地试验。因此，这些试验结果对现实世界中的适用性可能很弱。在今后的研究中，可以进行实地试验，例如，对消费者在具有 TTP 的在线购物网站上的真实购买行为进行实地试验。

第七节　研究结论

由于在线购物环境的虚拟性、匿名性和时空分离性，在线信任起着不可或缺的作用[1]。以往的实证研究指出，TTP 提供的各种服务可以有效缓解消费者在购物中面临的不确定性，增强其信任感，从而改善企业的在线交易，促进电子商务的发展[2]。虽然相关研究报告称 TTP 可以显著影响消费者的信任意向和决策，但现有的研究很少通过实验室试验的方式进行，也很少探讨 TTP 的内部机制。基于实验数据，本书不仅证实了 TTP 对消费者行为的重要影响，还进一步解释了其在在线购物环境中的信任转移的功能。此外，本书还揭示了信任转移的调节因素，即 TTP 的声誉和呈现形式。我们的研究结果表明，通过高声誉的 TTP 为企业提供认证服务，可以显著提高消费者对企业的信任度。此外，对 TTP 服务具体详细的描述和介绍可以有效地增强消费者对 TTP 服务的认知，从而影响他们的行为意向。总的来说，本书对 TTP 的信任转移功能及其影响因素的解释，不仅填补了 TTP 研究的空白，也为企业选择 TTP 服务提供了有益的指导。

---

① 曹蓄温：《跨境电商平台赋权影响顾客锁定的机理分析：顾客参与和信任的中介效应》，《商业经济研究》2022 年第 2 期。

② Hu X., et al., "The Effects of Web Assurance Seals on Consumers' Initial Trust in an Online Vendor: A Functional Perspective", *Decision Support Systems*, Vol. 48, No. 2, 2010, pp. 407-418.

第十一章

研究总结

本章在总结相关结论和探讨理论意义的基础上，试图提供一些相关的建议为行业提供参考和指导。此外，该章节还阐明了现阶段研究存在的局限性，并对未来的研究前景做了进一步的畅想。

第一节 主要研究结论

（1）消费者信任意向水平由消费者态度、消费者所查看的在线评论和 TTP 向企业提供的服务三者共同决定的，其是预测消费者信任行为的重要标准。本书以 TPB 为基础，全面总结了上述影响消费者信任行为的三个因素。除识别和呈现相关影响因素外，该项研究还进行了不同类型因素相互作用的尝试性探究。

（2）消费者对网络信任行为的态度受当前电子商务环境的可靠性、个人信任倾向、企业规模、消费者体验网络产品或服务时浏览的网页设计以及消费者自身的在线交易体验的影响。消费者的个人信任倾向对建立初始信任的过程具有重要意义①。本书的结果表明：在个人信任倾向较高的前提下，消费者愿意在没有可靠信息的情况下向企业传递相信的信号。而消费者的个人信任倾向会受其自身成长经历、

① 鲁耀斌、周涛：《B2C 环境下影响消费者网上初始信任因素的实证分析》，《南开管理评论》2005 年第 6 期。

个性特征和文化背景的影响，因此将不可避免地出现因个体差异所导致的不同程度的对陌生企业的信任差异①。此外，本书还指出，消费者以往的在线购物体验可以显著影响他们的信任意图。这些体验感受越积极，消费者的信任意图就越强烈。换言之，如果消费者对以往的交易经历存在更积极的看法，其对企业的信任度就会更高②。研究结果表明，消费者与企业过往的互动在强化消费者对企业信任感的过程中起着重要作用，并显著影响他们的个人态度。

（3）消费者在网上浏览到的负面评价对消费者的信任意愿存在负面影响。企业及其旗下的产品或服务的负面评价会降低消费者的信任意向，进而减少消费者未来与企业的互动和消费可能性。之所以出现这种情况，主要是因为消费者认为在线评论是其他消费者以往购物体验的描述和经验分享③；由于这些描述内容和分享信息不受企业所控制，因此消费者会认为它是高度可靠的，可以客观地反映企业的真实情况，从而帮助潜在消费者做出恰当的购买决策④。

（4）消费者对在线评论的感知受到评论获取渠道和评论质量的影响。本书深入探讨了在线评论对消费者信任的影响机制。结果表明，在线评论对消费者行为意向的影响程度受到消费者获取评论的渠道和评论质量的影响。具体而言，在线评论对消费者信任意图的影响因渠道而异。研究结果表明，消费者对于独立的第三方平台和 SNS 上发布的评论更为信任，进而此信任意向将对消费者的行为产生重大影响。与此同时，这两种渠道的信息是企业无法控制的，因此它们往往比其他渠道的评论信息更具有真实性、可靠性和独立性。因此，消费者对于这些渠道的在线评论具有更高的信任度。此外，也由于 SNS 中的信

① Lee M. K. O., et al., "Understanding Customer Knowledge Sharing in Web-Based Discussion Boards: An Exploratory Study", *Internet Research*, Vol. 16, No. 3, 2006, pp. 289-303.

② 肖建敏：《电子商务背景下消费者心理变化对电商企业营销策略的影响》，《现代营销》（经营版）2020 年第 1 期。

③ 王平、代宝：《消费者在线评论有用性影响因素实证研究》，《统计与决策》2012 年第 2 期。

④ Kusumasondjaja S., et al., "Credibility of Online Reviews and Initial Trust: The Roles of Reviewer's Identity and Review Valence", *Journal of Vacation Marketing*, Vol. 18, No. 3, 2012, pp. 185-195.

息发布者通常与消费主体是家庭成员、朋友、同事或偶像等关系更为密切的存在，因此该渠道的信息更容易吸引消费者的注意力并被其所接受，从而对其信任行为产生强烈影响。除信息渠道的差异外，信息质量也对在线评论在消费者信任意图的影响中起到显著的调节作用。由于高质量信息对消费者信任产生较为正向的影响，本书还调查了影响信息质量的相关因素。实证研究结果表明，可信度准确性、完整性、时效性和格式是判断信息质量的重要因素。

（5）消费者感知到的TTP对消费者的信任意愿有积极影响。研究表明，企业采用的TTP服务可以有效降低消费者的风险认知，显著增加他们对企业的信任感[①]。企业拥有的TTP资源越多，预期的障碍就越少，消费者对企业的信任也就越强。因此，企业所提供的TTP可以有效和积极地影响消费者的信任意图。

（6）TTP提供的服务差异对消费者信任意愿产生不同的影响。本书总结了TTP提供的不同服务功能，同时在一定程度上扩展了TTP的定义和内涵。结果表明，消费者所接受的不同的TTP服务对信任行为产生显著不同的影响。TTP的使用不应该局限于传统的安全和隐私问题；其还应该被应用于构建一个全面的服务框架。只有如此，才能通过使用不同类型TTP服务降低不同领域的风险，有效提高消费者的整体信任水平。

（7）TTP的呈现类型和声誉在信托转移中发挥着监管作用。TTP具有信任传递功能，可以促进不同交易方之间的信用信息流动，并使消费者能够在潜在交易之前评估陌生企业的可信度。借助TTP的信任传递功能，消费者更容易对企业建立信任。研究结果还表明，信任传递功能受到TTP本身的声誉和TTP呈现方式的影响。具体来说，声誉较优的TTP所提供的服务更容易被消费者所接受，进而可以显著提升消费者对企业的信任水平。此外，对TTP服务的完整、详细、具体的描述和呈现，可以有效增加消费者对TTP服务的认知，从而显著提高消费者对相关企业的信任水平。

---

① 管益杰等：《网络购物中的信任》，《心理科学进展》2011年第8期。

第二节　研究意义

为了检验影响消费者信任的因素以及此些因素及其内部机制之间的相关性，本书采用了渐进式的研究设计。整个研究试验由五个独立的实证研究组成，实证结果和结论见第四章至第九章。

一　理论意义

为了调查消费者信任意向的影响因素，本书提出了三维集成信任模型。该模型提供了一种较为可靠的方法来理解和分析消费者信任，也为探索不同影响因素的内部机制和相关性提供了可能。本书成果丰富了在线信任领域的相关学术成果，同时也对 TPB 在当前 B2C 电子商务环境下的适用性进行了有意义的验证。结果表明，TPB 可用于解释消费者在网购过程中信任意图的形成和信任行动的决策。

此外，本书不仅解释了不同因素对消费者信任意向的影响，还阐述了不同因素的相关性，剖析了其内部机制和组成，在一定程度上弥补了这一研究领域的空白。例如，本书通过实验的方法讨论了 TTP 的信任传递功能，并解释了在线评论信息的来源。这些都是在线信任研究领域的新突破，不仅为相关研究提供了新视角，也为深入了解消费者信任建立机制提供了新路径。

最后，本书并不局限于简单地列举信任行为的影响因素，而是对这些因素影响消费者信任的方式进行了深层次的讨论。以往的研究只是指出影响信任行为的因素，而忽略了它们的内部机制。然而，这项研究不仅揭示了在线评论的质量对建立消费者信任感有重大影响，而且还详细剖析了信息质量的构成，阐述了消费者用于判断在线评论的标准和方法。这不仅为我们深入了解消费者的行为模式提供了理论基础，也为我们有效预测消费者的行为趋势提供了操作框架。

二　实践意义

在互联网时代，赢得和增强消费者的信任已经成为增加交易量的关键，是所有从事在线营销的企业都应该考虑和解决的关键问题[①]。根据研究结论针对不同的利益相关者提出如下相关建议。

（一）企业视角

从企业视角出发，其应注意在线评论和 TTP 两要素。具体建议如下。

1. 在线消费者评论系统的构建

在消费者看来，在线评论是其他有相关产品购物经验的消费者发布的对于企业、产品和服务的评论，并具有诸如口碑塑造和宣传推荐等多种功能[②]。企业可以合理利用该评论来提升潜在消费者的信任水平。在实践中，企业必须强调以下几点。

首先，来自企业无法控制的渠道的在线评论可以对消费者的行为意图产生更显著的影响；因此，企业应尽可能使用第三方平台来展示消费者的评论。此外，企业应该对 SNS 的评论给予更积极的回应和互动。这是唯一能有效提升消费者信任度的方法。

其次，高质量信息的存在对于消费者来说是十分重要的。因此企业应根据本书中提出的信息质量框架来衡量其信息的质量，且其应该尽可能地向消费者展示这种高质量的信息，以帮助消费者提高在面对大量竞争信息时的决策效率。

2. 全面利用 TTP 提供的服务

企业应努力展示其 TTP 服务的质量，以便向消费者传递可信赖的信息。以下几点是利用 TTP 提供服务的关键点。

第一，TTP 提供的服务类型是多种多样的，其类型的多样化是旨在满足不同的消费者需求。不同类型的服务存在差异性，受其影响的消费者信任水平也随之出现显著区别，因此企业应当根据自身的需要，选择不同类型的服务进行综合提供。提供的 TTP 服务系统越全面，就越能直接地提高消费者的信任水平。因此，企业在考虑 TTP 服

① 姚公安、覃正：《消费者对电子商务企业信任保持过程中体验的影响研究》，《南开管理评论》2010 年第 1 期。

② 严建援等：《电子商务中在线评论内容对评论有用性影响的实证研究》，《情报科学》2012 年第 5 期。

务时，应遵循研究提出的 TTP 服务框架来选择合适的服务类型，有目的地降低消费者的风险认知，从而增强消费者的信任意愿。

第二，在市场充斥着大量 TTP 服务的环境下，企业应该选择那些信誉较高的 TTP 服务。这是因为消费者认为良好信誉的服务认证更具有价值，并倾向于选择此类 TTP 服务。

第三，企业应当详细描述服务类型、服务提供方式和服务认证的有效性，并解释其对消费者的作用、意义和帮助。只有详细而具体的信息才能增强消费者对 TTP 服务的认可度，进一步提高其对企业的接受度，助力良好信任关系的构建。

（二）行业发展

对于行业而言，企业高服务质量和消费者强信任水平可以为未来的交易奠定坚实的基础。消费者在网络购物时的风险偏好和信任决策较大程度上受以往交易经验和个人信任倾向的影响[①]。因此，只有在信任水平总体有所提高的环境中，才能吸引和增加潜在的交易。对于电子商务行业来说，促进形成良好的氛围，努力提高企业的服务水平，消除负面因素的影响，努力解决行业面临问题并积极响应消费者需求等行动，都可以增强消费者对网购环境的整体信任，有效增加交易量，实现良性循环。

（三）政府管理

对于政府部门来说，完善的法律法规和政策支持可以增强消费者对网购的信任，从而促进电子商务的广泛发展和普及[②]。其主要涉及两个方面的改进工作。首先，根据电子商务的特点，必须制定法律来保护消费者的权益。其次，应有可行的争议解决机制，为消费者提供专业可靠的指导。

良好的网购氛围和高度的信任意向是企业、行业、政府多方面共同投资的结果。只有多方共同合作，才能有效增强消费者的信任意向，进一步促进交易增长、行业发展。

---

① 龙冬等：《基于 C2C 电子商务卖方视角的客户信任影响因素实证研究》，《情报杂志》2009 年第 5 期。

② 甘强：《重识“消费者”的法律地位》，《政治与法律》2016 年第 12 期。

第三节 局限性

由于各种原因，研究中往往存在局限性和挑战，这项研究也不例外。采用不同的调查方法和实验来解决不同的研究问题，数据分析方法也因研究目标的不同而不同。对于本书的具体问题和场景，其局限性在第四章至第九章中阐述。本节主要阐述了在本书中遇到的一般局限性问题。

由于时间，地点和资金的限制，本书的调查对象以大学生为主。就年龄而言，他们分布在 20—35 岁；就收入而言，学生的年收入通常很低；就教育而言，他们大多是受过高等教育的人群，并且擅长使用互联网技术。这些人口统计特征表明，这项研究受到单一受访者的限制。虽然受过良好教育的年轻人是网购的主要参与者，但不可否认的是，本书的结论主要适用于教育程度高、年龄分布在 20—35 岁的网购消费者，对其他群体的适用性有待商榷。因此，这些结论不能简单地推广到所有的消费群体。

这里采用的研究方法主要分为实地调查和实验室试验两种类型，这也不可避免地存在一些限制。

使用实地方法收集的数据可能受到社会期望偏差的影响。这是指受访者倾向于给出社会上理想的回应，而不是选择反映他们真实感受的回应。由于这项研究需要考察消费者的个人态度、行为、能力、意愿和个性，因此高度的社会期望偏差可能会严重影响其有效性。我们以多种方式解决了这个问题，譬如以匿名方式完成数据收集，当受访者不被要求提供个人可识别信息，其给出的反馈将更倾向于自身的真实想法，从而减轻社会期望偏见；再如在数据筛选过程中，如果存在受访者对所有答案几乎都给予高分，则问卷被裁定为无效。然而，尽管采取了上述措施，但研究主要集中在消费者对不同事物的态度及其行为的分析上，因此结论不可避免地受到社会期望偏见的影响。

实验室试验是本书中使用的另一种方法。这种研究设计可能会导致需求性的人工创造，即受访者试图猜测实验的目的并做出相应的反应[①]。例如，当网页上显示某一个隐私认证时，消费者可能会在试验前回忆起网络购物的隐私问题，并猜测 TTP 认证服务正试图改变他们对此问题的态度。由于这种现象的存在，试验结果可能会偏离现实世界的实际情况。此外，实验室试验是在人工环境中进行的，所以其外部有效性低于现场试验的有效性，从而将试验结果应用于现实世界的能力不可避免地被削弱。

本书采用的主要数据分析方法是 PLS-SEM，其以自己特有属性限制了结果。具体而言，PLS-SEM 方法所需要的样本量问题在研究人员中极具争议。由于许多因素对样本量的影响很大，一些现有文献对所需的最小样本量提出了不同的标准。而部分研究人员则认为，样本量与 PLS-SEM 的应用无关[②]。虽然最小样本量的问题尚未达成共识，但人们普遍认为，即使样本量较小，PLS-SEM 的统计分析结果也没有识别问题，仍然具有很高的统计显著性[③]。然而，不可否认的是，较大的样本量可以提高模型估计的准确性和一致性。

第四节　未来研究

本书探讨了消费者信任在网络购物过程中的影响因素，分析了不同因素之间的关联和作用机制，阐述了其内在机制和构成，研究所得结果在一定程度上为学术和行业做出了贡献。此外，随着电子商务在全球的流行和近期的发展，本书将在未来进行进一步的探索。

首先，一些最新的探索性研究指出，消费者购买的产品类型对他

① 胡悦：《实验室试验：政治科学研究的一种有效方法?》，《国外理论动态》2021 年第 6 期。

② Barclay D. et al.，“The Partial Least Squares（PLS）Approach to Causal Modeling：Personal Computer Use as an Illustration”，*Technology Studies*，Vol. 2，No. 2，1995，pp. 284-324.

③ 刘金兰等：《结构方程模型的偏最小二乘算法及其几何意义》，《哈尔滨商业大学学报》（自然科学版）2005 年第 6 期。

们的行为决策具有显著的调节作用[①]。因此，有必要研究不同的产品类型对该模型的影响。例如，研究人员定义了两种类型的产品：高参与性产品和低参与性产品，并进一步指出高参与性产品需要消费者进行更多产品相关信息的搜集。这些信息可以为消费者未来的行为决策提供重要依据。因此，我们有必要在未来的研究中对产品类型做进一步详细的讨论，并探索它们对消费者信任影响因素的前置影响；也将进一步调查购买不同产品时，相关因素对信任意图的影响是否存在显著差异。

其次，随着电子商务的广泛普及和蓬勃发展，不同国家的消费者也可以并尝试在网上购买自己喜爱的产品和服务。然而，由于文化、风俗习惯、地理位置和经济发展的差异，不同国家和地区消费者的行为意图是否存在显著差异，尤其是形成网络信任过程中的差异，将是未来研究的焦点。

最后，随着 SNS 的快速增长，原有的在线沟通方式和销售模式发生了新的变化，例如社交购物的兴起。此些新情况随之带来的是新要求和新挑战：不仅需要探索原有 B2C 电子商务模式下消费者信任的形成机制，而且需要对当前销售模式下使用新技术、新环境的消费者与卖方或与企业间的信任关系进行更深入的研究。

① 刘启华等：《信息级联视角下网购产品排名对产品销量的影响：产品类型和产品价格的调节作用》，《管理评论》2023 年第 1 期。

词汇表

10 倍规则：一种所需最小样本量确定 PLS 路径模型的方法（结构或形成性测量模型中最复杂 OLS 回归的独立变量数的 10 倍）。

准确性：衡量在线评论信息所表示的对产品或服务评论的准确程度。

基于代理的在线评论：用于发布和交换在线评论的网站属于独立的第三方，例如第三方销售平台或评论代理。产品的销售商不保留信息的所有权。

平均提取方差值（AVE）：收敛效度的一种测量方法，潜在构面解释其指标方差的程度。

信任行为：当实体 A 自愿依赖实体 B 时。

自举样本（Subsamples）：是指在自举程序中抽取的样本数量。一般建议使用 5000 个或更多样本。

自举法（Bootstrapping）：是一种重采样技术，从原始数据中提取大量子样本（带有替换），并对每个子样本进行模型估计。

认证服务：指 TTP 向企业提供的安全、隐私、质量认证服务。主要包括认证机构、各类服务质量认证机构、部分律师事务所、会计师事务所、审计事务所等。

渠道：指当信息从分发者传递到接收者时获取或传递信息的媒介。

决定系数（R^2）：由其预测构面解释的内生结构方差比例的度量。

完整性：指在线评论中提供所有必要信息的程度。

组合信度（Composite Reliability，CR）：内部一致性可靠性的衡量标准。与克朗巴赫 α 系数不同，它不假设指标负载相等。

构面：衡量抽象、复杂且无法通过（多个）项直接获得的概念。

可信度：指评论者的可信度，反映他们的专业能力和专业知识。

信用障碍：指网络零售商的信用信息因信息被封锁而无法有效转移给消费者。

信用风险：指由于网络零售商采取了不诚实的策略而给消费者造成损失的风险。

克朗巴赫 α（Cronbach's Alpha，CA）：一种内部一致性可靠性的测量方法，假设指标负载相等。

交叉载荷（Cross Loadings）：指标与模型中其他构面的相关性。

时效性：衡量评论者发布在线评论的时间与消费者阅读评论的时间之间的差异。

格式：代表消费者对信息呈现效果的看法。

福内尔拉克尔准则（Fornell-Larcker Criterion）：一种判别有效性的测量方法，用于比较提取的每个构面的平均方差的平方根及其与模型中所有其他构面的相关性。

指标可靠性：是标准化指标外部载荷的平方。它表示了构面对项中变异量的解释，被称为从项中提取的方差。

保险服务：指由 TTP 提供的各种在线交易担保和保险服务。主要包括为物流配送、商品损坏、商品退货等提供赔偿的金融企业。

信任意向：当实体 A 乐于依赖实体 B 时。

物流服务：指 TTP 在在线交易期间提供的货物运输服务。主要包括邮政物流系统和第三方物流企业。

测量模型：是路径模型的一个要素，包含指标及其与构面的关系。

最小样本量：表示满足所使用多元分析方法技术要求所需观测值数量的基础总体。

多组分析：是一种调节变量分析，其中调节变量是分类的（通常有两个类别），并被假定可能会影响结构模型中的所有关系。它测试两组参数之间（主要是路径系数）是否有明显差异。

在线评论：指消费者在在线购物网站或其他网络媒体（如其他评

论网站、论坛、社交网站、博客、微博和即时通信工具）上发布的对产品或服务、购买经验和相关公司的意见和看法。消费者的这种看法可能是积极的，也可能是消极的，并且源于他们的个人经验或他人（如家人、朋友或同事）经验。

偏最小二乘多组分析（PLS-MGA）：是一种基于自举法的多组分析技术，进一步改进了 Henseler 的多组分析技术。

偏最小二乘结构方程模型（PLS-SEM）：是一种基于方差的估计结构方程模型的方法。

支付服务：指 TTP 在在线交易过程中处理的金融业务。主要包括银行、信用卡机构、第三方支付机构等金融机构。

个人态度：指消费者对在线零售商正面或负面的信任感。

信任倾向：当人们自然倾向于信任实体 A。

推荐服务：指由 TTP 提供的产品评价、用户体验描述等相关服务。主要包括专业的产品使用和评价公司、行业协会、公司评级和推荐机构。

可靠性：指衡量标准的一致性。

信誉：表示基于实体过去行为的信息或观察，对实体未来行为的期望。

基于卖家的在线评论：用于发布和交流评论的网站属于卖家，卖家对在此环境下发布的评论信息的保留所有权。

基于 SNS 的在线评论：在线评论的交流主要发生在社交网络环境中，如社交媒体网站、博客、微博、即时通信工具等网络媒体。信息发布者保留此类信息的所有权和修改权。

结构方程模型（SEM）：用于衡量潜在变量之间的关系。

结构模型：表示路径模型的理论或概念要素。

信任模型：是为理解消费者的信任行为和信任决策过程而提炼的抽象描述。

受信任的第三方（TTP）：指以克服虚拟市场的信用障碍和信用风险为主要目的，提高整体信用信息意识和市场可靠性，在虚拟市场中形成良好的信用文化，扩大在线交易量、促进电子商务不断发展的第三方经济主体。

有效性：指构面的指标共同衡量它们应该衡量的内容的程度。

数量：指对某些产品或服务的评论量。

附录

附表 1 构面的判别效度

因子	ECE	ES	PA	PC	PCI	OR	POTE	PP	PPFI	PPT	PQI	PTP	PTS	TB	TI	TTP	WD
ECE	**0. 927**																
ES	−0. 200	**0. 969**															
PA	−0. 383	−0. 097	**0. 913**														
PC	−0. 514	0. 482	0. 266	**0. 969**													
PCI	0. 245	0. 102	−0. 845	−0. 098	**0. 949**												
OR	0. 066	0. 595	−0. 651	0. 291	0. 722	**0. 872**											
POTE	0. 333	0. 300	−0. 212	−0. 024	−0. 069	0. 100	**0. 922**										
PP	0. 312	0. 344	−0. 294	0. 285	0. 353	0. 589	0. 135	**0. 950**									
PPFI	−0. 419	−0. 077	0. 657	0. 187	−0. 447	−0. 326	−0. 662	−0. 089	**0. 927**								
PPT	−0. 478	−0. 379	0. 787	0. 192	−0. 702	−0. 720	−0. 278	−0. 531	0. 534	**0. 873**							

续表

因子	ECE	ES	PA	PC	PCI	OR	POTE	PP	PPFI	PPT	PQI	PTP	PTS	TB	TI	TTP	WD
PQI	0. 096	0. 525	−0. 628	0. 425	0. 624	0. 796	0. 355	0. 522	−0. 524	−0. 624	**0. 879**						
PTP	−0. 617	−0. 001	0. 197	0. 358	−0. 065	−0. 113	−0. 283	−0. 491	0. 257	0. 437	−0. 076	**0. 974**					
PTS	−0. 336	−0. 635	−0. 075	−0. 170	0. 200	−0. 211	−0. 510	−0. 393	0. 144	0. 283	−0. 275	0. 385	**0. 958**				
TB	−0. 345	−0. 623	0. 679	−0. 028	−0. 585	−0. 766	−0. 398	−0. 586	0. 498	0. 850	−0. 689	0. 378	0. 457	**0. 963**			
TI	−0. 406	−0. 558	0. 704	−0. 058	−0. 615	−0. 761	−0. 426	−0. 609	0. 565	0. 845	−0. 742	0. 393	0. 453	0. 904	**0. 958**		
TTP	−0. 691	−0. 026	0. 018	0. 443	0. 185	0. 104	−0. 319	−0. 356	0. 096	0. 316	0. 149	0. 702	0. 583	0. 292	0. 287	**0. 912**	
WD	−0. 132	0. 108	0. 302	0. 261	−0. 320	−0. 058	−0. 029	0. 319	0. 281	0. 082	−0. 160	−0. 260	−0. 040	−0. 019	0. 038	−0. 183	**0. 914**

注：对角线上的粗体值是平均提取方差值的平方根。

附表 2　　因子载荷和交叉载荷

因子	PA	ECE	ES	POTE	PP	PPT	WD	OR	PCI	PPFI	PQI	TB	TI	TTP	PC	PTP	PTS
PA. 1	**0. 920**	−0. 338	−0. 147	−0. 228	−0. 287	0. 738	0. 257	−0. 639	−0. 781	0. 624	−0. 602	0. 666	0. 674	0. 015	0. 226	0. 195	−0. 039
PA. 2	**0. 906**	−0. 320	−0. 106	−0. 168	−0. 254	0. 720	0. 254	−0. 574	−0. 766	0. 595	−0. 558	0. 613	0. 649	0. 005	0. 237	0. 188	−0. 078
PA. 3	**0. 922**	−0. 387	−0. 066	−0. 227	−0. 249	0. 724	0. 320	−0. 588	−0. 772	0. 625	−0. 588	0. 618	0. 639	0. 016	0. 263	0. 157	−0. 061
PA. 4	**0. 904**	−0. 356	−0. 032	−0. 148	−0. 284	0. 691	0. 275	−0. 576	−0. 767	0. 557	−0. 545	0. 578	0. 608	0. 030	0. 246	0. 179	−0. 097
ECE. 1	−0. 364	**0. 935**	−0. 187	0. 324	0. 281	−0. 442	−0. 124	0. 053	0. 233	−0. 403	0. 095	−0. 323	−0. 373	−0. 638	−0. 469	−0. 559	−0. 326
ECE. 2	−0. 351	**0. 941**	−0. 200	0. 330	0. 353	−0. 453	−0. 092	0. 069	0. 233	−0. 410	0. 121	−0. 329	−0. 405	−0. 665	−0. 460	−0. 615	−0. 325
ECE. 3	−0. 351	**0. 904**	−0. 170	0. 271	0. 234	−0. 433	−0. 150	0. 062	0. 215	−0. 351	0. 050	−0. 306	−0. 352	−0. 619	−0. 502	−0. 542	−0. 282

续表

因子	PA	ECE	ES	POTE	PP	PPT	WD	OR	PCI	PPFI	PQI	TB	TI	TTP	PC	PTP	PTS
ES. 1	-0. 116	-0. 176	**0. 979**	0. 299	0. 393	-0. 390	0. 110	0. 611	0. 127	-0. 075	0. 552	-0. 632	-0. 570	-0. 033	0. 490	-0. 013	-0. 630
ES. 2	-0. 090	-0. 221	**0. 975**	0. 275	0. 300	-0. 363	0. 084	0. 569	0. 097	-0. 080	0. 497	-0. 593	-0. 534	-0. 007	0. 462	0. 009	-0. 610
ES. 3	-0. 056	-0. 191	**0. 954**	0. 302	0. 270	-0. 332	0. 129	0. 527	0. 047	-0. 066	0. 447	-0. 572	-0. 500	-0. 039	0. 437	0. 005	-0. 603
POTE. 1	-0. 212	0. 322	0. 294	**0. 937**	0. 123	-0. 274	-0. 047	0. 108	-0. 052	-0. 633	0. 329	-0. 394	-0. 409	-0. 308	-0. 048	-0. 271	-0. 493
POTE. 2	-0. 194	0. 320	0. 287	**0. 931**	0. 138	-0. 259	-0. 035	0. 098	-0. 062	-0. 623	0. 351	-0. 373	-0. 406	-0. 305	-0. 014	-0. 293	-0. 493
POTE. 3	-0. 178	0. 275	0. 245	**0. 897**	0. 112	-0. 234	0. 007	0. 068	-0. 080	-0. 573	0. 301	-0. 330	-0. 359	-0. 269	-0. 001	-0. 213	-0. 419
PP. 1	-0. 275	0. 325	0. 272	0. 103	**0. 953**	-0. 489	0. 270	0. 546	0. 350	-0. 066	0. 499	-0. 518	-0. 548	-0. 324	0. 269	-0. 450	-0. 353
PP. 2	-0. 296	0. 296	0. 349	0. 152	**0. 962**	-0. 527	0. 330	0. 585	0. 349	-0. 105	0. 518	-0. 584	-0. 611	-0. 346	0. 279	-0. 480	-0. 385
PP. 3	-0. 267	0. 269	0. 360	0. 130	**0. 936**	-0. 498	0. 308	0. 545	0. 304	-0. 082	0. 471	-0. 567	-0. 577	-0. 345	0. 264	-0. 468	-0. 382
PPT. 1	0. 751	-0. 424	-0. 365	-0. 275	-0. 486	**0. 915**	0. 042	-0. 685	-0. 654	0. 518	-0. 579	0. 807	0. 806	0. 282	0. 172	0. 398	0. 246
PPT. 2	0. 663	-0. 402	-0. 318	-0. 263	-0. 379	**0. 854**	0. 057	-0. 571	-0. 567	0. 481	-0. 499	0. 728	0. 719	0. 284	0. 219	0. 369	0. 231
PPT. 3	0. 683	-0. 440	-0. 331	-0. 203	-0. 514	**0. 888**	0. 089	-0. 647	-0. 636	0. 432	-0. 555	0. 740	0. 738	0. 291	0. 168	0. 406	0. 263
PPT. 4	0. 646	-0. 405	-0. 307	-0. 229	-0. 477	**0. 835**	0. 103	-0. 606	-0. 593	0. 432	-0. 543	0. 689	0. 682	0. 247	0. 109	0. 350	0. 252
WD. 1	0. 299	-0. 156	0. 090	-0. 030	0. 266	0. 120	**0. 939**	-0. 077	-0. 326	0. 271	-0. 179	0. 014	0. 070	-0. 146	0. 244	-0. 230	-0. 003
WD. 2	0. 296	-0. 132	0. 102	-0. 012	0. 256	0. 078	**0. 924**	-0. 074	-0. 320	0. 255	-0. 172	-0. 018	0. 041	-0. 173	0. 232	-0. 224	-0. 030
WD. 3	0. 276	-0. 096	0. 096	-0. 040	0. 324	0. 072	**0. 893**	-0. 041	-0. 261	0. 261	-0. 107	-0. 017	0. 030	-0. 160	0. 263	-0. 239	-0. 075
WD. 4	0. 222	-0. 089	0. 111	-0. 025	0. 334	0. 015	**0. 900**	-0. 008	-0. 253	0. 238	-0. 116	-0. 061	-0. 015	-0. 196	0. 212	-0. 266	-0. 045
OR. 1	-0. 615	0. 066	0. 538	0. 087	0. 541	-0. 672	-0. 039	**0. 904**	0. 678	-0. 306	0. 728	-0. 724	-0. 706	0. 103	0. 271	-0. 110	-0. 177

续表

因子	PA	ECE	ES	POTE	PP	PPT	WD	OR	PCI	PPFI	PQI	TB	TI	TTP	PC	PTP	PTS
OR. 2	−0. 585	0. 090	0. 539	0. 072	0. 551	−0. 668	−0. 061	**0. 891**	0. 651	−0. 272	0. 718	−0. 702	−0. 702	0. 058	0. 248	−0. 145	−0. 220
OR. 3	−0. 530	0. 054	0. 529	0. 118	0. 507	−0. 620	−0. 072	**0. 858**	0. 589	−0. 292	0. 698	−0. 639	−0. 646	0. 062	0. 247	−0. 096	−0. 226
OR. 4	−0. 536	0. 014	0. 465	0. 072	0. 446	−0. 541	−0. 029	**0. 832**	0. 595	−0. 266	0. 625	−0. 598	−0. 591	0. 146	0. 248	−0. 034	−0. 108
PCI. 1	−0. 819	0. 226	0. 103	−0. 070	0. 316	−0. 682	−0. 303	0. 690	**0. 948**	−0. 438	0. 603	−0. 571	−0. 592	0. 177	−0. 095	−0. 068	0. 192
PCI. 2	−0. 804	0. 211	0. 072	−0. 085	0. 313	−0. 645	−0. 322	0. 674	**0. 955**	−0. 416	0. 575	−0. 527	−0. 565	0. 202	−0. 103	−0. 036	0. 226
PCI. 3	−0. 783	0. 260	0. 116	−0. 042	0. 375	−0. 673	−0. 288	0. 693	**0. 946**	−0. 417	0. 598	−0. 568	−0. 595	0. 150	−0. 080	−0. 080	0. 152
PPFI. 1	0. 621	−0. 385	−0. 072	−0. 636	−0. 074	0. 501	0. 237	−0. 299	−0. 400	**0. 933**	−0. 486	0. 469	0. 525	0. 086	0. 166	0. 258	0. 129
PPFI. 2	0. 610	−0. 390	−0. 092	−0. 642	−0. 106	0. 505	0. 253	−0. 312	−0. 415	**0. 936**	−0. 504	0. 483	0. 555	0. 102	0. 159	0. 255	0. 159
PPFI. 3	0. 598	−0. 392	−0. 049	−0. 563	−0. 067	0. 480	0. 293	−0. 294	−0. 428	**0. 914**	−0. 469	0. 433	0. 489	0. 079	0. 197	0. 201	0. 109
PQI. 1	−0. 585	0. 091	0. 448	0. 311	0. 481	−0. 558	−0. 159	0. 716	0. 583	−0. 500	**0. 894**	−0. 617	−0. 678	0. 146	0. 361	−0. 069	−0. 228
PQI. 2	−0. 556	0. 100	0. 444	0. 319	0. 465	−0. 541	−0. 147	0. 687	0. 548	−0. 476	**0. 874**	−0. 605	−0. 644	0. 134	0. 362	−0. 081	−0. 233
PQI. 3	−0. 554	0. 079	0. 541	0. 359	0. 475	−0. 584	−0. 117	0. 729	0. 544	−0. 457	**0. 904**	−0. 667	−0. 702	0. 104	0. 415	−0. 066	−0. 314
PQI. 4	−0. 513	0. 065	0. 410	0. 257	0. 414	−0. 508	−0. 140	0. 665	0. 519	−0. 410	**0. 845**	−0. 528	−0. 582	0. 144	0. 357	−0. 050	−0. 188
TB. 1	0. 663	−0. 326	−0. 616	−0. 378	−0. 562	0. 828	−0. 021	−0. 755	−0. 572	0. 479	−0. 665	**0. 965**	0. 886	0. 279	−0. 029	0. 357	0. 444
TB. 2	0. 644	−0. 338	−0. 585	−0. 389	−0. 567	0. 809	−0. 016	−0. 721	−0. 555	0. 480	−0. 662	**0. 962**	0. 856	0. 283	−0. 025	0. 372	0. 437
TI. 1	0. 683	−0. 410	−0. 549	−0. 429	−0. 559	0. 827	0. 028	−0. 724	−0. 581	0. 565	−0. 693	0. 892	**0. 960**	0. 305	−0. 019	0. 390	0. 455
TI. 2	0. 665	−0. 368	−0. 519	−0. 385	−0. 609	0. 791	0. 045	−0. 734	−0. 598	0. 515	−0. 730	0. 839	**0. 956**	0. 244	−0. 094	0. 362	0. 412
TTP. 1	0. 014	−0. 643	−0. 054	−0. 286	−0. 310	0. 299	−0. 189	0. 082	0. 169	0. 074	0. 151	0. 288	0. 279	**0. 934**	0. 422	0. 648	0. 556

续表

因子	PA	ECE	ES	POTE	PP	PPT	WD	OR	PCI	PPFI	PQI	TB	TI	TTP	PC	PTP	PTS
TTP. 2	0. 071	-0. 631	-0. 038	-0. 300	-0. 294	0. 308	-0. 138	0. 069	0. 136	0. 134	0. 129	0. 304	0. 292	**0. 914**	0. 442	0. 639	0. 516
TTP. 3	-0. 007	-0. 652	-0. 036	-0. 322	-0. 329	0. 295	-0. 152	0. 116	0. 198	0. 088	0. 151	0. 272	0. 267	**0. 932**	0. 407	0. 637	0. 570
TTP. 4	-0. 016	-0. 594	0. 042	-0. 254	-0. 373	0. 249	-0. 190	0. 117	0. 175	0. 050	0. 112	0. 192	0. 203	**0. 867**	0. 337	0. 642	0. 481
PC. 1	0. 255	-0. 505	0. 474	-0. 013	0. 267	0. 193	0. 259	0. 282	-0. 092	0. 176	0. 408	-0. 036	-0. 054	0. 441	**0. 973**	0. 369	-0. 159
PC. 2	0. 253	-0. 492	0. 458	-0. 016	0. 257	0. 185	0. 247	0. 276	-0. 097	0. 166	0. 414	-0. 025	-0. 047	0. 436	**0. 967**	0. 347	-0. 154
PC. 3	0. 254	-0. 497	0. 467	-0. 021	0. 300	0. 173	0. 265	0. 291	-0. 089	0. 180	0. 424	-0. 028	-0. 074	0. 422	**0. 973**	0. 335	-0. 172
PC. 4	0. 269	-0. 501	0. 472	-0. 045	0. 281	0. 191	0. 240	0. 279	-0. 100	0. 205	0. 404	-0. 020	-0. 048	0. 417	**0. 965**	0. 336	-0. 174
PTP. 1	0. 193	-0. 608	0. 003	-0. 273	-0. 466	0. 427	-0. 254	-0. 098	-0. 061	0. 261	-0. 062	0. 370	0. 386	0. 700	0. 367	**0. 977**	0. 374
PTP. 2	0. 220	-0. 607	0. 000	-0. 282	-0. 485	0. 445	-0. 258	-0. 133	-0. 086	0. 260	-0. 086	0. 387	0. 397	0. 679	0. 361	**0. 975**	0. 362
PTP. 3	0. 162	-0. 589	-0. 007	-0. 271	-0. 483	0. 404	-0. 248	-0. 098	-0. 043	0. 229	-0. 074	0. 348	0. 364	0. 673	0. 316	**0. 970**	0. 390
PTS. 1	-0. 086	-0. 311	-0. 620	-0. 513	-0. 362	0. 269	-0. 047	-0. 195	0. 216	0. 148	-0. 261	0. 432	0. 433	0. 564	-0. 170	0. 380	**0. 961**
PTS. 2	-0. 071	-0. 314	-0. 607	-0. 482	-0. 364	0. 262	-0. 015	-0. 201	0. 185	0. 125	-0. 251	0. 427	0. 423	0. 551	-0. 153	0. 348	**0. 952**
PTS. 3	-0. 057	-0. 341	-0. 598	-0. 470	-0. 404	0. 283	-0. 053	-0. 211	0. 173	0. 139	-0. 277	0. 455	0. 447	0. 560	-0. 165	0. 379	**0. 959**

注：粗体值表示在指定的结构上加载项。

参考文献

保海旭等:《从数字管理到数字治理：理论、实践与反思》,《兰州大学学报》(社会科学版) 2022 年第 5 期。

毕继东:《网络口碑对消费者购买意愿影响实证研究》,《情报杂志》2009 年第 11 期。

曹柠梦等:《产品销量和推荐数对网络消费决策的影响：价格的调节效应》,《心理学探新》2022 年第 1 期。

曹蓄温:《跨境电商平台赋权影响顾客锁定的机理分析：顾客参与和信任的中介效应》,《商业经济研究》2022 年第 2 期。

曾伏娥、张华:《无网上购物经验的消费者橱窗购物行为——基于交易成本视角的实证研究》,《经济管理》2008 年第 Z3 期。

陈怀宇等:《村落规模、社会异质性与农村环境资源集体治理——基于 1490 个自然村水渠和防护林治理实证研究》,《林业经济》2022 年第 2 期。

陈建、梁涛:《情景效应理论下的关系人推荐效果研究》,《商业时代》2013 年第 32 期。

陈洁等:《基于心流体验视角的在线消费者购买行为影响因素研究》,《南开管理评论》2009 年第 2 期。

董大海、杨毅:《网络环境下消费者感知价值的理论剖析》,《管理学报》2008 年第 6 期。

董旻、武志昂:《我国药品注册行政受理服务质量的 SERVQUAL 评价研究》,《中国药学杂志》2022 年第 9 期。

杜芳莉、俞航东:《企业竞争策略与电商技术采纳行为——理论和基于微观数据的实证研究》,《中国流通经济》2016 年第 8 期。

杜华勇等：《平台领导视角下电商平台竞争力前因组态研究》，《管理学报》2023 年第 2 期。

杜学美等：《在线评论对消费者购买意愿的影响研究》，《管理评论》2016 年第 3 期。

段珅等：《自我建构对消费者促销方式偏好的影响》，《管理科学》2018 年第 6 期。

范晓屏：《网站生动性和互动性对消费者产品态度的影响——认知需求的调节效应研究》，《管理工程学报》2013 年第 3 期。

范志国、郭靖丽：《虚拟品牌社群体验对消费者购买意愿影响的实证研究——基于感知不确定性的中介效应》，《工业技术经济》2014 年第 11 期。

付淇等：《自杀意念原因抽取中的标签增强方法》，《小型微型计算机系统》2022 年第 6 期。

甘强：《重识“消费者”的法律地位》，《政治与法律》2016 年第 12 期。

高琳等：《社会化商务中网络口碑对消费者购买意向的影响：情感反应的中介作用和好奇心的调节作用》，《管理工程学报》2017 年第 4 期。

管益杰等：《网络购物中的信任》，《心理科学进展》2011 年第 8 期。

郭国庆等：《消费者在线评论可信度的影响因素研究》，《当代经济管理》2010 年第 10 期。

郝媛媛等：《基于影评数据的在线评论有用性影响因素研究》，《管理科学学报》2010 年第 8 期。

何立峰：《国务院关于数字经济发展情况的报告——2022 年 10 月 28 日在第十三届全国人民代表大会常务委员会第三十七次会议》，全国人民代表大会，http：//www. npc. gov. cn/npc/c30834/202211/dd847f6232c94c73a8b59526d61b4728. shtml.

贺小刚等：《绩优企业的投机经营行为分析——来自中国上市公司的数据检验》，《中国工业经济》2015 第 5 期。

侯立松等：《微信环境下顾客信任的影响因素与作用机理》，《财经科学》2017 年第 2 期。

胡芳等：《商盟对网上购物影响的实证分析》，《系统管理学报》2015 年第 5 期。

胡雯：《中国数字经济发展回顾与展望》，中国共产党新闻网，http：//theory. people. com. cn/n1/2018/0816/c40531-30232681. html.

胡悦：《实验室试验：政治科学研究的一种有效方法?》，《国外理论动态》2021 年第 6 期。

黄敏学等：《不同类型产品下直播主播类型对消费者购买意愿和行为的影响》，《南开管理评论》，https：//kns. cnki. net/kcms/detail/12. 1288. F. 20210915. 0954. 002. html.

黄佩华，霍红：《评论者特征对酒店在线评论有用性的影响——基于大数据和实验法的联合检验》，《资源开发与市场》2022 年第 5 期。

黄锨、陈亚盛：《从信任与效率视角看区块链对会计、审计的影响》，《财会月刊》2019 年第 10 期。

金玉芳等：《消费者品牌信任机制建立及影响因素的实证研究》，《南开管理评论》2006 年第 5 期。

柯颖：《我国 B2C 跨境电子商务物流模式选择》，《中国流通经济》2015 年第 8 期。

李华、孔娇：《基于文本挖掘的城市景区密集人群风险感知》，《中国安全生产科学技术》2022 年第 5 期。

李继承、蔡伟彬：《在线评论有用性影响因素与组态分析——基于负二项回归和 fsQCA 方法》2023 年第 1 期。

李凌慧、曹淑艳：《B2C 跨境电子商务消费者购买决策影响因素研究》，《国际商务》（对外经济贸易大学学报）2017 年第 1 期。

李文军、王媛媛：《数字治理研究现状、热点与未来发展趋势——基于 Citespace 知识图谱的可视化分析》，《行政与法》2022 年第 8 期。

李欣：《消费者网上购物行为的影响因素分析》，《江苏商论》

2010 年第 3 期。

李亚琪：《困境、矛盾与出路：大变局下人类命运同体对全球治理的历史性超越》，《社会主义研究》2022 年第 4 期。

李颖：《不同层面信任与消费者消费意向和行为的关联性分析》，《商业经济研究》2020 年第 7 期。

李月琳等：《社交媒体健康信息质量研究：基于真伪健康信息特征的分析》，《情报学报》2018 年第 3 期。

李喆、刘天宇：《基于服务设计的生活方式品牌提升策略研究》，《包装工程》2021 年第 22 期。

李智、姚甜甜：《数据信托模式下受托人信义义务之规范》，《学术交流》2022 年第 2 期。

李宗伟：《哪些因素影响消费者的在线购买决策？——顾客感知价值的驱动作用》，《管理评论》2017 年第 8 期。

刘斌等：《网络调查受访者信任影响因素研究》，《现代情报》2013 年第 8 期。

刘凤委等：《信任、交易成本与商业信用模式》，《经济研究》2009 年第 8 期。

刘航：《农产品电商小微企业构建小农户合作共识的过程演化机制》，《中国农村观察》2022 年第 4 期。

刘金兰等：《结构方程模型的偏最小二乘算法及其几何意义》，《哈尔滨商业大学学报》（自然科学版）2005 年第 6 期。

刘俊清、汤定娜：《在线评论、顾客信任与消费者购买意愿关系研究》，《价格理论与实践》2016 年第 12 期。

刘启华等：《信息级联视角下网购产品排名对产品销量的影响：产品类型和产品价格的调节作用》，《管理评论》2023 年第 1 期。

刘伟丽、陈腾鹏：《数字经济是否促进了共同富裕？——基于区域协调发展的研究视角》，《当代经济管理》，http：//kns. cnki. net/kcms/detail/13. 1356. F. 20221129. 0915. 002. html.

刘新民等：《感知创业阻碍对创业行为倾向的影响——创业教育的调节作用》，《科技进步与对策》2022 年第 3 期。

刘彧彧等：《企业声誉的影响因素及其对消费者口碑传播行为的作用》，《管理学报》2009 年第 3 期。

龙冬等：《基于 C2C 电子商务卖方视角的客户信任影响因素实证研究》，《情报杂志》2009 年第 5 期。

龙潜颖、徐彤：《旅游同伴对个体旅游体验影响机制研究》，《旅游科学》2022 年第 5 期。

鲁耀斌、周涛：《B2C 环境下影响消费者网上初始信任因素的实证分析》，《南开管理评论》2005 年第 6 期。

罗汉洋等：《B2C 电子商务中消费者信任演化及其性别差异的跨阶段实证研究》，《系统管理学报》2016 年第 25 期。

马斌：《面向数据经济的数字身份转型——增强个人参与数字生活的信任》，《科学学研究》，https：//kns. cnki. net/kcms/detail/11. 1805. g3. 20221122. 1102. 004. html.

马述忠等：《数字贸易及其时代价值与研究展望》，《国际贸易问题》2018 年第 10 期。

孟天广：《数字治理生态：数字政府的理论迭代与模型演化》，《政治学研究》2022 年第 5 期。

聂艳华：《基于人性化营销模式：竞争力、演变与对策》，《企业经济》2006 年第 12 期。

聂云霞、陈烟然：《平衡理论视域下数字记录的信任危机与信任重建》，《档案学研究》2021 年第 4 期。

潘煜等：《网络零售中影响消费者购买意愿因素研究——基于信任与感知风险的分析》，《中国工业经济》2010 年第 7 期。

彭秋平、吴思洋：《公共图书馆用户在线口碑情感分析——以副省级市图书馆大众点评网评论为中心》，《图书馆论坛》2021 年第 6 期。

邱鸿峰、吴胜涛：《网络使用、公众信任与水污染风险传播》，《国际新闻》2013 年第 10 期。

曲鹏飞：《全球数字治理的中国方案：背景、内涵及路径》，《中国井冈山干部学院学报》2021 年第 4 期。

阮燕雅：《负面在线服务评论与产品评论对消费者在线信任的影响研究》，《中国经济问题》2015年第1期。

邵兵家、孟宪强：《中国B2C电子商务中消费者信任影响因素的实证研究》，《科技进步与对策》2005年第7期。

宋华等：《数字技术如何构建供应链金融网络信任关系?》，《管理世界》2022年第3期。

宋晓晴、孙习祥：《消费者在线评论采纳研究综述》，《现代情报》2015年第1期。

孙瑾等：《感知在线评论可信度对消费者信任的影响研究——不确定性规避的调节作用》，《管理评论》2020年第4期。

孙玉伟等：《社会科学科研人员数据复用行为影响因素研究：MOA框架下的探索》，《情报理论与实践》2021年第10期。

唐雪梅、赖胜强：《网络辟谣信息如何影响受众的感知可信度——信息介入度的调节效应》，《国际新闻界》2020年第8期。

田依林等：《基于商品类型的在线负面评论有用性影响因素比较研究》，《现代情报》2019年第8期。

汪涛等：《消费者不安全感与怀旧产品购买行为研究》，《经济管理》2011年第1期。

王建华、王缘：《消费者信任的维度结构与安全认证农产品的购买意愿研究——基于情境因素的多群组分析》，《青海社会科学》2021年第2期。

王梅源、鲁耀斌：《电子商务：网上信任的结构和作用》，《江汉论坛》2005年第6期。

王平、代宝：《消费者在线评论有用性影响因素实证研究》，《统计与决策》2012年第2期。

王少兵、吴升：《采用在线评论的景点个性化推荐》，《华侨大学学报》（自然科学版）2018年第3期。

王文超：《消费者对网上银行采用行为态度的影响因素研究——一个基于TPB模型的延伸研究》，《生产力研究》2010年第7期。

王文峰、李磊：《网络口碑再传播对消费者购买意愿的影响研究——基于消费者宽恕的中介作用》，《价格理论与实践》2020 年第 11 期。

王小平：《电商平台中品牌形象匹配策略对消费者满意度影响研究》，《价格理论与实践》2022 年第 6 期。

王晓虹、周楚：《医患纠纷报道在线评论与受众对医态度关系研究》，《新闻大学》2019 年第 8 期。

王燕华：《经典的翻译与传播——〈诗经〉在英国的经典化路径探析》，《上海翻译》2016 年第 2 期。

王月辉等：《B2C 社交电商平台顾客在线购物体验质量测量与实证研究》，《北京理工大学学报》（社会科学版）2021 年第 3 期。

文天平、欧阳日辉：《习近平总书记关于数字经济重要论述的科学内涵、理论贡献与实践要求》，《中国井冈山干部学院学报》2022 年第 5 期。

吴丹、魏卫：《自我构建视角下在线评论对品牌口碑传播的影响研究》，《商业经济研究》2022 年第 16 期。

吴晓君、陈莉霞：《企业应对消费者在线负面评论的面子修复策略对比研究》，《中国商论》2022 年第 8 期。

武鹏飞、闫强：《在线评论对社交网络中电子口碑采纳的影响研究》，《北京邮电大学学报》（社会科学版）2015 年第 1 期。

夏学平：《以数字中国建设赋能经济社会高质量发展》，《中国党政干部论坛》2022 年第 9 期。

肖建敏：《电子商务背景下消费者心理变化对电商企业营销策略的影响》，《现代营销》（经营版）2020 年第 1 期。

谢宏武、马红婷：《我国 B2C 电子商务中消费者信任问题分析及解决对策》，《商场现代化》2017 年第 21 期。

谢琳灿：《全球数字治理规则博弈的最新形势》，《中国经贸导刊》2022 年第 10 期。

熊国钺、沈菁：《交易型虚拟社区用户持续信任影响机制研究——网络口碑特性和虚拟社区感知的作用》，《经济与管理》2019 年第 5 期。

徐峰等：《信任构建机制对共享民宿预订量的影响——基于 Airbnb 的实证研究》，《旅游学刊》2021 年第 12 期。

徐峰等：《在线评论动态性偏差对评论有用性影响研究》，《管理学报》2020 年第 9 期。

徐一钊等：《竞争性环境下在线评论驱动的新产品开发：基于 QFD 的视角》，《系统工程》2022 年第 5 期。

许先春：《习近平关于发展我国数字经济的战略思考》，《中共党史研究》2022 年第 3 期。

薛澜、赵静：《走向敏捷治理：新兴产业发展与监管模式探究》，《中国行政管理》2019 年第 8 期。

鄢平等：《在线购买不信任前置因素归类实证研究——基于双因素与认知神经理论》，《技术经济与管理研究》2014 年第 9 期。

严建援等：《电子商务中在线评论内容对评论有用性影响的实证研究》，《情报科学》2012 年第 5 期。

严梅：《声誉价值视角下绿色营销影响消费者黏性的机理分析》，《商业经济研究》2022 年第 20 期。

杨德利等：《都市花卉产业的市场需求分析》，《北方园艺》2022 年第 13 期。

杨海娟：《综合性问答网站用户信息采纳意愿影响因素实证研究——基于信息性社会影响和规范性社会影响的视角》，《现代情报》2017 年第 10 期。

杨星元：《消费者网络购物决策的影响因素分析》，《品牌研究》2019 年第 16 期。

杨翾等：《基于 TAM/TPB 的感知风险认知对用户信任及其行为的影响研究——以支付增值产品余额宝为例》，《管理评论》2016 年第 6 期。

杨一翁等：《网络推荐系统对消费者的营销效果——技术接受模型视角》，《中国流通经济》2016 年第 2 期。

杨一翁等：《消费者愿意采纳推荐吗？——基于信息系统成功-技术接受模型》，《中央财经大学学报》2016 年第 7 期。

姚公安、覃正：《消费者对电子商务企业信任保持过程中体验的影响研究》，《南开管理评论》2010 年第 1 期。

姚佳呈等：《扶摇直上：感官体验对 VR 眼镜关注度的影响》，《图书馆论坛》2023 年第 2 期。

叶乃沂、周蝶：《消费者网络购物感知风险概念及测量模型研究》，《管理工程学报》2014 年第 4 期。

殷国鹏：《消费者认为怎样的在线评论更有用？——社会性因素的影响效应》，《管理世界》2012 年第 12 期。

袁可、管益杰：《消费者网络购物行为的影响因素》，《中国临床心理学杂志》2013 年第 2 期。

张传杰等：《微信营销模式下消费者感知对其消费决策的影响研究》，《商业经济研究》2017 年第 3 期。

张红超、吴继飞：《虚拟社区知识贡献、时间习惯与用户采纳行为》，《山西财经大学学报》2022 年第 8 期。

张美芳、江晓东：《在线口碑对图书销量的影响研究——信源可信度和信息质量的调节作用》，《上海商学院学报》2020 年第 5 期。

张新宝：《从隐私到个人信息：利益再衡量的理论与制度安排》，《中国法学》2015 年第 3 期。

张新香、胡立君：《O2O 商业模式中闭环的形成机制研究——基于信任迁移的视角》，《经济管理》2017 年第 10 期。

张占斌、付霞：《习近平关于数字经济重要论述的形成逻辑、核心要义与价值意蕴》，《理论探索》2022 年第 6 期。

赵冬梅、纪淑娴：《信任和感知风险对消费者网络购买意愿的实证研究》，《数理统计与管理》2010 年第 2 期。

赵佳等：《C2C 环境下感知在线评论与初始信任的调节因素》，《东北大学学报（自然科学版）》2012 年第 12 期。

赵俊湦：《数字经济发展趋势及我国的战略抉择》，《中国工业和信息化》2022 年第 9 期。

赵磊：《信托受托人的角色定位及其制度实现》，《中国法学》2013 年第 4 期。

赵蕾：《基于社会认知和感知价值的生鲜农产品网购意愿影响因素研究》，《四川农业大学学报》2022 年第 1 期。

赵新元等：《从跟跑到并跑——中国工商管理研究国际影响力的回顾与展望》，《管理评论》2021 年第 11 期。

郑冉冉、宋泽：《网上购物意图影响因素实证研究》，《商业经济与管理》2007 年第 7 期。

钟敏娟等：《在线虚假评论对消费者购买决策影响研究》，《情报理论与实践》2022 年第 8 期。

钟帅等：《在线评论感知和涉入度对网站品牌忠诚的影响》，《企业经济》2015 年第 4 期。

周涛、鲁耀斌：《C2C 交易中第三方信任机制作用的实证分析》，《工业工程与管理》2008 年第 3 期。

周应恒等：《食品安全：消费者态度、购买意愿及信息的影响——对南京市超市消费者的调查分析》，《中国农村经济》2004 年第 11 期。

朱丽叶等：《在线用户评论质量与评论者等级对消费者购买意愿的影响——产品卷入度的调节作用》，《管理评论》2017 年第 2 期。

朱哲慧、袁勤俭：《技术接受模型及其在信息系统研究中的应用与展望》，《情报科学》2018 年第 12 期。

祝琳琳等：《面向电子商务网站的在线评论信息质量感知机理研究》，《图书情报工作》2021 年第 6 期。

卓翔芝等：《供应链联盟伙伴企业间的信任评估模型》，《计算机集成制造系统》2009 年第 10 期。

宗文宙：《消费者认知信任影响因素分析》，《商业经济研究》2021 年第 11 期。

Abyad A., "Consumer Trust in E-Commerce", *Middle East Journal of Business*, Vol. 6, No. 3, 2011, pp. 3-6.

Ajzen I., "From Intentions to Actions: A Theory of Planned Behavior", *Action Control*, 1985, pp. 11-39.

Ajzen I., "The Theory of Planned Behavior", *Organizational Behavior and Human Decision Processes*, Vol. 50, No. 2, December 1, 1991, pp. 179–211.

Akhter F. , et al. , "Determining the Factors Which Engender Customer Trust in Business–to–Consumer (B2C) Electronic Commerce", Proceedings–IEEE International Conference on E–Commerce Technology, CEC 2004, San Diego, CA, USA, July 6–9, 2004.

Al–Dwairi et al. , "An Integrated Trust Model for Business–to–Consumer (B2C) E–commerce: Integrating Trust with the Technology Acceptance Model", in 2009 International Conference on Cyber–worlds, CW' 09, Bradford, United Kingdom, September 7–9, 2009.

Asch S. E. , "Studies of Independence and Conformity: I. A Minority of One Against a Unanimous Majority", *Psychological monographs: General and applied*, Vol. 70, No. 9, 1956, p. 1.

Awad N. F. , and Ragowsky A. , "Establishing Trust in Electronic Commerce Through Online Word of Mouth: An Examination Across Genders", *Journal of Management Information Systems*, Vol. 24, No. 4, 2008, pp. 101–121.

Azam A. , et al. , "Consumers' E–commerce Scceptance Model: Antecedents of Trust and Satisfaction Constructs", in 2012 IEEE Business, Engineering and Industrial Applications Colloquium (BEIAC), Kuala, Lumpur, Malaysia, April 7–8, 2012.

Ba S. , and Pavlou P. A. , "Evidence of the Effect of Trust Building Technology in Electronic Markets: Price Premiums and Buyer Behavior", *MIS Quarterly*, Vol. 26, No. 3, 2002, pp. 243–268.

Ba S. , "Establishing Online Trust Through a Community Responsibility System", *Decision Support Systems*, Vol. 31, No. 3, 2001, pp. 323–336.

Bagozzi R. P. , and Yi Y. , "On the Evaluation of Structural Equation Models", *Journal of the Academy of Marketing Science*, Vol. 16, No. 1, 1988, pp. 74–94.

Balan C. , "Dave Chaffey, Digital Business and E–commerce Management: Strategy, Implementation and Practice", *Management and Market-*

ing, Vol. 9, No. 3, 2014, pp. 379-381.

Banerjee S., et al., "Whose Online Reviews to Trust? Understanding Reviewer Trustworthiness and Its Impact on Business", *Decision Support Systems*, Vol. 96, 2017, pp. 17-26.

Bansal G., and Gefen D., "The Impact of Personal Dispositions on Information Sensitivity, Privacy Concern and Trust in Disclosing Health Information Online", *Decision Support Systems*, Vol. 49, No. 2, 2010, pp. 138-150.

Bansal H. S., and Voyer P. A., "Word-of-Mouth Processes within a Services Purchase Decision Context", *Journal of Service Research*, Vol. 3, No. 2, 2000, pp. 166-177.

Barclay D., et al., "The Partial Least Squares (PLS) Approach to Casual Modeling: Personal Computer Adoption and Use as an Illustration", *Technology Studies: Special Issues on Research Methodology*, Vol. 2, No. 2, 1995, pp. 285-309.

Belanger F., et al., "Trustworthiness in E-Commerce: The Role of Privacy, Security, and Site Attributes", *The Journal of Strategic Information Systems*, Vol. 11, No. 3, 2002, pp. 245-270.

Beldad A., et al., "A Cue or Two and I'll Trust You: Determinants of Trust in Government Organizations in Terms of Their Processing and Usage of Citizens' Personal Information Disclosed Online", *Government Information Quarterly*, Vol. 29, No. 1, 2012, pp. 41-49.

Beldad A., et al., "How Shall I Trust the Faceless and the Intangible? A Literature Review on the Antecedents of Online Trust", *Computers in Human Behavior*, Vol. 26, No. 5, 2010, pp. 857-869.

Benassi, P., "TRUSTe: An Online Privacy Seal Program", *Communications of the ACM*, Vol. 42, No. 2, 1999, pp. 56-59.

Bhattacharya R., Devinney T. M., and Pillutla M. M., "A Formal Model of Trust Based on Outcomes", *The Academy of Management Review*, Vol. 23, No. 3, 1998, pp. 459-472.

Bhattacherjee A. , "Individual Trust in Online Firms: Scale Development and Initial Test", *Journal of Management Information Systems*, Vol. 19, No. 1, 2002, pp. 211-241.

Bowen J. T. , and Shoemaker S. , "Loyalty: A Strategic Commitment", *Cornell Hotel and Restaurant Administration Quarterly*, Vol. 39, No. 1, 1998, pp. 12-25.

Canavari M. , et al. , "The Role of Trust in the Transition from Traditional to Electronic B2B Relationships in Agri-Food Chains", *Computers and Electronics in Agriculture*, Vol. 70, No. 2, 2010, pp. 321-327.

Cao C. , and Yan J. , "Towards a Trust Model for Trust Establishment and Management in Business-to-Consumer E-Commerce", in 11th IEEE International Conference on Autonomic and Trusted Computing, Bali, Indonesia, December 9-12, 2014.

Cao C. , et al. , "The Effects of Consumer Perceived Different Service of Trusted Third Party on Trust Intention: An Empirical Study in Australia", 2017 IEEE 14th International Conference on E-Business Engineering, IEEE, Shanghai, China, November 4-6, 2017.

Cao C. , et al. , "Understanding the Influence and Service Type of Trusted Third Party on Consumers' Online Trust: Evidence from Australian B2C Marketplace", Proceedings of the 18th Annual International Conference on Electronic Commerce: E-Commerce in Smart connected World, ACM, Suwon, Republic of Korea, August 17-19, 2016.

Cao Q. , Duan W. , Gan Q. , "Exploring Determinants of Voting for the 'Helpfulness' of Online User Reviews: A Text Mining Approach", *Decision Support Systems*, Vol. 50, 2011, pp. 511-521.

Chen Y. H. , and Barnes S. , "Initial Trust and Online Buyer Behaviour", *Industrial Management & Data Systems*, Vol. 107, No. 1, 2007, pp. 21-36.

Cheung C. M. , and Lee M. K. , "Understanding Consumer Trust in Internet Shopping: A Multidisciplinary Approach", *Journal of the American society for Information Science and Technology*, Vol. 57, No. 4, 2006, pp. 479-492.

Cheung C. M., et al., "The Impact of Electronic Word-of-Mouth: The Adoption of Online Opinions in Online Customer Communities", *Internet Research*, Vol. 18, No. 3, 2008, pp. 229-247.

Chevalier J. A., and Mayzlin D., "The Effect of Word of Mouth on Sales: Online Book Reviews", *Journal of Marketing Research*, Vol. 43, No. 3, 2018, pp. 345-354.

Childers T. L., "Assessment of the Psychometric Properties of an Opinion Leadership Scale", *Journal of Marketing Research*, 1986, pp. 184-188.

Chin W. W., and Newsted P. R., "Structural Equation Modeling Analysis with Small Samples Using Partial Least Squares", *Statistical Strategies for Small Sample Research*, R. Hoyle Ed. Beverly Hills, CA: Sage Publication, 1999.

Chin W. W., and Newsted P. R., "Structural Equation Modeling Analysis with Small Samples Using Partial Least Squares", Statistical Strategies for Small Sample Research, Vol. 1, No. 1, 1999, pp. 307-341.

Chin W. W., et al., "A Partial Least Squares Latent Variable Modeling Approach for Measuring Interaction Effects: Results from a Monte Carlo Simulation Study and an Electronic-Mail Emotion/Adoption Study", *Information Systems Research*, Vol. 14, No. 2, 2003, pp. 189-217.

Chin W. W., "The partial least squares approach for structural equation modeling", *Modern methods for business research*, No. 2, 1998, pp. 295-336.

Chiou J.-S., and Droge C., "Service Quality, Trust, Specific Asset Investment, and Expertise: Direct and Indirect Effects in A Satisfaction-Loyalty Framework", *Journal of the Academy of Marketing Science*, Vol. 34, No. 4, 2006, pp. 613-627.

Chung H.-S., "Online ADR for the E-Commerce: European Union' s ADR Legislation for Cross-Border Online Trade", *Journal of Arbitration*

Studies, Vol. 25, No. 3, 2015, pp. 135-154.

Clemons E. K., et al., "Global Differences In Online Shopping Behavior: Understanding Factors Leading to Trust", *Journal of Management Information Systems*, Vol. 33, No. 4, 2016, pp. 1117-1148.

Cook D. P., and Wenhong L., "The Role of Third-Party Seals in Building Trust Online", *E-Service Journal*, Vol. 2, No. 3, 2003, pp. 71-84.

Cook J., "New Work Attitude Measures of Trust, Organizational Commitment and Personal Need Non-Fulfilment", *Journal of Occupational Psychology*, Vol. 53, 1980, p. 39.

Corritore C. L., et al., "On-line Trust: Concepts, Evolving Themes, A Model", *International Journal of Human-Computer Studies*, Vol. 58, No. 6, 2003, pp. 737-758.

Crosby L. A., et al., "Relationship Quality in Services Selling: An Interpersonal Influence Perspective", *The journal of marketing*, 1990, pp. 68-81.

Cui G., et al., "The Effect of Online Consumer Reviews on New Product Sales ", *International Journal of Electronic Commerce*, Vol. 17, No. 1, 2014, pp. 39-58.

Cui Z., and Tang W., "A Behavior-Based Dynamic Trust Model of Virtual Organization", in 2010 Third International Symposium on Information Science and Engineering, IEEE, NW Washington, DC, USA, December 24-26, 2010.

Darley W. K., et al., "Toward an Integrated Framework for Online Consumer Behavior and Decision Making Process: A Review", *Psychology & Marketing*, Vol. 27, No. 2, 2010, pp. 94-116.

Das T. K., and Teng B.-S., "Between Trust and Control: Developing Confidence in Partner Cooperation in Alliances", *The Academy of Management Review*, Vol. 23, No. 3, 1998, pp. 491-512.

Davis F. D., "Perceived Usefulness, Perceived Ease of Use, and User Acceptance of Information Technology", *MIS Quarterly*, Vol. 13, No. 3, 1989, pp. 319-340.

De Chernatony L., "Understanding Consumers' Perceptions of Competitive Tiers—Can Perceived Risk Help?", *Journal of Marketing Management*, Vol. 4, No. 3, 1989, pp. 288-299.

Delgado-Ballester E., and Luis Munuera-Alemán J., "Brand Trust in the Context of Consumer Loyalty", *European Journal of Marketing*, Vol. 35, No. 11/12, 2001, pp. 1238-1258.

Dellarocas C., et al., "Exploring the Value of Online Product Reviews in Forecasting Sales: The Case of Motion Pictures", *Journal of Interactive Marketing*, Vol. 21, No. 4, 2007, pp. 23-45.

Dellarocas C., "The Digitization of Word of Mouth: Promise and Challenges of Online Feedback Mechanisms", *Management Science*, Vol. 49, No. 10, 2003, pp. 1407-1424.

Dey S. K., et al., "Challenges in Building Trust in B2C E-Commerce and Proposal to Mitigate Them: Developing Countries Perspective", in 2009 12th International Conference on Computers and Information Technology Computers and Information Technology, IEEE, Dhaka, Bangladesh, December 21-23, 2009.

Donthu N., "Brand Equity, Brand Preference, and Purchase Intent", *Journal of Advertising*, Vol. 24, No. 3, 1995, pp. 25-40.

Doolin B., et al., "Perceived Risk, The Internet Shopping Experience and Online Purchasing Behavior: A New Zealand Perspective", *Electronic commerce: Concepts, methodologies, tools, and applications*, 2007, pp. 324-345.

Duan W., et al., "The Dynamics of Online Word-of-Mouth and Product Sales—An Empirical Investigation of the Movie Industry", *Journal of Retailing*, Vol. 84, No. 2, 2008, pp. 233-242.

Eastlick M. A., et al., "Understanding Online B-to-C Relationships: An Integrated Model of Privacy Concerns, Trust, and Commitment",

Journal of Business Research, Vol. 59, No. 8, 2006, pp. 877-886.

Everard A., and Galletta D. F., "How Presentation Flaws Affect Perceived Site Quality, Trust, and Intention to Purchase From an Online Store", *Journal of Management Information Systems*, Vol. 22, No. 3, 2005, pp. 56-95.

Fam K. S., et al., "Trust and the Online Relationship—An Exploratory Study from New Zealand", *Tourism Management*, Vol. 25, No. 2, 2004, pp. 195-207.

Fan Y. -W., et al., "Establishing the Adoption of Electronic Word-of-Mouth through Consumers' Perceived Credibility", *International Business Research*, Vol. 6, No. 3, 2013, pp. 58-65.

Fang B., et al., "Analysis of the Perceived Value of Online Tourism Reviews: Influence of Readability and Reviewer Characteristics", *Tourism Management*, Vol. 52, 2016, pp. 498-506.

Fang Y., et al., "Trust, Satisfaction, and Online Repurchase Intention: The Moderating Role of Perceived Effectiveness of E-Commerce Institutional Mechanisms", *MIS Quarterly*, Vol. 38, No. 2, June 2014, pp. 407-427.

Fei Z., "A Study on Relationship Between Online Trust and E-WOM Communication in B2C Environment", in 2011 International Conference on E-Business and E-Government (ICEE), Shanghai, China, May 6-8, 2011.

Filieri R., and McLeay F., "E-WOM and Accommodation: An Analysis of The Factors that Influence Travelers' Adoption of Information from Online Reviews", *Journal of Travel Research*, Vol. 53, No. 1, 2014, pp. 44-57.

Filieri R., "What Makes Online Reviews Helpful? A Diagnosticity-Adoption Framework to Explain Informational and Normative Influences in E-WOM", *Journal of Business Research*, Vol. 68, No. 6, 2015, pp. 1261-1270.

Fishbein M., and Ajzen I., "Belief, Attitude, Intention, and Behavior: An Introduction to Theory And Research", *Philosophy & Rhetoric*, Vol. 41, No. 4, 1977, pp. 842-844.

Fishbein M., "An Investigation of the Relationships Between Beliefs about an Object and the Attitude Toward that Object", *Human Relations*, Vol. 16, No. 3, 1963, pp. 233-239.

Fisher R., and Zoe Chu S., "Initial Online Trust Formation: The Role of Company Location and Web Assurance", *Managerial Auditing Journal*, Vol. 24, No. 6, 2009, pp. 542-563.

Fornell C., and Larcker D. F., "Evaluating Structural Equation Models with Unobservable Variables and Measurement Error", *Journal of Marketing Research*, Vol. 18, No. 1, 1981, pp. 39-50.

Ganguly B., et al., "The Effects of Website Design on Purchase Intention in Online Shopping: The Mediating Role of Trust And The Moderating Role of Culture", *International Journal of Electronic Business*, Vol. 8, No. 4-5, 2010, pp. 302-330.

Ganguly B., et al., "Website characteristics, Trust and purchase intention in online stores: An Empirical study in the Indian context", *Journal of Information Science & Technology*, Vol. 6, No. 2, 2009, pp. 22-24.

Gauri D. et al., "Role of Word of Mouth in Online Store Loyalty", *Communications of the ACM*, Vol. 51, No. 3, 2008, pp. 89-91.

Gefen D., and Straub D. W., "Consumer Trust in B2C E-Commerce and the Importance of Social Presence: Experiments in E-Products and E-Services", *Omega*, Vol. 32, No. 6, December 1, 2004, pp. 407-424.

Gefen D., Benbasat I., and Pavlou P., "A research Agenda for Trust in Online Environments", *Journal of Management Information Systems*, Vol. 24, No. 4, 2008, pp. 275-286.

Gefen D., et al., "Inexperience and Experience with Online Stores: The Importance of TAM and Trust", *IEEE Transactions on Engineering Management*, Vol. 50, No. 3, 2003, pp. 307-321.

Gefen D., "Customer Loyalty in E-Commerce", *Journal of the Associ-*

ation for Information Systems, Vol. 3, 2002, pp. 27-51.

Gefen D., "E-commerce: The Role of Familiarity and Trust", *Omega*, Vol. 28, No. 6, 2000, pp. 725-737.

Geisser S., "The Predictive Sample Reuse Method with Applications", *Journal of the American statistical Association*, Vol. 70, No. 350, 1975, pp. 320-328.

Grabner-Kräuter S., and Kaluscha E. A., "Empirical Research in On-Line Trust: A Review and Critical Assessment", *International Journal of Human-Computer Studies*, Vol. 58, No. 6, 2003, pp. 783-812.

Gregor S., "A Theory of Theories in Information Systems", in Information Systems Foundations: Building the Theoretical Base, Australian National University, Canberra, Australia, October 1, 2002.

Grimm P., "Social Desirability Bias", in American Cancer Society, *Wiley international encyclopedia of marketing*, 2010, pp. 258-259.

Grégoire Y., and Fisher R. J., "The Effects of Relationship Quality on Customer Retaliation", *Marketing Letters*, Vol. 17, No. 1, 2006, pp. 31-46.

Guan L., and Lala V., "Role of Trust and Involvement in the Effectiveness of Digital Third-Party Organization Endorsement", *Atlantic Marketing Journal*, Vol. 6, No. 1, 2017, p. 5.

Guo J., and Jaafar N. I., "A Study on Consumers' Attitude Towards Online Shopping in China", *International Journal of Business and Social Science*, Vol. 2, No. 22, 2011, pp. 122-132.

Ha H. -Y., "Factors Influencing Consumer Perceptions of Brand Trust Online", *Journal of Product & Brand Management*, Vol. 13, No. 5, 2004, pp. 329-342.

Hair J. F. et al., "A Primer on Partial Least Squares Structural Equation Modeling (PLS-SEM) (Third edition. ed.)", *SAGE Publications*, 2022.

Hair J. F. et al., "An Assessment of the Use of Partial Least Squares Structural Equation Modeling in Marketing Research", *Journal of the Acade-*

my of Marketing Science, Vol. 40, No. 3, 2012, pp. 414-433.

Hair J. F., et al., "PLS-SEM: Indeed a Silver Bullet", *Journal of Marketing Theory and Practice*, Vol. 19, No. 2, 2011, pp. 139-152.

Harridge-March S., "Can the Building of Trust Overcome Consumer Perceived Risk Online?", *Marketing Intelligence & Planning*, Vol. 24, No. 7, 2006, pp. 746-761.

Harris L. C., and Goode M. M. H., "The Four Levels of Loyalty and the Pivotal Role of Trust: A Study of Online Service Dynamics", *Journal of Retailing*, Vol. 80, No. 2, 2004, pp. 139-158.

Harrison McKnight D., et al., "The Impact of Initial Consumer Trust on Intentions to Transact with a Web Site: A Trust Building Model", *Journal of Strategic Information Systems*, Vol. 11, No. 3, 2002, pp. 297-323.

Hasnae R., and Hanan El B., "A New Trust Reputation System for E-Commerce Applications", *International Journal of Computer Science Issues* (IJCSI), Vol. 10, No. 6, 2013, p. 149.

Head M. M., and Hassanein K., "Trust in E-Commerce: Evaluating the Impact of Third-Party Seals", *Quarterly Journal of Electronic Commerce*, Vol. 3, 2002, pp. 307-326.

Hennig-Thurau T., et al., "Electronic Word-of-Mouth Via Consumer-Opinion Platforms: What Motivates Consumers to Articulate Themselves on the Internet?", *Journal of Interactive Marketing*, Vol. 18, No. 1, 2004, pp. 38-52.

Henseler J. et al., "The Use of Partial Least Squares Path Modeling in International Marketing", in New challenges to international marketing: Emerald Group Publishing Limited, 2009.

Hoffman D. L. et al., "Building Consumer Trust Online", *Communications of the ACM*, Vol. 42, No. 4, 1999, pp. 80-85.

Hong H., et al., "Understanding the Determinants of Online Review Helpfulness: A Meta-Analytic Investigation", *Decision Support Systems*, Vol. 102, 2017, pp. 1-11.

Hong I. B., and Cho, H., "The Impact of Consumer Trust on Attitudinal Loyalty and Purchase Intentions in B2C E-Marketplaces: Intermediary Trust Vs. Seller Trust", *International Journal of Information Management*, Vol. 31, No. 5, 2011, pp. 469-479.

Hong I. B., "Understanding the Consumer's Online Merchant Selection Process: The Roles of Product Involvement, Perceived Risk, and Trust Expectation", *International Journal of Information Management*, Vol. 35, No. 3, 2015, pp. 322-336.

Hongyoun Hahn K., and Kim J., "The Effect of Offline Brand Trust and Perceived Internet Confidence on Online Shopping Intention in the Integrated Multi-Channel Context", *International Journal of Retail & Distribution Management*, Vol. 37, No. 2, 2009, pp. 126-141.

Hongyoun H. K., Kim J., "The Effect of Offline Brand Trust and Perceived Internet Confidence on Online Shopping Intention in The Integrated Multi-Channel Context", *International Journal of Retail & Distribution Management*, Vol. 37, 2009, pp. 126-141.

Hooper D., et al., "Structural Equation Modelling: Guidelines for Determining Model Fit", *Articles*, 2008, p. 2.

Hsu C. J., "Dominant Factors for Online Trust", in 2008 International Conference on Cyberworlds (CW), IEEE, Hangzhou, China, September 22-24, 2008.

Hu N., Bose I., et al., "Manipulation of Online Reviews: An Analysis of Ratings, Readability, and Sentiments", *Decision Support Systems*, Vol. 52, No. 3, 2012, pp. 674-684.

Hu N., et al., "Do Online Reviews Affect Product Sales? The Role of Reviewer Characteristics and Temporal Effects", *Information Technology and Management*, Vol. 9, No. 3, 2008, pp. 201-214.

Hu X., et al., "The Effects of Web Assurance Seals on Consumers' Initial Trust in An Online Vendor: A Functional Perspective", *Decision Support Systems*, Vol. 48, No. 2, 2010, pp. 407-418.

Jarvenpaa S. L., et al., "Consumer Trust in an Internet Store: A Cross-Cultural Validation", *Journal of Computer-Mediated Communication*, Vol. 5, No. 2, 1999.

Jarvenpaa S. L., et al., "Consumer Trust in an Internet Store", *Information Technology and Management*, Vol. 1, No. 1, 2000, pp. 45-71.

Jarvenpaa S. L., Tractinsky N., Saarinen L., "Consumer Trust in an Internet Store: A Cross-Cultural Validation", *Journal of Computer-Mediated Communication*, Vol. 5, No. 2, 1999.

Jarvenpaa S. L., Tractinsky N., Vitale M., "Consumer Trust in an Internet Store", *Information Technology and Management*, Vol. 1, 2000, pp. 45-71.

Johnson T. J., and Kaye, B. K., "Using is Believing: The Influence of Reliance on the Credibility of Online Political Information Among Politically Interested Internet Users", *Journalism & Mass Communication Quarterly*, Vol. 77, No. 4, 2000, pp. 865-879.

Jun J., et al., "Effects of Third-Party Certification on Patrons' Service Quality Evaluation in the Luxury-Restaurant Industry", *British Food Journal*, Vol. 119, No. 4, 2017, pp. 771-789.

Jøsang A. et al., "A Survey of Trust and Reputation Systems for Online Service Provision", *Decision Support Systems*, Vol. 43, No. 2, 2007, pp. 618-644.

Kelman H. C., "Compliance, Identification, and Internalization Three Processes of Attitude Change", *Journal of conflict resolution*, Vol. 2, No. 1, 1958, pp. 51-60.

Kiernan M. C., et al., "Evidence for Axonal Membrane Hyperpolarization in Multifocal Motor Neuropathy with Conduction Block", *Brain*, Vol. 125, No. Pt3, 2002, pp. 664-675.

Kim D. J., et al., "A Multidimensional Trust Formation Model in B-to-C E-Commerce: A Conceptual Framework and Content Analyses of Academia/Practitioner Perspectives", *Decision Support Systems*, Vol. 40,

No. 2, 2005, pp. 143-165.

Kim D. J. , et al. , "A Trust-Based Consumer Decision-Making Model in Electronic Commerce: The Role of Trust, Perceived Risk, and Their Antecedents", *Decision Support Systems*, Vol. 44, No. 2, 2008, pp. 544-564.

Kim D. J. , et al. , "Trust and Satisfaction, Two Stepping Stones for Successful E-Commerce Relationships: A Longitudinal Exploration", *Information Systems Research*, Vol. 20, No. 2, 2009, pp. 237-257.

Kim E. , and Tadisina S. , "Factors Impacting Customers' Initial Trust in E-Businesses: An Empirical Study", in 38th Annual Hawaii International Conference on System Sciences, IEEE, Big Island, HI, USA, January 3-6, 2005.

Kim H. -W. , et al. , "A Comparison of Online Trust Building Factors Between Potential Customers and Repeat Customers", *Journal of the Association for Information Systems*, Vol. 5, No. 10, 2004, p. 13.

Kimery K. M. , and McCord M. , "Signals of Trustworthiness in E-Commerce: Consumer Understanding of Third-Party Assurance Seals", *Journal of Electronic Commerce in Organizations* (*JECO*), Vol. 4, No. 4, 2006, pp. 52-74.

Kimery K. M. , and McCord M. , "Third-Party Assurances: The Road to Trust in Online Retailing", in 35th Annual Hawaii International Conference on System Sciences, HICSS 2002, Big Island, HI, USA, January 7-10, 2002.

Koh J. , and Kim Y. -G. , "Sense of Virtual Community: A Conceptual Framework and Empirical Validation", *International Journal of Electronic Commerce*, Vol. 8, No. 2, 2003, pp. 75-93.

Kong W. -C. , and Hung Y. -T. C. , "Modeling Initial and Repeat Online Trust in B2C E-Commerce", in 39th Annual Hawaii International Conference on System Sciences, HICSS, Hawaii, USA, January 4-7, 2006.

Korfiatis N. , et al. , "Evaluating Content Quality and Helpfulness of Online Product Reviews: The Interplay of Review Helpfulness vs. Review Content", *Electronic Commerce Research and Applications*, Vol. 11, No. 3, 2012, pp. 205–217.

Koufaris M. , and Hampton – Sosa W. , "The Development of Initial Trust in an Online Company by New Customers", *Information and Management*, Vol. 41, No. 3, 2004, pp. 377–397.

Krumpal I. , "Determinants of Social Desirability Bias in Sensitive Surveys: A Literature Review", *Quality & Quantity*, Vol. 47, No. 4, 2013, pp. 2025–2047.

Kusumasondjaja S. , et al. , "Credibility of Online Reviews and Initial Trust: The Roles of Reviewer' s Identity and Review Valence", *Journal of Vacation Marketing*, Vol. 18, No. 3, 2012, pp. 185–195.

Lander M. C. , et al. , "Trust–building Mechanisms Utilized in Outsourced is Development Projects: A Case Study", *Information & Management*, Vol. 41, No. 4, 2004, pp. 509–528.

Lee M. K. O. , and Turban E. , "A Trust Model for Consumer Internet Shopping", *International Journal of Electronic Commerce*, Vol. 6, No. 1, 2001, pp. 75–91.

Lee M. K. , et al. , "Understanding Customer Knowledge Sharing in Web–Based Discussion Boards: An Exploratory Study", *Internet Research*, Vol. 16, No. 3, 2006, pp. 289–303.

Lee T. , "The Impact of Perceptions of Interactivity on Customer Trust and Transaction Intentions in Mobile Commerce", *Journal of Electronic Commerce Research*, Vol. 6, No. 3, 2005, pp. 165–180.

Lewicki R. J. , and Bunker B. B. , "Developing and Maintaining Trust in Work Relationships", *Trust in organizations: Frontiers of theory and research*, Vol. 114, 1996, p. 139.

Li F. , and Liu Z. , "Study on the Main Influencing Factors on the Online Shopping Behavior of the Undergraduate", in 2010 International Conference on Management and Service Science Management and Service Science, IEEE, Wuhan, China, 2010.

Li S. S., and Karahanna E., "Online Recommendation Systems in a B2C E-Commerce Context: A Review and Future Directions", *Journal of the Association for Information Systems*, Vol. 16, No. 2, 2015, p. 72.

Lim S., et al., "Theories Used in Information Systems Research: Identifying Theory Networks in Leading is Journals", *ICIS* 2009 *Proceedings*, 2009, p. 91.

Ling K. C., et al., "The Effects of Shopping Orientations, Online Trust and Prior Online Purchase Experience Toward Customers' Online Purchase Intention", *International Business Research*, Vol. 3, No. 3, 2010, p. 63.

Lis B., and Nessler, C., "Electronic Word of Mouth", *Business & Information Systems Engineering*, Vol. 6, No. 1, 2013, pp. 63-65.

Litvin S. W., et al., "Electronic Word-of-Mouth in Hospitality and Tourism Management", *Tourism Management*, Vol. 29, No. 3, 2008, pp. 458-468.

Liu C., et al., "Beyond Concern: A Privacy-Trust-Behavioral Intention Model of Electronic Commerce", *Information & Management*, Vol. 42, No. 1, 2004, pp. 127-142.

Liu J., "On the Trust System in China's B2C Electronic-Commerce", in 2011 2nd International Conference on Artificial Intelligence, Management Science and Electronic Commerce, IEEE, Deng Feng, China, 2011.

Liu L., and Shi W., "Trust and Reputation Management", *IEEE Internet Computing*, Vol. 14, No. 5, 2010, pp. 10-13.

Liu Y., Jin J., et al., "Identifying Helpful Online Reviews: A Product Designer's Perspective", *Computer-Aided Design*, Vol. 45, No. 2, 2013, pp. 180-194.

Liu Z., and Park S., "What Makes a Useful Online Review? Implication for Travel Product Websites", *Tourism Management*, Vol. 47, 2015, pp. 140–151.

Ma H. –L. , and Song G. –X. , "An Overview of Trust Mechanism and Applications of E–Commerce", in 2011 International Conference on Management and Service Science Management and Service Science, Wuhan, China, August12–14, 2011.

Mangiaracina R. , et al. , "A Review of the Environmental Implications of B2C E–Commerce: A Logistics Perspective", *International Journal of Physical Distribution & Logistics Management*, Vol. 45, No. 6, 2015, pp. 565–591.

Mansour K. B. , et al. , "Online Trust Antecedents and Their Consequences on Purchase Intention: An Integrative Approach", *Journal of Customer Behaviour*, Vol. 13, No. 1, 2014, pp. 25–42.

Mayer R. C. , et al. , "An Integrative Model of Organizational Trust", *Academy of Management Review*, Vol. 20, No. 3, 1995, pp. 709–734.

McKnight D. H. et al. , "Developing and Validating Trust Measures for E–Commerce: An Integrative Typology", *Information Systems Research*, Vol. 13, No. 3, 2002, pp. 334–359.

McKnight D. H. et al. , "The Impact of Initial Consumer Trust on Intentions to Transact with a Website: A Trust Building Model", *The Journal of Strategic Information Systems*, Vol. 11, No. 3–4, 2002, pp. 297–323.

McKnight D. H. , and Chervany N. L. , "Conceptualizing Trust: A Typology and E–Commerce Customer Relationships Model", in Proceedings of the 34th Annual Hawaii International Conference on System Sciences, Los Alamitos, CA, January, 2001.

McKnight D. H. , and Chervany N. L. , "What Trust Means in E–Commerce Customer Relationships: An Interdisciplinary Conceptual Typology", *International Journal of Electronic Commerce*, Vol. 6, No. 2, 2001, p. 35.

McKnight D. H. et al. , "Initial Trust Formation in New Organizational

Relationships", *Academy of Management Review*, Vol. 23, No. 3, 1998, pp. 473-490.

McKnight D. H. et al., "Shifting Factors and the Ineffectiveness of Third Party Assurance Seals: A Two-Stage Model of Initial Trust in a Web Business", *Electronic Markets*, Vol. 14, No. 3, 2004, pp. 252-266.

Miyazaki A. D., and Fernandez A., "Consumer Perceptions of Privacy and Security Risks for Online Shopping", *Journal of Consumer Affairs*, Vol. 35, No. 1, 2001, pp. 27-44.

Monsuwé T. P. Y., et al., "What Drives Consumers to Shop Online? A Literature Review", *International Journal of Service Industry Management*, Vol. 15, No. 1, 2004, pp. 102-121.

Moores T. T., and Dhillon G., "Do Privacy Seals in E-Commerce Really Work?", *Communications of the ACM*, Vol. 46, No. 12, 2003, pp. 265-271.

Moores T., "Do Consumers Understand the Role of Privacy Seals in E-Commerce?", *Communications of the ACM*, Vol. 48, No. 3, 2005, pp. 86-91.

Morgan R. M., and Hunt S. D., "The Commitment-Trust Theory of Relationship Marketing", *Journal of Marketing*, Vol. 58, No. 3, 1994, p. 20.

Mudambi S. M., and Schuff D., "What Makes a Helpful Review? A Study of Customer Reviews on Amazon. com", *MIS Quarterly*, Vol. 34, No. 1, 2010, pp. 185-200.

Mukherjee A., and Nath P., "Role of Electronic Trust in Online Retailing: A Re-Examination of the Commitment-Trust Theory", *European Journal of Marketing*, Vol. 41, No. 9/10, 2007, pp. 1173-1202.

Nagmetov B. A., "Trust, as a Main Barrier in Adoption to B2C E-Commerce", in 3rd IEEE/IFIP International Conference in Central Asia on Internet, ICI 2007, Tashkent, Uzbekistan, September 26-28, 2007.

Ngai E. W. T., and Wat F. K. T., "A Literature Review and Classification of Electronic Commerce Research", *Information & Management*, Vol. 39, No. 5, 2002, pp. 415–429.

Nor K. M., and Pearson J. M., "The Influence of Trust on Internet Banking Acceptance", *The Journal of Internet Banking and Commerce*, Vol. 12, No. 2, 1970, pp. 1–10.

Palmer J. W., et al., "The Role of Intermediaries in the Development of Trust on the WWW: The Use and Prominence of Trusted Third Parties and Privacy Statements", *Journal of Computer-Mediated Communication*, Vol. 5, No. 3, 2000, pp. JCMC532.

Pan Y., and Zhang J. Q., "Born Unequal: A Study of the Helpfulness of User-Generated Product Reviews", *Journal of Retailing*, Vol. 87, No. 4, 2011, pp. 598–612.

Papadopoulou P., et al., "Trust and Relationship Building in Electronic Commerce", *Internet Research*, Vol. 11, No. 4, 2001, pp. 322–332.

Pavlou P. A., and Gefen D., "Building Effective Online Marketplaces with Institution-Based Trust", *Information Systems Research*, Vol. 15, No. 1, 2004, pp. 37–59.

Pavlou P. A., "Consumer Acceptance of Electronic Commerce: Integrating Trust and Risk with the Technology Acceptance Model", *International Journal of Electronic Commerce*, Vol. 7, No. 3, 2003, pp. 101–134.

Pavlou P. A., "Institution-based Trust in Interorganizational Exchange Relationships: The Role of Online B2B Marketplaces on Trust Formation", *Journal of Strategic Information Systems*, Vol. 11, No. 3, 2002, pp. 215–243.

Pennington R., et al., "The Role of System Trust in Business-to-Consumer Transactions", *Journal of Management Information Systems*, Vol. 20, No. 3, 2003, pp. 197–226.

Ratnasingam P., "The Impact of E-Commerce Customer Relationship Management in Business-to-Consumer E-Commerce", *Journal of Electronic Commerce in Organizations*, Vol. 6, No. 4, 2008, pp. 30–46.

Reichheld F. F., and Schefter P., "E-Loyalty: Your Secret Weapon on the Web", *Harvard Business Review*, Vol. 78, No. 4, 2000, pp. 105-113.

Resnick P., et al., "Reputation Systems", *Communications of the ACM*, Vol. 43, No. 12, 2000, pp. 45-48.

Resnick P., et al., "The Value of Reputation on Ebay: A Controlled Experiment", *Experimental Economics*, Vol. 9, No. 2, 2006, pp. 79-101.

Ridings C. M., et al., "Some Antecedents and Effects of Trust in Virtual Communities", *Journal of Strategic Information Systems*, Vol. 11, No. 3, 2002, pp. 271-295.

Ringle C. M., et al., "A Critical Look at the Use of PLS-SEM in MIS Quarterly", *MIS Quarterly*, Vol. 36, No. 1, 2012, pp. iii-xiv.

Roselius T., "Consumer Rankings of Risk Reduction Methods", *Journal of Marketing* (*pre*-1986), Vol. 35, No. 1, 1971, p. 56.

Roy, M. C. et al., "The Impact of Interface Usability on Trust in Web Retailers", *Internet Research*, Vol. 11, No. 5, 2001, pp. 388-398.

Salam A. F., et al., "Consumer-Perceived Risk in E-Commerce Transactions", *Communications of the ACM*, Vol. 46, No. 12, 2003, pp. 325-331.

Salam A. F., et al., "Trust in E-Commerce", *Communications of the ACM*, Vol. 48, No. 2, 2005, pp. 72-77.

Sarstedt M. et al., "Multigroup Analysis in Partial Least Squares (PLS) Path Modeling: Alternative Methods and Empirical Results", *Advances in International Marketing*, Vol. 10, No. 22, 2011, pp. 195-218.

Savin-Baden M., and Major C. H., "Qualitative Research: The Essential Guide to Theory and Practice", *Routledge*, 2013.

Scott W. R., "The Adolescence of Institutional Theory", *Administrative Science Quarterly*, Vol. 32, No. 4, 1987, pp. 493-511.

Selznick P., "Foundations of the Theory of Organization", *American Sociological Review*, Vol. 13, No. 1, 1948, pp. 25-35.

Senecal S., and Nantel J., "The Influence of Online Product Recommendations on Consumers' Online Choices", *Journal of Retailing*, Vol. 80, No. 2, 2004, pp. 159-169.

Shankar V., et al., "Online Trust: A Stakeholder Perspective, Concepts, Implications, and Future Directions", *Journal of Strategic Information Systems*, Vol. 11, No. 3-4, 2002, pp. 325-344.

Sparks B. A., and Browning V., "The Impact of Online Reviews on Hotel Booking Intentions and Perception of Trust", *Tourism Management*, Vol. 32, No. 6, 2011, pp. 1310-1323.

Spence M., "Job Market Signaling", *Quarterly Journal of Economics*, Vol. 87, No. 3, 1973, pp. 355-374.

Stone M., "Cross-validatory Choice and Assessment of Statistical Predictions", *Journal of the Royal Statistical Society: Series B (Methodological)*, Vol. 36, No. 2, 1974, pp. 111-147.

Suh B., and Han I., "The Impact of Customer Trust and Perception of Security Control on the Acceptance of Electronic Commerce", *International Journal of Electronic Commerce*, Vol. 7, No. 3, 2003, pp. 135-161.

Sun Y., Liu L., et al., "Understanding Chinese Users' Continuance Intention Toward Online Social Networks: An Integrative Theoretical Model", *Electronic Markets*, Vol. 24, No. 1, 2014, pp. 57-66.

Sutanonpaiboon J., and Abuhamdieh A., "Factors Influencing Trust in Online Consumer-to-Consumer (C2C) Transactions", *Journal of Internet Commerce*, Vol. 7, No. 2, 2008, pp. 203-219.

Tao L., and Li L., "Trust Study of E-Commerce in China Based on B2C Model", in 2009 International Conference on Business Intelligence and Financial Engineering, Beijing, China, July 24-26, 2009.

Teo T. S. H., and Yu Y., "Online Buying Behavior: A Transaction Cost Economics Perspective", *Omega*, Vol. 33, No. 5, 2005, pp. 451-465.

Urban G. L., et al., "Online Trust: State of the Art, New Frontiers, and Research Potential", *Journal of Interactive Marketing*, Vol. 23, No. 2, 2009, pp. 179-190.

Utz S., Kerkhof P., and Van Den Bos J., "Consumers Rule: How Consumer Reviews Influence Perceived Trustworthiness of Online Stores", *Electronic Commerce Research and Applications*, Vol. 11, No. 1, 2012, pp. 49-58.

Wakefield R. L., et al., "The Role of Web Site Characteristics in Initial Trust Formation", *Journal of Computer Information Systems*, Vol. 45, No. 1, 2004, pp. 94-103.

Walczuch R., and Lundgren H., "Psychological Antecedents of Institution-Based Consumer Trust in E-Retailing", *Information and Management*, Vol. 42, No. 1, 2004, pp. 159-177.

Wan Y., et al., "The Impact of Age and Shopping Experiences on the Classification of Search, Experience, and Credence Goods in Online Shopping", *Information Systems and E-Business Management*, Vol. 10, No. 1, 2012, pp. 135-148.

Wang J.-C., and Chang C.-H., "How Online Social Ties and Product-Related Risks Influence Purchase Intentions: A Facebook Experiment", *Electronic Commerce Research and Applications*, Vol. 12, No. 5, 2013, pp. 337-346.

Wang Y. D., and Emurian H. H., "An Overview of Online Trust: Concepts, Elements, and Implications", *Computers in Human Behavior*, Vol. 21, No. 1, 2005, pp. 105-125.

Warrington T. B., et al., "Building Trust to Develop Competitive Advantage in E-Business Relationships", *Competitiveness Review*, Vol. 10, No. 2, 2000, pp. 160-168.

Wetzels M., et al., "Using PLS Path Modeling for Assessing Hierarchical Construct Models: Guidelines and Empirical Illustration", *MIS Quarterly*, Vol. 33, No. 1, 2009, pp. 177-195.

Wixom B. H., and Todd P. A., "A Theoretical Integration of User

Satisfaction and Technology Acceptance", *Information Systems Research*, Vol. 16, No. 1, 2005, pp. 85-102.

Wu I. -L., and Chen J. -L., "An extension of Trust and TAM model with TPB in the initial adoption of on-line tax: An empirical study", *International Journal of Human - Computer Studies*, Vol. 62, No. 6, 2005, pp. 784-808.

Xiao K., "An Empirical Study of Online Third Party Guarantee Service Effect", in 2010 International Conference of Information Science and Management Engineering Information Science and Management Engineering, IEEE, Xi, an, China, 2010.

Xu Q., "Should I Trust Him? The Effects of Reviewer Profile Characteristics on Ewom Credibility", *Computers in Human Behavior*, Vol. 33, 2014, pp. 136-144.

Yang Q., et al., "Exploring Consumer Perceived Risk and Trust for Online Payments: An Empirical Study in China's Younger Generation", *Computers in Human Behavior*, Vol. 50, 2015, pp. 9-24.

Ye Q., et al., "The Influence of User-Generated Content on Traveler Behavior: An Empirical Investigation on the Effects of E-Word-of-Mouth to Hotel Online Bookings", *Computers in Human Behavior*, Vol. 27, No. 2, 2011, pp. 634-639.

Zhang J. et al., "Strengthening Institutional-Based Trust for Sustainable Consumption: Lessons for Smart Disclosure", *Government Information Quarterly*, Vol. 33, No. 3, 2016, pp. 552-561.

Zhang X., and Zhang Q., "Online Trust Forming Mechanism: Approaches and an Integrated Model", in 7th International Conference on Electronic Commerce, ICEC05, ACM, Xi'an, China, August 15-17, 2005.

Zhang Z., et al., "The Impact of E-Word-of-Mouth on the Online Popularity of Restaurants: A Comparison of Consumer Reviews and Editor Reviews", *International Journal of Hospitality Management*, Vol. 29,

No. 4, 2010, pp. 694-700.

Zhao Y., and Xu L., "Research on Evaluation Model of Customer Trust for B2C E-Commerce Enterprises", in 2009 International Conference on Wireless Networks and Information Systems, IEEE, Shanghai, China, 2009.

Zhu D.-S., et al., "The Effect of Trust and Perceived Risk on Consumers' Online Purchase Intention", in 2009 International Conference on Computational Science and Engineering Computational Science and Engineering, Vancouver, BC, Canada, 2009.

Zhu F., and Zhang X., "Impact of Online Consumer Reviews on Sales: The Moderating Role of Product and Consumer Characteristics", *Journal of Marketing*, Vol. 74, No. 2, 2010, pp. 133-148.

Zizzo D. J., "Experimenter Demand Effects in Economic Experiments", *Experimental Economics*, Vol. 13, No. 1, 2010, pp. 75-98.

Özpolat K., and Jank W., "Getting the Most Out of Third Party Trust Seals: An Empirical Analysis", *Decision Support Systems*, Vol. 73, 2015, pp. 47-56.

Özpolat K., Gao G., et al., "Research Note: The Value of Third-Party Assurance Seals in Online Retailing: An Empirical Investigation", *Information Systems Research*, Vol. 24, No. 4, 2013, pp. 1100-1111.